東方選書

# 書誌学のすすめ

中国の愛書文化に学ぶ

高橋智

東方書店

目次

## 第Ⅰ部　書誌学のすすめ

## 第Ⅱ部　書物の生涯

# 第Ⅲ部　書誌学の未来

海源閣

# 第I部

# 書誌学のすすめ

## 一――「書誌学」とは何か

### ◈近代中国における「書誌学」の復興

書誌学とは一体何であるかという定義は難しい。書物に関する学問には違いない。近代中国ではその学問が紆余曲折を経て大きな学問に発展した。先ずは、その大概を俯瞰してみよう。

清朝が終わって中華民国の時代に入ると、伝統的な木版印刷による学術書が、鉛活字の印刷（排印）、西洋式の装訂に変化、内容も西洋式の研究方法を取り入れたものが多くなった。また、「期刊」（日刊を除く定期刊行物）と称される雑誌が増加し、文学作品や学術論文はさまざまな雑誌に散在した。文献資料の整理はいよいよ新しい時代を迎えたのである。一方、古典籍は、清末の四大蔵書家のうち、陸氏皕宋楼《ひよくそうろう》は日本の静嘉堂文庫に移り、「南瞿《なんく》北楊《ほくよう》」（江蘇省常熟の瞿氏鉄琴銅《てつきんどう》剣楼《けんろう》、山東省聊城の楊氏海源閣《かいげんかく》）と南京の丁氏八千巻楼《はっせんがんろう》は一部の散逸に止めたが、大部分の蔵書家の書が散じ、傅増湘《ふぞうしょう》、李《り》盛鐸《せいたく》（一八五九～一九三四）らの新しい蔵書家が活躍し始めた。そして、特徴的ともいえるのは、このような古書と新書の両面に亘る書物を支える任務を担ったのが、この頃、清末の書院や学堂が改編されて林立した図書館という組織であったことである。例えば、北京に宣統元年（一九〇九）京師図書館が成立した。目録学者・繆荃孫《びゅうせんそん》（一八四四〜一九一九）が監督に当たり、敦煌経や『四庫全書』等の特殊な資料をはじめ、各地の蔵書家から善本を蒐集し、一九一二年には江瀚《こうかん》館長のもと一般に開館された。上海には後に東方図書館と改称される涵芬楼《かんぷんろう》が、張元済《ちょうげんさい》によって出版社商務印書館の付設図書館として光緒三〇年（一九〇四）に開設され、偉大な影印事業『四部叢刊』を出版した。また、一九〇七年には南京に江蘇省立国学図書館（江南図書館・江蘇省立図書館と改名）が成立するなど、各地に近代の図書館体制が確立した。そして、館の主要な事業は編目班による目録作製であった。『京師図書館善本書目』〈図1〉・『江蘇省立国学図書館図書総目』等、各図書館は、競って目録学の成果を発表した。さらに、『北平図書館館刊』（民国

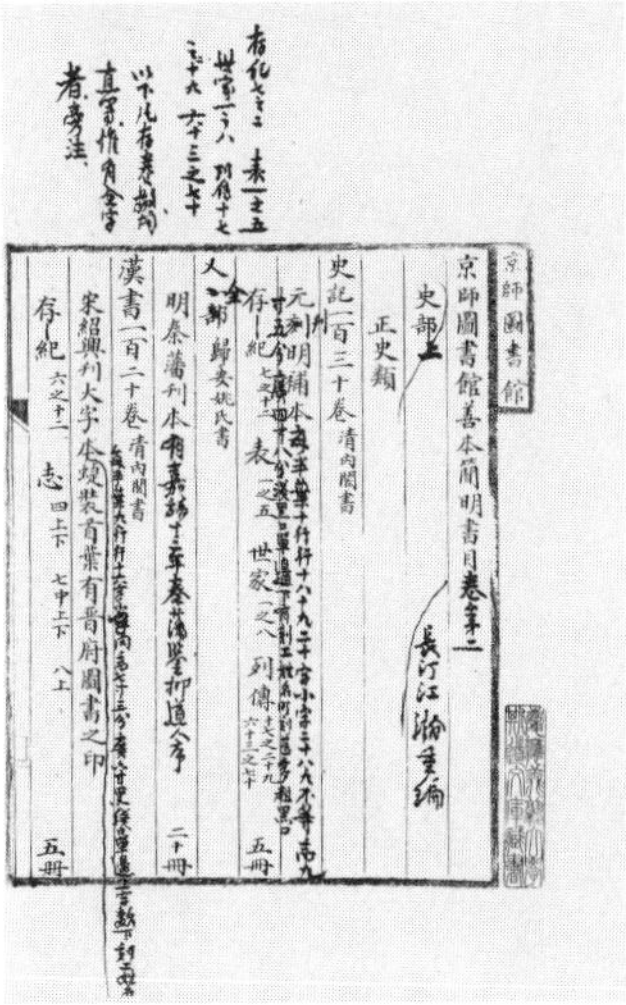
京師圖書館
京師圖書館善本簡明書目卷第二
長汀江瀚重编
史部上
正史類
史記一百三十卷 清内閣書
存一紀 表 世家 列傳
明秦藩刊本
漢書一百二十卷 清内閣書
宋紹興刊大字本
存一紀 志
五冊
二十冊
五冊

図1…江瀚手訂の『京師図書館善本書目』の稿本

図2…顧廷龍先生

一七～二六）や『図書館学季刊』（民国一五～二六）等、書物に関する専門雑誌が図書館の主催によって充実していたことも注目に値する。要するに、この時期は近代中国における書誌学の全盛期であったということができるし、その中心的役割を担ったのが図書館であったことは、特に強調されなければならないであろう。しかし、この全盛も束の間、民国二六年（一九三七）の盧溝橋事件を機に書物文化事業は大きな打撃を受け、多くの書物が灰燼に帰したのである。

**顧廷龍の活躍**　一九三九年こうした戦禍のさなか、北平（北京）から「孤島」時期の上海へと移住してきた一人の青年学者がいた。後に図書館界の重鎮となる書誌学者、顧廷龍《こていりゅう》〈図2〉である。同年、張元済・葉景葵《しょうけいき》らが、私立の合衆図書館（上海図書館の前身）を設立し、顧氏をその幹事に招いたのである。蘇州の書香の家に生まれ、清末の学者・王同愈《おうどうゆ》に学び、北京で顧頡剛《こけつごう》とともに『古文尚書』の研究をしていた顧氏は、一九三七年に校勘学者・章鈺《しょうぎょく》の旧蔵書を整理し、目録学史上特筆すべき『章氏四当斎蔵書目』を数カ月で完成させ、張・葉氏の目にとまっていた。両氏の熱意に打たれて、顧氏は北京の燕京大学を離れ、合衆図書館の採訪、整理、編目に当たることとなった。間借りの住居とあわせた書庫からスタートし、それまであまり注目されなかった名家手抄本や書札、金石拓片、日記、家譜、期刊等の蒐集から、書庫の温度、湿度、通風等、保存のあり方に至るまで、近代の文物保存の基礎を実践し、『合衆図書館蔵書目録』作製をはじめ数々の成果を挙げた。共和国成立後は「南顧北趙《なんこほくちょう》」と称され、上海の顧氏と北京の趙万里《ちょうばんり》（一九〇四～八〇）が古籍の鑑定や研究を指導し、『中国版刻図録』（北京）・『中国叢書綜録』（上海）等、不朽の名作を世に問うた。書誌学はまさに安泰であるかに見えた。が、文化大革命（一九六六〜七六）による痛手は深く、書誌学はおろか図書館自体の学術性は奪われて学者も精神的肉体的苦痛を強いられた。抄家と称して、私宅の図書や文物はみな押収された。そうした押収物の中から珍しい資料が見つかるということもまた皮肉であるが、顧氏は魯迅《ろじん》の手札や老舎《ろうしゃ》の「駱駝祥子」手稿本等を見つけた思い出を語る。特に江青《こうせい》ら「四人組」の毒手は悪辣で、上海図書館が近代の雑誌所載論文の総合索引を編纂、そのカード、一千万字にも及ぶ原稿を準備したが、彼らの手によって全て造紙工場へ送り捨てられたという。顧氏の怒りはとうてい言葉で言い表されるものではない。やがて、この暗黒時代も一九七六年には終わりを告げ、一九七五年一〇月、周恩来《しゅうおんらい》が病のなか、「全国の善本総書目を作製せよ」と指令を下した。顧氏は感動を抑えきれなかったと言う。自ら主編となり

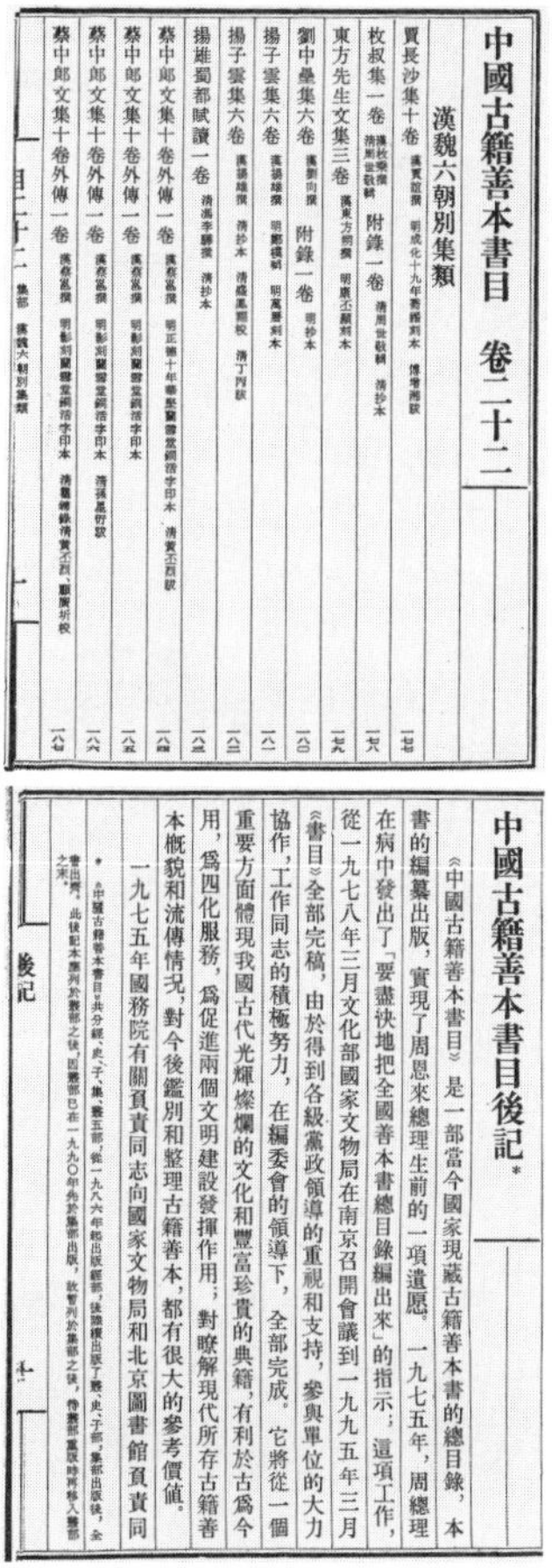
中國古籍善本書目　卷二十二

漢魏六朝別集類

賈長沙集十卷　漢賈誼撰　明成化十九年喬縉刻本　清增湘跋　一七七
枚叔集一卷　漢枚乘撰　清周世敬輯　附錄一卷　清周世敬輯　清抄本　一七八
東方先生文集三卷　漢東方朔撰　明康丕顯刻本　一七九
劉中壘集六卷　漢劉向撰　附錄一卷　明抄本　一八〇
揚子雲集六卷　漢揚雄撰　明鄭樸輯　明萬曆刻本　一八一
揚子雲集六卷　漢揚雄撰　清抄本　清盛昱題校　清丁丙跋　一八二
揚雄蜀都賦讀一卷　清馮李驊撰　清抄本　一八三
蔡中郎文集十卷外傳一卷　漢蔡邕撰　明正德十年華堅蘭雪堂銅活字印本　清黃丕烈跋　一八四
蔡中郎文集十卷外傳一卷　漢蔡邕撰　明影刻蘭雪堂銅活字印本　一八五
蔡中郎文集十卷外傳一卷　漢蔡邕撰　明影刻蘭雪堂銅活字印本　清孫星衍跋　一八六
蔡中郎文集十卷外傳一卷　漢蔡邕撰　明影刻蘭雪堂銅活字印本　清顧嗣錄清黃丕烈、顧廣圻校　一八七

目二十二　集部　漢魏六朝別集類

中國古籍善本書目後記*

《中國古籍善本書目》是一部當今國家現藏古籍善本書的總目錄，本書的編纂出版，實現了周恩來總理生前的一項遺願。一九七五年，周總理在病中發出了「要盡快地把全國善本書總目錄編出來」的指示；這項工作，從一九七八年三月文化部國家文物局在南京召開會議到一九九五年三月《書目》全部完稿，由於得到各級黨政領導的重視和支持，參與單位的大力協作，工作同志的積極努力，在編委會的領導下，全部完成。它將從一個重要方面體現我國古代光輝燦爛的文化和豐富珍貴的典籍，有利於古爲今用，爲四化服務，爲促進兩個文明建設發揮作用；對瞭解現代所存古籍善本概貌和流傳情況，對今後鑑別和整理古籍善本，都有很大的參考價值。

一九七五年國務院有關負責同志向國家文物局和北京圖書館負責同

* 《中國古籍善本書目》共分經、史、子、集、叢五部，從一九八六年起出版經部，後陸續出版了叢、史、子部，集部出版後，全書出齊。此後記本應列於叢部之後，因叢部已在一九九〇年先於集部出版，故暫列於集部之末，待叢部重版時再移入叢部之末。

後記　十一

図3…『中国古籍善本書目』巻二十二（後記は冀淑英が記した）

『中国古籍善本書目』〈図3〉の編纂を開始した。冀淑英《きしゆくえい》・沈燮元《しんしようげん》等を副主編とし、国家事業として全国の図書館を巻き込み、各館に若い書誌学者を育て、全土に散在する一三万部に及ぶ善本の目録を一九九五年までに完成したのである。

ここに中国の書誌学は高く金字塔をうち立てて、全盛期の復活を見たのである。

### ◈「書誌学」と「文献学」

書誌学の復興が遂げられた今、中国の書誌学はどうなっているのであろうか。しかし、それを述べる前に先ず、文献学という言葉の概念を説明しておかなければならない。つまり、日本でいうところの書誌学は、中国ではそう呼ばず、文献学という言葉で表現しているのであって、かの国には、そもそも書誌学という言葉は無かったのである。また、逆に、日本では文献学という言葉は人口に膾炙してはいない。

日本も中国も昔から書物を大切にする国がらであった。書物を愛し研究する学問は、どちらの国にあってもその歴史は古い。近代になってその学問を独立した分野に確立しようと努力した人々によって、日本では書誌学と、中国では文献学と言い慣わされて今日に至っている。

では、書物を愛するとはどういうことなのだろうか。

**陸心源と島田翰の蔵書印**　二ページに述べた清末の蔵書家・陸心源《りくしんげん》(一八三四〜九四)は、自分の別号と肖像を刻んだハンコ(蔵書印)を、愛玩する貴重本に捺した。「存斎四十五歳小像」と〈図4〉。明治時代の、三七歳の若さで亡くなった書誌学者・島田《しまだ》翰《かん》（一八七九〜一九一五）は、「島田翰字彦楨精力所聚」という印を捺した〈図5〉。本を集めるには、金銭もさることながら本当に精力を使い果たすものなのである。人間同士もそう、縁があればすぐに親しくなれるが、縁が無いとめぐり会わないし、結びつかない。書物と人間も同様、精力の限り書物との縁を強くし、自分の魂を入れ込むためにこうした印を捺し書物と契りを結ぶのである。それにしても「精力所聚」とは痛々し

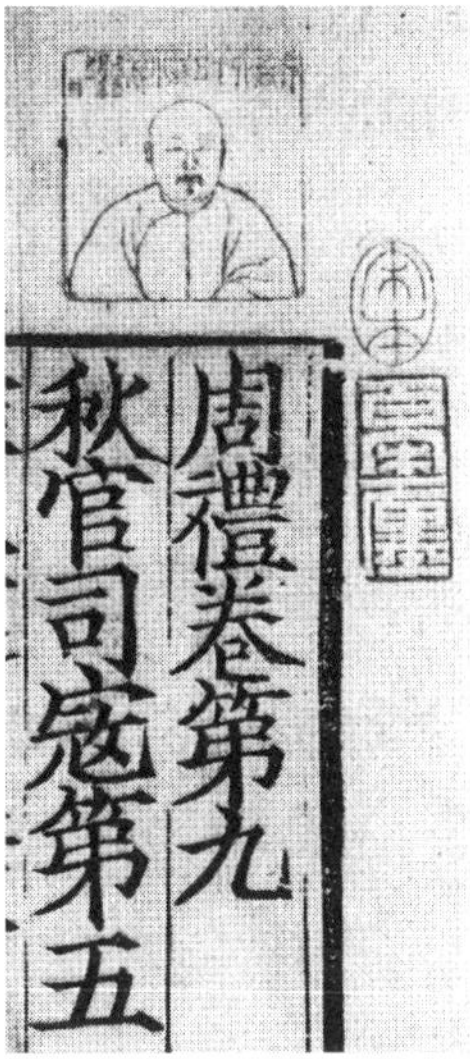


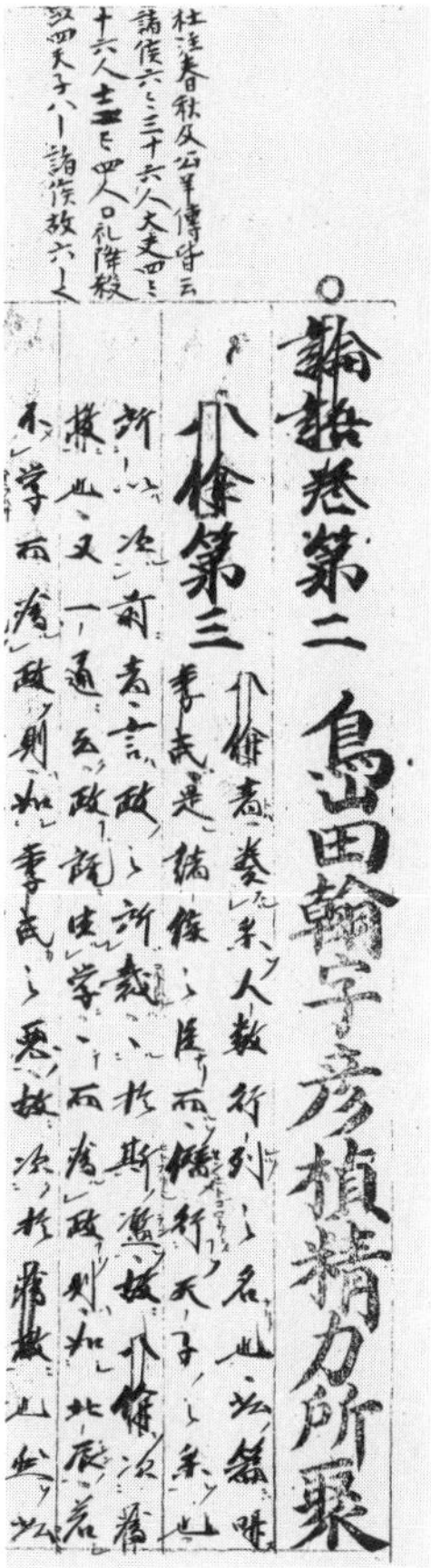


（右）図4…静嘉堂文庫蔵　宋版『周礼』の陸氏印記
（左）図5…室町時代（一六世紀）写本『論語』の翰の印記

くもある。彼は、書物のために寿命を縮めた。その陸氏の蔵書を日本の静嘉堂にもたらすのに、彼が担った力は大きかった。愛書家同士、因縁浅からぬものを感じる。かくして書物を愛するとは、好事家のような言葉で一括されるような行為だけを意味するものではけしてない。

ならば、書物を研究するとは、なんであろうか。

**読書と校書**　和歌山藩の支藩、愛媛の西条藩に山井鼎《やまのいてい》という藩士がいた。山井は荻生徂徠《おぎゅうそらい》の命を承け、足利学校（栃木県足利市）に赴き、『易経』から『孟子』まで八種類の儒教の経典について、何十と存在するテキストの間で一つ一つの文字がどう違っているのかを比較した。足利には、出版時代も古く最良のテキストといわれる中国宋時代（一二〜一三世紀）の、いわゆる宋版が、揃っていたからである。そして比較の結果をまとめたものが『七経孟子考文』という本であった。これが中国の学者を驚かせた。これを見た清の大学者・阮元《げんげん》は、模倣するかのように『十三経注疏校勘記』を編纂し、やはり清の盧文弨《ろぶんしょう》は、「彼海外小邦猶有能読書者」（海の向こうの小国にも本が読める者がいる）と感服した。この頃、本が読める、つまり、読書とは、一文字を大切に読むことで、それにはより良いテキストを得、テキストの系統の識別や時代の鑑定などが必要、というわけで、テキストの比較（校書）が読書の基礎であるとする考え方があった。清朝の中期（一八〜一九世紀）は、こうした、考証学といわれる、厳密な読解力を競う学問が盛んとなる時期で、山井の本は、大いにその風潮を刺激した。彼らにとって読書は校書であるといっても過言ではなかった。

このように、日本と中国で、同時期に、読書は即ち校書であるといったかなり特殊な認識を学者達が萌芽させたのであり、これこそが、書物を研究するということなのであった。

しかし、その山井は、三年間足利で校書に従事し、精魂尽き果てたか、帰郷してその翌々年の享保一三年(一七二八)に四八歳で病没した。まさにこの校書は命がけであった。


**校勘学・版本学・目録学**　後にこの校書の学問は「校勘学」と命名される。そしてそのために必要なテキストの成立時代や内容の価値を識別する学問を「版本学」と称するようになった。この版本学には、印刷された書物の歴史——印刷史、手書きの写本や稿本の歴史、蔵書家の歴史、など広範な書物の文化史が含まれる。そして、中国には書目を編纂する学問が伝統としてあり、書物の歴史を動かす原動力となっていることは、前節示したとおりである。漢の劉向《りゅうきょう》(前七七〜前六)・劉歆《りゅうきん》(?〜前二三)による『別録』『七略』にもとづいた班固の『漢書藝文志』から『中国古籍善本書目』に至るまで、どこの国にも例を見ない恐るべき重厚な歴史を持つこの学問を「目録学」と呼ぶようになった。この三つの名称は何れも清朝末期、民国時代(二〇世紀)頃につけられたものであるが、これらを総称した学問を「文献学」と、最近になって括ったのである。

従って、明治時代以降、日本で「書誌学」と名付けられた書物の学問は、「版本学」に近いもので、目録とか校勘とかを口にする人はあまりいなかった。

昔、仁和寺の法師が石清水八幡宮を訪れて、麓の寺社に参って帰ってしまった話が『徒然草』にあるが、なるほど「学を治めて目録版本の業を習はざるは、なお勝境を訪れて門墻の外を徘徊するがごとし」と顧廷龍氏がいっていることと相通じる真理を物語っているようである。

## 二――中国「文献学」の現況

### ◈原本に学ぶ――書影と影印

では、書誌学が復興した中国にあって、その「勝境」とは一体どういう境地を指すのであろうか。門墻の外を徘徊するのでなく、勝境に入れとは。

それはまさに書誌学の醍醐味であるといえるであろうが、結論は一つ、原本を見るということである。つまり、勝境とは古書の原本そのものを指すのである。

目録・版本・校勘の学は三位一体であり、原本に接することから始まる学問である。昔、漢の時代、孔子《こうし》の旧宅を壊そうとしたところ、壁の向こうから古い書物が現れ、同時に不思議な音楽が聞こえてきたという。今も、中国の古い版本の扉を開く時、得も言われぬ墨の香りが、黄金色の紙に冴えて、濃朱の蔵書印が鮮やかに目に映り、かの不思議な音楽も聞こえてきそうな感覚に襲われる。その感覚を大切にしようとする人が愛書家であって、文献学を支える人達である。

しかし、問題は、その原本に接することは必ずしも容易なことであるとは限らないということなのである。では、どうしたらよいものか。

**楊守敬『留真譜』**　いにしえの愛書家は、それが故に誰かが原本を写しとったものを更に写し取ったり、影刻本《えいこくぼん》（覆刻本《ふっこくぼん》）を作ったりして、原本の姿を後世に遺そうとした。無論、全冊を写し取ればよいが、それが量的に不可能なときは、一部分のみを写し、版本学の参考とする。これを「書影《しょえい》」と呼び、光緒二七年（一九〇一）に初編を出した楊守敬《ようしゅけい》（一八三九〜一九一五）の『留真譜』〈図6〉は、その嚆矢である。まさに真を伝える譜録で、原本を模写したものを版木に刻したという苦心の作である。発想は日本の友人・書誌学者森立之《もりたつゆき》（一八〇七〜八五）に学んだ。これを契機として民国時代、『鉄琴銅剣楼宋金元本書影』（常熟の瞿氏本・民国一一）・『盋山《ふつざん》書影』（南京の丁氏本・民国一七）・『故宮善本書影』（民国一八）・『重整内閣大庫残本書影』（故宮・民国二二）・『劉承幹嘉業堂善本書影』（民国一八）・『渉園所見宋版書影』（陶湘・民国二六）等、続々と石印による書影が現れた。また、橋川時雄《はしかわときお》・倉石武四郎《くらいしたけしろう》による京師図書館の善本書影『旧京書影』（民国一八）は、キャビネ判の

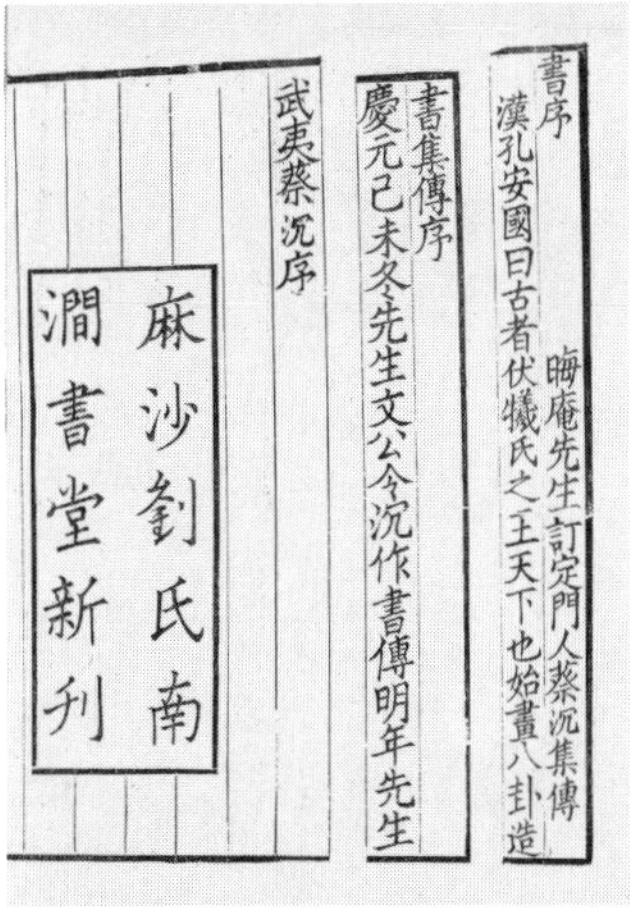
書序
晦庵先生訂定門人蔡沈集傳
漢孔安國曰古者伏犧氏之王天下也始畫八卦造
書集傳序
慶元己未冬先生文公令沈作書傳明年先生
武夷蔡沈序
麻沙劉氏南澗書堂新刊

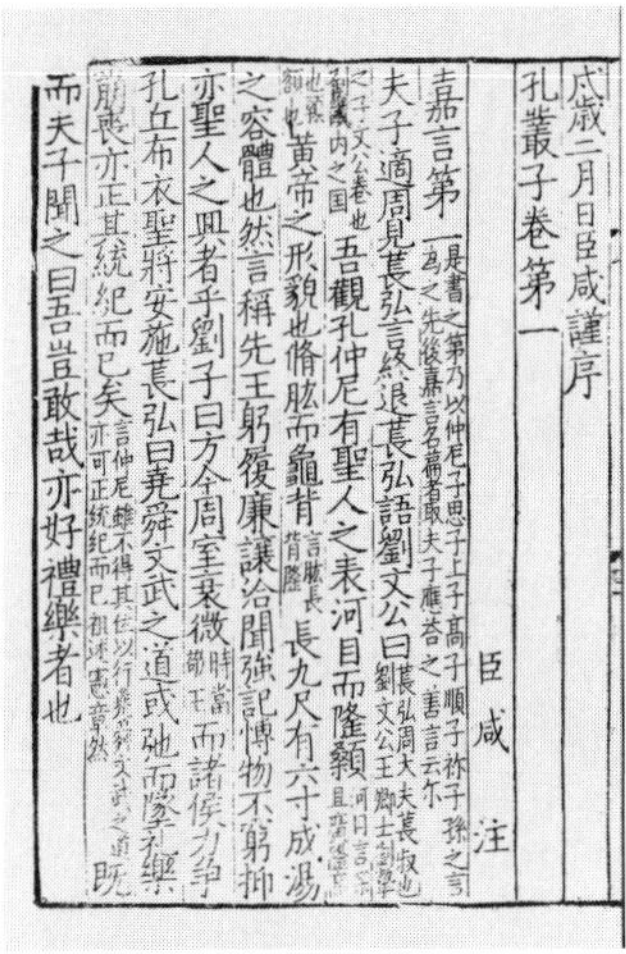
咸歳二月日臣咸謹序
孔叢子巻第一
臣咸注
嘉言第一
夫子適周見萇弘言終退萇弘語劉文公曰
吾觀孔仲尼有聖人之表河目而隆顙
黄帝之形貌也脩肱而龜背長九尺有六寸成湯
之容體也然言稱先王躬履廉讓洽聞強記博物不窮抑
亦聖人之興者乎劉子曰方今周室衰微而諸侯力爭
孔丘布衣聖將安施萇弘曰堯舜文武之道或弛而墜禮樂
亦正其統紀而已矣
而夫子聞之曰吾豈敢哉亦好禮樂者也

（上）図6…『留真譜』
（下）図7…影印『孔叢子』（試印本）

写真を少数部作製した貴重な資料であった。

百聞は一見に如かず、という。こうした書影によって、どれだけ版本学が進んだかは計り知れない。

**顧廷龍の影印事業**　文革後、書誌学の復興に当たって、この事業の復活にいち早く着手したのが上海図書館の顧廷龍氏であった。顧氏は、かつて、民国三〇年に『明代版本図録』を著し、夙に書影の価値を掲げた人であった。氏は、一九七八年一一月、『全国古籍善本書総目』の編纂に初めて参加する図書館人に向けて、「在版本目録方面最好能提供実例、参証対比」、版本目録は、実例をもって比較するのが最良の方法であるとして、本館の所蔵する宋・元・明・清刊本、抄本、稿本、三〇種の書影をつくり解説を附して配布した。

書物を研究することの基本であるこの比較する姿勢は、書物についての様々な発見を醸しだし、それだけ、見る目が養われるのである。中国では、この大事業のもと、書誌学を身につけた人がどれだけ育ったか、これも計り知れない。

そして、この精神は、現在の中国文献学に確かな業績をもたらしている。蔵品では、『館蔵精品』（上海図書館・一九九六）・『中国国家図書館古籍珍品図録』（北京・一九九九）・『北京大学図書館蔵善本書録』（一九九八）・『両朝御覧』（故宮・一九九二）・『浙江図書館館蔵珍品図録』（西泠印社・二〇〇〇）・『首都図書館館蔵珍品図録』（学院出版社・二〇〇一）・『北京文物精粋大系――古籍善本巻』（北京出版社・二〇〇二）・『常熟翁氏蔵書図録』（上海科学技術文献出版社・二〇〇〇）等が、また、版刻図録では、『宋元版刻図釈』（学苑出版社・二〇〇〇）・『明代版刻図釈』（同・一九九八）・『清代版本図録』（浙江人民出版社・一九九七）・『中国古籍稿鈔校本図録』（上海書店・二〇〇〇）、印刷史では、『中国古代印刷史図冊』（文物出版社・一九九八）・『印刷之光』（浙江人民美術出版社・二〇〇〇）などがあり、より原本に近いカラーの書影を見ることができる。書誌学を学ぶ者を裨益すること大なるものがある。

もう一つ、原本に近づくための試みが、全巻の、写真による影印事業である。民国時代の石印やコロタイプ版による影印事業の復活である。張元済の『四部叢刊』・『百衲本《ひゃくのうぼん》二十四史』の編纂を目の当たりにしていた顧氏は、その事業の利点も欠点も知悉していた。より良いテキストを作るために、影印の際に写真の差し替えや加筆等が行われたのであった。原本の姿をそのまま伝えることが最も大切であると考えた顧氏は、装丁や紙質にも配慮した、原本に手を加えない影印を、文革後、一九七〇年代の後半に、上海図書館で、宋版『唐鑑』・『孔叢子』〈図7〉・『韻語陽秋』等を使って独自に試印していた。この事業が後に、『宋蜀刻本唐人集叢刊』（上海古籍出版社・一九九四）や『古逸叢書三編』（中華書局・一九八二〜九二）等に発展し、ひいては、『四庫全書存目叢書』（斉魯書社・一九九七）・『続修四庫全書』（上海古籍出版社・二〇〇二）等の大影印事業を実現せしめたのである。こうした事業の素案は、実は、顧氏に出ることを強調する人もあまりいない。

とにかく、「原本に学ぶ」、これが中国文献学を今日に導いた哲学であった。

## ◈中華再造善本

よく考えてみれば、書物を生産するという営為は、著者が原稿を書いて誰かがそれを写す、これが基本原理である。我も我もと読みたい人が増えてくると、写していたのでは、間に合わない。それで印刷術が発展した。これに尽きる。著者の原稿は天下に一本しかない。孤本である。だから、写したり(抄本)印刷したり(印本)して子孫を増やす。しかし、原稿が失われ印本が孤本となれば、それが親となって子孫を増やすことになる(覆刻・影印)。こうして、原稿を書く一次生産とそれを写す二次生産が繰り返される。これが書物文化の大切な原理である。

中国は古代の昔から、この原理ではいつも世界を驚かしてきた。明の『永楽大典』、清の『四庫全書』等を見てもその筆写の規模は気が遠くなるようである。現代の『続修四庫全書』にしても、一体世界のどの国がこれを為し得るというのであろうか。そして、この驚きは止まる所を知らない。

「原本に学ぶ」文献学の姿勢は、この原理と相俟って、『中華再造善本』という驚異の事業へと発展しているのである。「再造」とは随分ありふれた言葉を用いたものだ。中国では「古籍整理」(文献学の異称)といったりして、日常的な漢字に深い意味を与える。それに比すれば日本の「書誌学」というのはなんと難しい言葉であろうか。

**国家による古籍複製事業**　二〇〇二年五月、中国文化部、財政部は「継絶存真、伝本揚学」をスローガンに大規模な古籍複製出版を決定した。『中国古籍善本書目』を受け継ぐ国家事業である。七月には、中華再造善本工程工作会議が北京で開催され、既に仕上がっている様本（見本）も発表された。

中国には二七五〇万冊の古籍があり、うち、二五〇万冊・四万五〇〇〇種が善本といわれる。『再造善本』は、「唐宋編」から金・元・明・清・少数民族の五編で構成、前四編で一三〇〇余種、宋元版は七五〇余種にのぼる。「四部叢刊」の全四七七種を遙かに上回る。それればかりではない。全部に提要（解説）を附し、紙質・装訂に至るまで原本に近づけようとする。まさに善本を再造するのである。政府の意図は、国内の各図書館に善本の分身を配し、悠久なる書物文化の伝承と普及を図ることにあり、営利は暫く措く。

（上）図8…現代の文献学者・傅熹年氏（北京の書斎）
（下）図9…華宝斎主人蔣放年氏（富陽・中国古代造紙印刷村の書斎）

こうした事業を目の当たりにすると文献学という学問や書物の知識よりも、文物としての書物が、大波のように押し寄せて政治を形成してきた歴史に思いが至る。書物を愛するぐらいではとても追いつかない。しかし、愛書の精神は政治に密接である。この認識こそが、中国の古文献を把握する鍵であるといえる。

**蒋放年氏の印刷工場**　大事業にも必ず中心人物がいる。善本の選択は、版本に詳しい傅熹年《ふきねん》（傅増湘の孫）氏〈図8〉・李《り》致忠《ちちゅう》氏等が主で、最も困難な印刷を一手に請け負うのが、浙江省富陽市にある印刷廠、華《か》宝斎《ほうさい》主人蒋 放年《しょうほうねん》氏〈図9〉である（惜しくも先年急逝された）。

富陽は杭州の南西約三〇キロに位置し、良質の竹が産出することで有名。造紙工場も多い。蒋氏は少時より造紙の技術を修め、腕一本で、三〇〇人の大工場を造りあげた。造紙から印刷、装訂まで一貫して行う線装本（糸綴じの古書）専門の工場である。削竹《さくちく》（竹を削る）・砍青《かんせい》（竹の皮を剥ぐ）・翻灘《ほんたん》（竹を洗う）・椿料《ちんりょう》（竹を潰す）・操紙《そうし》（水に溶けた竹の繊維を一枚の大きさに掬う）・曬紙《さいし》（乾かす）・榨紙《さくし》（押し固める）、ここで紙が完成、即ち宣紙の誕生である。そして印刷、装訂。装訂は、手作業で紙を揃え糸で綴じる。できばえは原本そのもの。いや、古版本が新たに息を吹き返したとでもいおうか。もはや、複製品の極限に達した感が深い。

蒋氏がこの仕事を始めたのには、国の宝を保存したいと思ったことと、古書とは、線装本とは、一体どういう物か、多くの人に知ってもらいたいと考えたことがあった。一九八三年のことであった。顧廷龍氏の教導があったことはいうまでもない。そして、この考えが、今の再造善本の基調と全く一致しているのである。その腕と人柄は文人学者の愛する所となり、国務院（内閣）古籍整理出版規劃小組の特別指定を受けている。勿論、中国ではこうした印刷工場の存在は、一や二に止まらない。

中国の書物文化を探っていくと、必ず、ある人物に出会う。その人達は志が高く、人格に秀でたところがある。同志を感化して止まないところがある。私はこれまで彼の国の書誌学を簡単に考えすぎていたようである。書家・沙孟海《さもうかい》が蔣氏のために書して言う、「蔡倫《さいりん》偉業、沈括《しんかつ》高風」。製紙法の普及に貢献した後漢の蔡倫の偉業と一一世紀北宋時代の科学者、沈括の学風を受け継ぐものである、と。こうした喩えはけして過褒ではないのである。つまり、宋版も再造善本も、実は連綿と、同じ文化の線上に連なっているのである。

ここまで思い至ると、なにか大きなヒントを得たような気がしてくるのは、私だけであろうか。

## 三――「善本」の意味するところ

### ◈「善本」の価値観

では一体、古籍(古典籍の原本)においては、何が善本なのであろうか。これほど難しい定義はない。書物を必要とする人の価値観によって左右されるからである。しかし、実際に書物を集める人達にとっては、その価値観に濃縮されたエキスのような共通の認識が存在するのもまた事実なのである。日本ではこれを貴重書と称することが多く、その価値観は主に時代による限定が重きを占めている。つまり、書写や出版が、室町時代以前(一六世紀以前)とか、明の嘉靖時代以前(同様)とか。ただ、漢籍に関していえばこの日本の貴重書区分はただの受け売りであって伝統的な思想は無いようである。やはり、蔵書家が自ら目録を作ったりする風習が無いのと、極端にいえば内閣文庫(国立公文書館)にあるような漢籍が漢籍の総体だと思い込んでしまう体質がその原因であろう。中国では、清末の頃にあっても、家の庭には棗の木を植えて、家人の詩文集を上梓する版木の材料に備えることは珍しくなく(所謂、家刻本)、名も無き人々による書物の生産は想像を遙かに超える量であった(王紹曾《おうしょうそう》『清史稿藝文志拾遺』中華書局・二〇〇〇、『清人別集総目』安徽教育出版社・二〇〇〇、柯愈春《かゆしゅん》『清人詩文集総目提要』北京古籍出版社・二〇〇二等はその一端を知る好材料である)。それ故に、この大海のような書海を泳いでいる彼の国の蔵書家は、善本という価値の集約にただならぬ拘りを持ち続けてきたのである。

**「真・精・新」と「五好」** 民国時代二〇世紀初頭、南方は暫く置くも、傅増湘・李盛鐸・周叔弢《しゅうしゅくとう》(一八九一〜一九八四、書斎名は自荘厳堪《じそうがんかん》)等、北方の卓越した蔵書家は、最も要求が厳しく、そのエキスとして「真・精・新」の三拍子、つまり偽物でなく精緻でしかも新品そのもののように保存が良いものを求めたという。いやはや、それでかつ時代の古いものといったら、殆どの古書は失格となる。それだけではない。とりわけ周氏は「五好」といって、字の刻し方、紙と墨、装訂、蔵書印、有名人の識語(題跋)が「好」くなければいけない、と考えていた。全く、傾国の美人を捜すようなものである。しかし、当時はそれが叶えられたのである。北方の雄、楊氏海源閣の善本が

図10…海源閣蔵書

周氏の目と鼻の先に端座していたからである〈図10〉。時の閣主楊敬夫《ようけいふ》は一九二七年に山東・聊城から天津に書を売りに出た。天津に住んでいた周氏は、買うも買ったり、見るも見たり、宝の山に遭遇したのである。それが三七才の若さであるから、目の肥えかたは尋常でなかった(『叔弢蔵書年譜』黄山書社・二〇〇〇、を参照)。その眼福は、傅氏・李氏も同様に得、南方の張元済にも及んだ。傅・李・周の三氏は協力して楊氏の特徴ある子部(漢籍四部分類の主に古代思想書)の善本を五万元で買おうとしたが、大連満鉄図書館にそれ以上の価格で買われ、後、それらの一部はソ連に移管されて消息を絶った。いずれにせよ、この頃、清末の蔵書の流散に逢って、外国流出を防ごうとしたり、競って自らの架蔵に加えようとしたり、という蔵書家達の営為によって、近代的な「善本」という価値観が創り上げられたといっても言い過ぎではない。この趨勢は一九三〇年代の抗日戦期に、鄭振鐸《ていしんたく》・徐鴻宝《じょこうほう》等による古籍文物保護の活躍があって、一層加熱したのであった。新中国成立後、こうした蔵書家の善本が大型の図書館に寄贈され、概ね現在の、大陸・台湾・香港などの善本収蔵の状況が定まったのだと考える時、民国時代に古籍の鑑定研鑽に尽力した蔵書家達の歴史的意義を今一度再確認することが、「善本」の恩恵を蒙る者の責務ではなかろうか。『張元済傅増湘論書尺牘』(商務印書館・一九八三)・『鄭振鐸書信集』(学林出版社・一九九二)・『近代蔵書三十家』(蘇精・台北伝記文学出版社・一九八三)等はその責務感を刺激して止まない。

**書目にみる「善本」の思想**　さてその「善本」の何たるかをかの蔵書家に聞く術が無い以上、その思想は彼らの目録に尋ねるほかはない。凡そ、版本(テキスト)を著録し始めたのは、清の初め、銭《せん》曾《そう》『読書敏求記』であるが、それは「経・史・子・集」四部分類のみの基準を出ていない。乾隆時代(一八世紀)、宮中の蔵書目録『天禄琳琅《りんろう》書目』に至って、宋版・影宋抄本(宋版を写したもの)・元版・明版をそれぞれ四部に分けた、版種の分類による目録が現れた。この方法は後の『故宮善本書目』(民国二三)に受け継がれた。その後、同治年間に編まれた海源閣の『楹書《えいしょ》隅録』は目次の書名の頭に宋版・明抄等とテキスト名を冠した。また、同じ楊氏の『宋存書室宋元秘本書目』は、宋本・元本・校本・抄本に分類した(『海源閣書目五種』斉魯書社・二〇〇二に詳細)。そして宣統年間(一九一〇年頃)に編纂された蔵書家・鄧邦述《とうほうじゅつ》(一八六八〜一九三九)の『群碧楼《ぐんへきろう》善本書録』は宋刻本・元刻本・明刻本・明嘉靖刻本・抄校本と分類、更に、民国一八年(一九二九)には『寒痩山房鬻存《いくそん》善本書目』を編纂、宋本・元本・影宋元抄本・明刻本・明嘉靖刻本・抄校本・明抄本・名人手抄本・名人

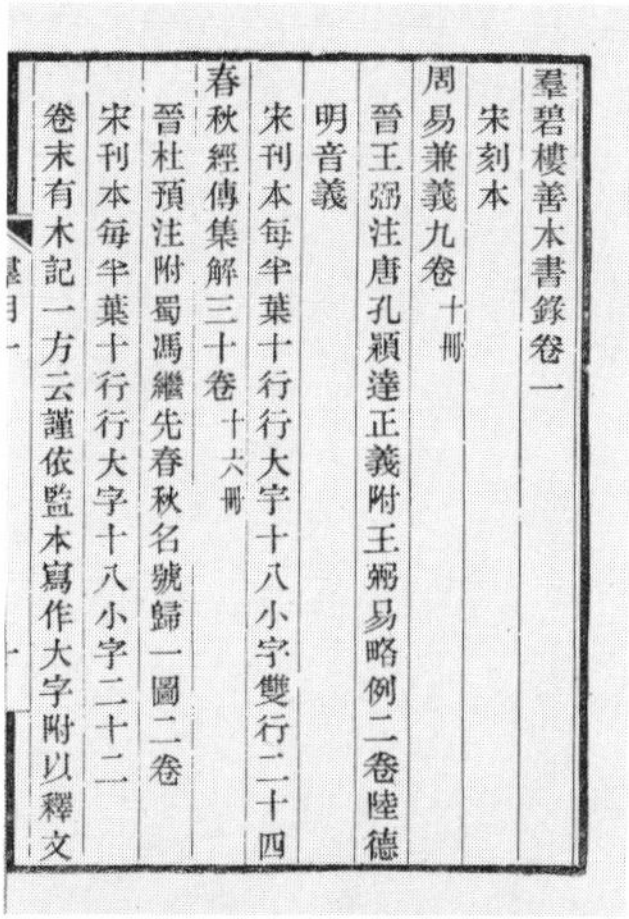
羣碧樓善本書錄卷一
宋刻本
周易兼義九卷 十冊
晉王弼注唐孔穎達正義附王弼易略例二卷陸德
明音義
宋刊本每半葉十行行大字十八小字雙行二十四
春秋經傳集解三十卷 十六冊
晉杜預注附蜀馮繼先春秋名號歸一圖二卷
宋刊本每半葉十行行大字十八小字二十二
卷末有木記一方云謹依監本寫作大字附以釋文

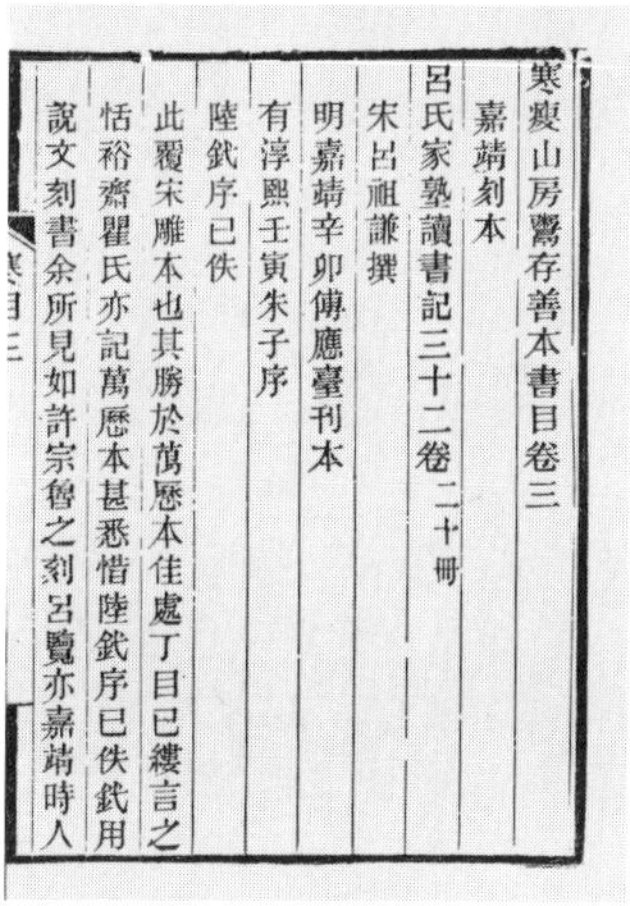
寒瘦山房鬻存善本書目卷三
嘉靖刻本
呂氏家塾讀書記三十二卷 二十冊
宋呂祖謙撰
明嘉靖辛卯傅應臺刊本
有淳熙壬寅朱子序
陸釴序已佚
此覆宋雕本也其勝於萬歷本佳處丁目已縷言之
恬裕齋瞿氏亦記萬歷本甚悉惜陸釴序已佚釴用
說文刻書余所見如許宗魯之刻呂覽亦嘉靖時人

図11…鄧邦述の蔵書目録

手校本・自校本という分類で自らの蔵書を著録した〈図11〉。この特異な書目によって、我々は当時の蔵書家による善本の思想を明確に窺い知ることができるのである。

### ◈「善本」を求めた蔵書家たち

鄧邦述は清の同治七年(一八六八)に江蘇省で生まれ、傅増湘と同世代、同年(光緒二四年・一八九八)の進士。光緒二七年湖北巡撫の端方《たんほう》の部下となり、端氏の書斎の蔵書に刺激されて、自らも収蔵を始めた。その人柄にも影響されたのであろう。端方は後に江南図書館(南京図書館の前身)を設立した政治家で、丁氏八千巻楼の蔵書流失を防ぐに功あった人。鄧氏は上海で宋刊本の唐人詩文集『李群玉集』・『碧雲集』を入手、その一字ずつを取って「群碧楼」という書斎号を持った。主に北京で蒐書に努め、毎日十数人の本屋が家の門前に善本を売りに並んだという。が、民国になって、二万巻を超える蔵書も生活の資に逆もどりし、中央研究院等に売った残りが「鬻存」目録(前ページ参照)というわけである。蔵書家が競って集めるのは黄丕烈《こうひれつ》(嘉慶・道光年間・一九世紀初の大蔵書家)の旧蔵書であり、それは宋・元の古刊本である。「群碧」の二書も黄氏のものであった。鄧氏は黄氏の書目『百宋一廛《てん》書録』に習って、自らの書目にも宋元版にはテキストの行字数(行款)を記した。また、清の道光年間、張金吾《ちょうきんご》が『愛日精廬蔵書志』の内に明代の刊本を収載したのに習って、明刻本を一項目に立て、特に明嘉靖刻本を更に一項目とした。こうして、「明黒口本」(本の柱=版心が黒いもの・明前期に多い)とか「嘉靖本」という言葉が、善本の一代名詞の仲間入りをするようになる。嘉靖時代（一六世紀中）の刊本は刻字も良く校訂に優れているといわれるが（今でも中国の古書肆では、嘉靖版で白い紙＝白綿紙のもの以上の良い本を見ていないと古書は分からない、というのが通念らしい）、その評価も並々ならぬ蔵書家の研鑽無くしてはあり得なかった。

善本は刊本ばかりではない。手書きの抄本にも多い。それは、明末清初の毛氏汲古閣《きゅうこかく》が美しい抄本（毛抄）を作製したからである。宋版を敷き写しするその技術はまさに西洋の博物図に匹敵する。印刷とか手書きとかの世界を完全に超越した美学が込められている。しかし、鄧氏らが評価

図12…左から章元善・鄧邦述・宗舜年・章鈺・兪陛雲・陳漢第

した抄本は少し違う。

## 校勘と「善本」の価値

鄧氏の三年上の章鈺（四当斎《しとうさい》）は蔵書の郷・蘇州に生まれ、光緒二九年（一九〇三）進士となり同じく端方の部下として江蘇・直隷等を回り、京師図書館・清史館編修を歴任した。天津の寓居で校書に精力を用いた校勘学者である。『胡刻通鑑校宋記』（『資治通鑑』の校勘記）・『読書敏求記校証』はその畢生の大著である。章氏は古刊本のような善本は持たず、入手し易い清刊本や新しい抄本、または自ら書写させた抄本（算鶴量《さんかくりょう》 鯨室《げいしつ》抄本）を主として、それに借閲した善本との比較校勘を書き入れるのである。その誠実な校書の様子を、顧廷龍氏が編纂した『章氏四当斎蔵書目』は語りかけている。版本学と校勘学は一体であることが腑に落ちて理解できるとでもいおうか。かくして、黄丕烈の近くに顧千里《こせんり》という傑出した校勘学者がいたように、鄧氏には章氏がいた。名人が抄写したり校書したり、また、自らが善本をもって校訂した校本も、皆善本に値することを、章氏のような学者が身をもって立証したわけである。鄧氏の書目における一〇の分類（二二ページ参照）は、即ちこの当時の善本の思想を端的に示しているのである。つまり、知識のみで括ってしまう後世の古書に対する価値観は、この頃の書目を「読む」ことによってもう一度出直すことができるのである。本当に中国の目録学とはすごいものである。

## 「善本」の思想の変遷

現代の版本学家・蔵書家、黄永年《こうえいねん》氏（陝西師範大学教授・『清代版本図録』の著者・近年逝去された）によれば、「善本」の言葉は北宋時代に溯る。葉《しょう》 夢得《ぼうとく》『石林燕語』に「唐以前の書物は貴重だったから、少ない写本ながら校訂のすぐれた善本ばかりであった」とある。文字に誤りの無い本、それが善本であった。そして、時代とともにその価値は変化を生み、文革終了後には「三性」の説が流通するに至った。歴史文物性、学術資料性、芸術代表性、が即ちそれである(『古籍整理概論』上海書店・二〇〇二)。結局善本とは、校勘の行き届いた誤字の少ない版本、稀見の旧刻本、名家の抄本や校本、前賢の手稿の類、ということになり、現に『中国古籍善本書目』にはこのように謳っている。要は、宋刊本、元刊本、明嘉靖以前の刊本、明活字本、明抄本、清前期抄本、名家の原稿や書き入れ本、明万暦以後の伝本稀か多色刷り等の美しい本、清の価値ある稀見の本が、現代の善本といえる。

いずれにしても、この思想を知識としてしまうことと、善本を重んじて普通書の価値を顧みないことが、書誌学の最も大きな落とし穴であると私は肝に銘じている。「物、稀をもって貴となす」といわれるが、私は「普通をもって珍奇となす」(以普通為珍奇)ともじって座右の銘としている。顧廷龍先生がよく言われた。「明刻不一定不如宋刻、普通書不一定不如善本」(宋版が一番良いとは限らない、普通書を軽んじてはいけない)と。まさに清末民国時代の蔵書理念を咀嚼した名言である。

## 四――書物の離散と完璧

### ◈零本と足本

善本の具体論に入る前に、話が少し込み入ってきたようなので、見方を変えてみよう。およそ、中国の書物は竹や木片に書写された竹簡・木簡、絹等の布に書かれた帛書を経て紙による紙本に発展したが、常に読者を悩ませ続けてきた課題といえば、それをどう保存するかということであった。くるくると巻く巻子本やお経にみられる蛇腹のような経折装もあるが、やはりなんといっても冊子体の装訂が保管にも読書にも便利なものであった。こうした歴史は中国文献学の最も大切な常識とされる(李致忠『古書版本鑑定』文物出版社・一九九七などを参照)が、その歴史には数々の悲劇が存在したこともまた忘れてはならない。戦禍や政変、火災水難などが悲劇の主たる原因ではあるが、冊子本は分冊が多いほど雅であるために、逆に持ち出し易く部分的な欠冊を生じ易いのである。手や足をもぎ取られるように、第何冊欠という事態が頻出するのである。中国の北方では、それを防ぐため、一揃いのものを帙《ちつ》(書套)で包んだが、南方では湿気が多いのでなるべく密封しない夾板《きょうはん》(板で第一冊と最終冊を挟む)を用いたりした。しかしそれも人為的な奪去に遭ってはなんの効果も示さない。その欠けたものを零本《れいほん》(日本では端本《はほん》ともいう)、一巻にも満たないと零巻・零葉などと呼ぶ。零本を見るほどつらいことは無い。嘗ては堂々と美しい全容を誇っていた書物が部分的な行方不明や別居を余儀なくされている姿は、助けを求めているようにさえ見える。なかには、その声が天に達し、再会を果たし、足本《そくほん》（欠本無し）となった希有な例もある。その二つの実例を『春秋』という書物に見てみよう。不幸、離散した宋版、そして悲痛な叫びが届き、願い叶って完璧を得た日本の古写本と。

**散逸した清室の国宝**　一九一一年清朝最後の皇帝溥儀《ふぎ》（一九〇六〜六七）は辛亥革命勃発とともに退位し、二四年には故宮を逐われた。実家の醇王府《じゅんおうふ》、日本公使館、天津日本租界、と転々、日本軍の傀儡として東北を移動し三二年長春で満州国皇帝となった。四五年日本の敗戦とともに日本に逃れようとしたがソ連軍に捕まり、北京に護送された。悲劇の皇帝といわれる所以であるが、溥儀が出宮の際に持ち出した国宝もまた多くは悲劇の国宝となった。天子たる者、宋代以前の書画文物を従えていなければ威厳が保たれない。これが中国の文化である。皇族が携出するのは致し方がない。劉氏食旧徳斎《しきゅうとくさい》のように官吏が宮中から持ち出して市場に出たものは、蔵書家が購入して手厚く保護した。溥儀出宮後の故宮は、清室善後委員会が保管点検に当たった（荘厳《そうげん》『遺老が語る故宮博物院』二玄社・一九八五、筒井茂徳等訳などを参照）。従って、現今、政権崩壊後イラクの博物館が略奪に遭った様な状況はあり得なかった。ただ、溥儀が搬送した国宝は、詳細な目録が発見されなかったために、点検保護のしようがなかった。

文人皇帝乾隆帝《けんりゅうてい》（在位一七三五〜九六）が愛賞した善本に「天禄琳琅」と命名、それらは故宮の昭仁殿《しょうじんでん》に所蔵され、嘉慶三年(一七九八)の火災を経て再興されていた(一九五ページ参照)。焼失した善本は少なくないが、今次溥儀の帯出によって消失したものはそれ以上の損失であった。人災は天災よりも甚だしかった。一九四五年、長春から出発しようとする溥儀は、ただ日本の軍人に身を委ねるしかなかった。列車何両にも積まれてあった財宝に気を配る余裕など無かったに違いない。列車はソ連軍に停車を命じられ、貨車からは文化財が溢れだし散乱していた。あっという間のできごとであった。溥儀は捕らえられた。しかし、貨車の宝物が一体どのように処理されたのかは謎である。たまたまその現場に居合わせた、ある鉄道員は線路脇で冊子本を拾った。それが宋版『春秋経伝』〈図13〉であった。

**抱残守欠**　『春秋』は魯の歴史を記したもので、儒教の教典として愛読された。普通は晋の杜預《とよ》の注釈を付すが、これは無い。本文と『左氏伝』のみのテキスト。南宋時代(一三世紀頃)、都、杭州での出版にかかる。従って、字様も美しく校訂にも優れている最良のテキストで、しかも元時代の印記を存し元・明・清の三朝に亘って皇族が所有してきた、天下に二部と無い孤本である。書の成立・校訂・流伝ともに卓越した百点満点の善本である。一九五〇年代、北京図書館は全三〇巻一六冊の内、一一巻六冊を収得した。九〇年代末、古典籍オークションのブームにかきたてられるように更に八巻四冊が海外から出現した。また同じ頃、三巻二冊も国内の市場に現れた。残りの八巻四冊も所在が知れているという。さて、どれが鉄道員の拾ったものなのか、などという詮索は止めよう。残念なのは、離散を余儀なくされた国宝が、璧を完うして国家図書館で一堂に会することがとうとう叶わなかったことなのである。現存が確認されていながら、まみえることができない悲劇は、人間社会と全く同じである。何時の日か昭仁殿にあった頃の姿に戻ってほしいと祈るばかりである。

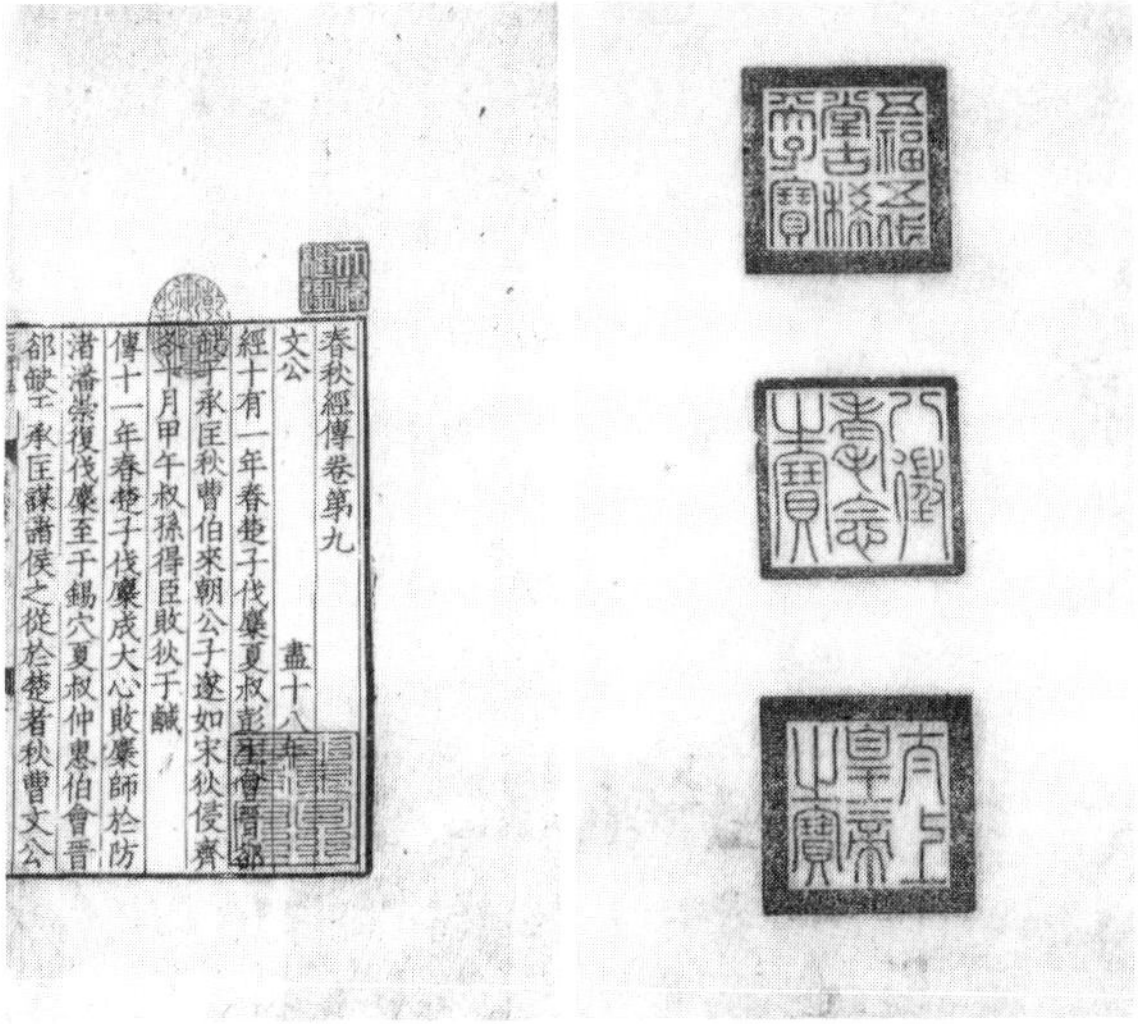


図13…宋版『春秋経伝』 印記は「五福五代堂古稀天子宝」・「八徴耄念之宝」・「太上皇帝之宝」・「天禄継鑑」・「乾隆御覧之宝」（以上清の皇帝）・「東宮書府」（元の皇室）

そして、こうした離散の実態を調べ、零本を大切にすることもまた書誌学の重要な側面であるといえよう。この精神を「抱残守欠」と称して、中国では愛書家の美徳とされるものである。

### ◈日本の古写本の離散と再会

今度は、長い長い離散の時期を経て、遂に再会を果たし、旧態を取り戻して足本となった日本の古写本『春秋』を紹介しよう。これは先の宋版とは異なり、晋の杜預の注釈がついているもので『春秋左氏伝』と題されている箇所もあるが、第一巻の題名『春秋経伝集解』を正式の書名とする。ところで、書誌学では第一巻(巻頭)に示される題(内題という)を目録に著録する際の書名に定める。民国時代にそういう暗黙の了解ができたのであって、まさに版本学の手ほどきはその書名を定めるところから始まるのである。では、同じ書名のものが幾つも並んだらどうしよう。そこで、それらを区別するために刊写年が必要になる。更に、刊年も同じならば版式(半頁の行字数、版心——魚尾・白口・黒口など)を基準にするか、高度になると実際に印刷された年代の違いや用箋の違いなどで区別することになる。このように、書誌学の煩雑な決めごとは(前掲の李致忠氏の『古書版本鑑定』に詳しい。二六ページ参照)書物の素性を明らかにするための手段なのであって、それ自体に目的があるわけではない。従って書誌学において最も困難なのはこうした決めごとを身につけるよりも、書物同士の性格や関係を如何に的確に伝えるかということであり、この学問は極めて創造性に富んだものであるといわねばならないのである。後に版本学の大家となった趙万里は民国一七年（一九二八）北京図書館の前身、北海図書館の善本部に奉職し、時の権威、傅増湘に版本学の教えを請うた。そして同二一年には『北平図書館善本書目』を編纂して近代図書館の善本目録に新しい道を示した。しかし傅氏の序文には「微傷簡略、豈饜群情」とあり、刊年の記載がやや簡略であることを憾みとしている。同じ書名で「明刊本」が幾つも並んでいるのを見ればその感想も故なしとしない。難しいものである。

**室町時代写本『春秋経伝集解』**　さて、日本では鎌倉・室町時代を通じて、読書人は、中国から輸入された宋・元時代の出版物を写し取ったテキストを用いていた。これを古写本という。古写本は、依拠したテキストが宋・元版であること、加えられた訓点が由緒正しい博士家のヲコト点が多いことなどから、現存するものは悉く善本扱いとなる。基づいた宋元版が失われて伝わらないともなると、「佚存書」と称される一級の善本である。『春秋経伝集解』は古くから日本に入り、平安時代と推定される写本も少々遺っている。しかし全体としてみれば一〇点そこそこしか現存していないから、片々たる零葉でも貴重な資料となる。全巻揃っているのは、僅かに宮内庁にある鎌倉写本のみである。昭和一四年大阪の鹿田松雲堂は当地の蔵書家、伊《い》藤介夫《とうかいふ》（有不《ゆうふ》為《い》斎《さい》）旧蔵書の入札会を催した。『天暦刊礼記集説』など元刊本七種、『唐柳先生文集』など日本の南北朝時代刊本五点、『趙注孟子』など古写本一〇点を含む数百点に及ぶ大市であった。その時に室町時代写本『春秋経伝集解』七冊が世に出たのである〈図14〉。古い茶色の表紙の裏には、江戸時代の筆跡で「宋興国本を模写せるものなり。元全部九冊とす。内二冊は人に借り去って今その在る所を知らず」とある。宋代、今の湖北省にあった興国軍（軍は行政単位）の学校で出版した宋版『五経』の内の『春秋』を底本として写したものという。この宋版は日本に二部を存し、中国には零本一冊しか伝わらない。底本は一級である。また写本には古い訓点も附されている。従って、この写本は当然一級の資料である。しかし、残念なことに、底本となった宋版の刊行年を示す年号が写されているはずの最後の一冊（二冊といっているが実は一冊）が欠しているのである。そうなれば価値は半減してしまう。江戸時代に既に欠けていたのだから、その一冊は数百年も別居を余儀なくされてきたことになる。嗚呼、最後冊だけを借りて行く人も困ったものである。この表紙の裏のメモは何人によって書かれたものかをつまびらかにしないが、これは古写本の叫びであって、書物の魂が何人かの筆を借りて、救いを求めている声であると私には思えた。その後、本書は一冊を欠いたまま蔵書家岡田真《おかだしん》のもとへ帰した。その叫びも虚しく、昭和三〇年、岡田文庫が売り立てられるとともに本書は再び世に出た。岡田文庫は漢籍・国書ともに優れ、幅広い分野に亘っていたが、本書は元刊『藝文類聚』と双璧をなす漢籍の目玉であった。結局、昭和四〇年に斯道文庫の有となったのであるが、依然、最後の二巻一冊は欠けたままの状態であった。しかし本の叫びが天に届いたのであろう、時は平成の世に改まった、とある一日、私はある古書肆で主人の机の上に、見覚えのある茶色の古表紙本があるのにピンときた。まさかとは思ったものの、それは紛れもない古写本『春秋経伝集解』巻二十九・三十の一冊そのものであった。震える手で最後まで捲るとそこには、世界で宮内庁書陵部にしかない、かの興国軍学刊宋版の刊刻次第と全く同じものが記されてあった。これで璧は完うされ、室町時代の古写本で唯一の完全無欠本『春秋』がここに蘇ったのである。私は、ホッとした溜息とともに、「抱残守欠」の責務をあらためて自らに言い聞かせたのであった。

## ◈書物は人を呼ぶ

こうした、奇跡ともいえる書物との出会いを顧みる時、書物に魂が宿るとする、やや狂人的な発想にも一分の理があることを解っていただけるであろう。そう、書物は人を呼ぶのである。

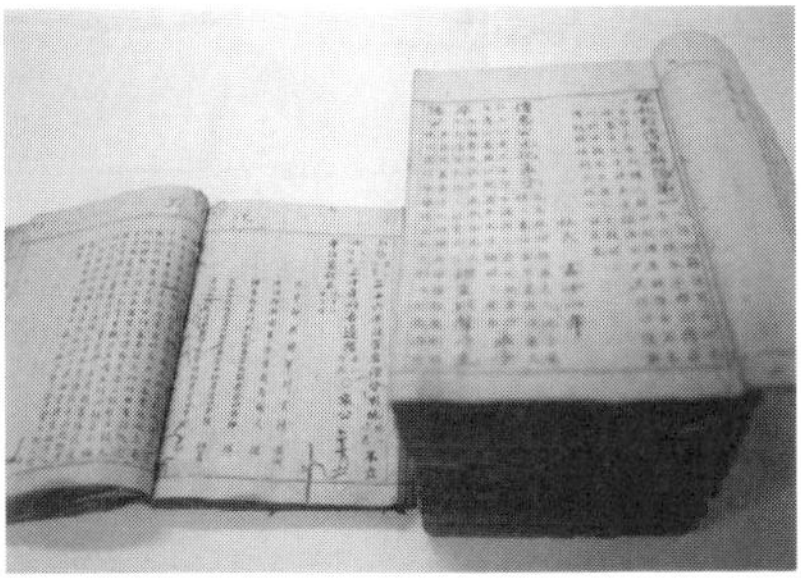

図14…古写本『春秋経伝集解』 左が新出の最後尾一冊。宋興国軍学の原刊記を写している。

先年、山形県の米沢市立図書館で調査を行った時である。『四書匯編《ししょわいへん》』という書物に出会った。三〇冊にも及ぶ巨冊で、著者、曾根魯庵《そねろあん》の畢生の大作というべき原稿である。勿論、出版はされなかった。「勿論」というのは江戸時代の儒者は稿を蓄積・改訂することが学問の任務であると考える向きが多く、出版はその主たる目的ではなかったからである。その点、清朝の学者とは体質を異にする。中国では生前に稿を上梓するのが大きな目標で、友人に初刷本を献呈して訂正を請う。それが楽しかったのだ。訂正の墨筆が目立つように朱や藍色で刷る。所謂、朱印・藍印本が即ちこれである。従って、中国では未刊の稿本類はそう見かけない。ところが、日本では、地方の儒者の稿本類は、殆ど手つかず状態のものが、ざくざくと存在する。彼らは、訂正しては浄書を繰りかえし、二稿三稿と重ねてゆく。内容の資料的価値の分析という観点ではとても追いつかないくらいだ。書誌学の責務としては、先ず資料の存在そのものの価値を重んじることが第一である。そういう意味では江戸時代を出版文化の時代とするのは一面で真実をとらえてはいない。

**再現した曾根魯庵『四書匯編』**　曾根氏は文化一一年（一八一一）に生まれ、慶応四年（一八六八）に戊辰戦争で戦没した。米沢藩の藩士である。『大学・中庸・論語・孟子』（四書）に対する詳細な注釈書を編み、藩校興譲館に来る日も来る日も出仕しながら稿を継いでいく様子が識語から窺える。海軍少尉であった曾根氏の子は父の遺著の出版を期し、明治になって清の学者何如璋《かじょしょう》に序を請い、本書に清書させている。さまざまな学問的価値を含みながら、結局文運の衰退には抗することができず、本書は世に現れることがなかった。

調査を終えて帰京し、翌日、足の踏み場もないほど古書が散乱している古書展の即売会に行って驚いた。踏みつけそうになった端本のなかに『四書匯編』〈図15〉の稿本が混ざっているではないか。昨日、じっくりと見ていたあの筆跡を、今、雑多な古書市の自分の手もとで再び見ている。これは気持ちが良いのか悪いのか、兎に角、一冊三〇〇〇円で入手。帰路は呆然としていた。恐らく、浄書前の初稿が散ったものであろう。本書の魂か、はたまた曾根氏の魂か、我を呼びしは一体誰ぞ！

**日本に渡った丁氏旧蔵本**

これも最近のことである。中国の南京図書館で閲覧の機会を得た。前述のように、該館は、清末の蔵書家丁丙《ていへい》の八千巻楼蔵書を以てその核となしている。丁氏は浙江杭州の人で先祖からの豊富な蔵書を兄の丁申《ていしん》とともに集大成した。道光一三年（一八三三）に生ま

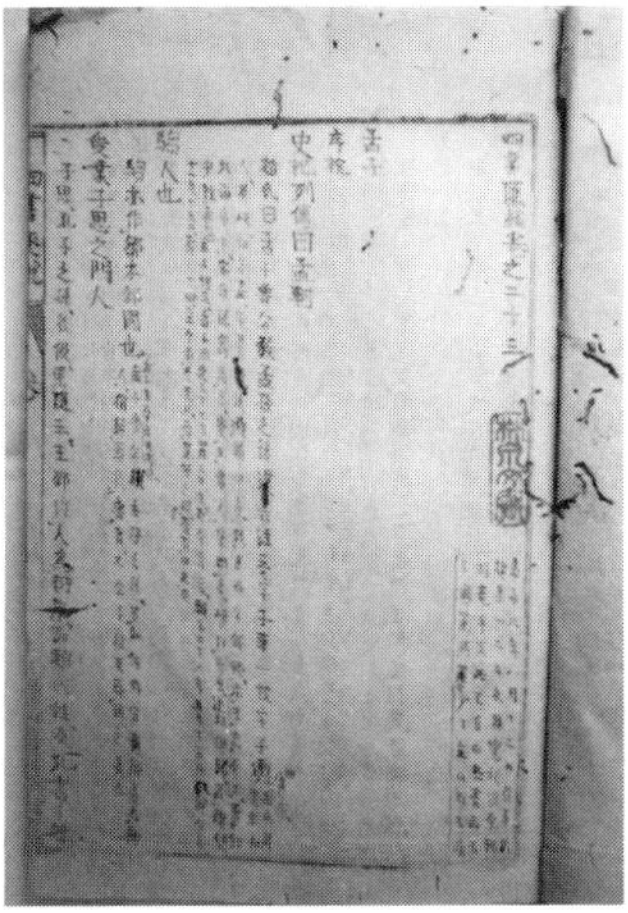

図15…『四書匯編』稿本

れ、光緒二五年（一八九九）に没している。土地に根ざした文献、つまり浙江の先哲文献、幅広い蔵書家からの蒐集、明・清のあまり著名ではない著作、それからなんといっても、乾隆帝が『四庫全書』を作る際に底本としたテキスト、これらの豊富さでは随一であった。加うるに、日本や朝鮮の版本や写本の蒐集に力を注いだのは他に例を見ない。四大蔵書家のなかでは特異な性格を持っている。書誌学の材料となるものは、何でもある、そういう蔵書である。咸豊一一年（一八六二）太平天国軍は杭州を攻略、『四庫全書』を保管してあった皇帝の書斎、文瀾閣《ぶんらんかく》が荒らされ、『四庫全書』は紙屑同然、戦車の下敷きとなり、米を炊く燃料と化した。これを憂えた丁氏兄弟は、毎晩、闇夜に乗じて数十里の道を往復して『四庫全書』を運び出し、安全な上海に移送した。その後、戦禍が止んでから失われた部分を写し直す作業を開始、七年間で数千種を復元した。丁氏はこれを記念して自蔵本で『四庫全書』に収録されているものには「四庫著録」〈図16〉という印を捺し、これらを「嘉恵堂《かけいどう》」と称する書庫に安置した。文瀾閣『四庫全書』復元の功に清政府から賜った「嘉恵藝林」の言葉から取った名前である。光緒三三年（一九〇七）、丁氏の子孫が事業に失敗、蔵書を売って借金を返済することになる。丙が没してまだ八年しか経っていない。虎視眈々とそれを狙っていたのが日本の財閥であった。同年に陸心源の皕宋楼蔵書が日本に売られた。四大蔵書家の二つが無くなれば、もはや江南の古籍界はもぬけの殻となってしまう。そこで、政治家の端方が七万三〇〇〇元を投じて買収し、江南図書館を設立、南京図書館の前身となったのである。

こうした歴史を思いながら、丁氏の八千巻楼本を南京で見ていると、かつての丁氏の東奔西走が目に浮かぶようであった。そして帰国した翌日、我が大学の貴重書庫で何気なく手に取って開いた書に、思わず声をあげてしまった。慶長九年(一六〇四)に元の至正刊本を覆刻した『大広益会玉篇』の巻頭にくっきりと八千巻楼の蔵書印〈図16〉が捺されてあるのである。昨日の思いが、一転今日の驚きとなった。本書の魂か、はたまた丁氏の魂か。

附言すれば、最近ある日本の教授が、自蔵の丁氏旧蔵本を、南京図書館に寄贈されたそうである。まことに藝林の嘉話である。拍手喝采！

図16…丁氏印記
(上)四庫著録
(下)八千巻楼蔵書印

# 五――善本への道

### ◈本の大きさと表紙の色

話をもとに戻そう。およそ善本とはどういう意味を持つ書物であるのかについて説明していたのであった。しかし、善本を見分けてそこに到達するのは、知識で片がつくほど容易なことでは無い。善本とは、要するに、「いい本」ということである。書誌学で、いい本というのは、内容が「いい」とは限らない。だから、内容が分からないので書物が判断できないというのは、ちょっと結論を急ぎすぎている。確かに、内容を知らずに本をいじくっているだけだ、それは玩物喪志だ、といわれて、書誌学を敬遠してしまう場合は少なくない。玩物喪志《がんぶつそうし》とは明の思想家、王陽明《おうようめい》の言葉である。物をもてあそんで、志をうしなうことである。いやいやそうではなく、贋物捜覗《がんぶつそうし》ですよ、にせものをさがしているのですよ、と返す勇気があればいい。そうなのだ。いじくる、ということに深い意味があるのだ。最初に線装(和装)の古典籍を手に取って感じることはなんであろうか。やはり、その本の大きさが気になる。大きくて立派な本は、いい本に違いない、こう考えるのは極、自然である。見かけ倒しということもあるが、大きいだけで保存上別置本となり善本の仲間入りをすることは多々ある。では実際に本の大きさには意味があるのだろうか。

## 唐本仕立てと明代の大型本

日本では和紙に半紙判《はんしばん》と美濃判《みのばん》という規格があって、その二つ折りをそれぞれ半紙本《はんしぼん》・大本《だいぼん》、更にその半分を小本《こぼん》・中本《ちゅうぼん》と呼んで本の大きさの準拠となった。中国ではかえってそうした規格はなく、巾箱本（特小本）等を除いてはあまり書物の大小をとやかくいわない。特徴といえば日本の和本に比べ、横が短く縦が長い。これを縦長《たてなが》といって、江戸時代これに真似た大きさのものが多く出た。特に幕末頃には唐本《とうほん》仕立てと持て囃され、ややハイカラなイメージがあった〈図17〉。それから、『永楽大典』のような特殊なものを除いて、特筆すべきは、明代、宮中の出版所、経廠《けいしょう》で出版されたもので、版式も大振りな堂々たる大型本である。これを経廠本という。経廠とは宦官の支配する役所の一つ、司礼監に属する機関で、皇室の仏事や皇帝に関する書物の出版を司った。司礼監は儀礼・奏章を管理する絶大な権力を持ち、金力・人力とも

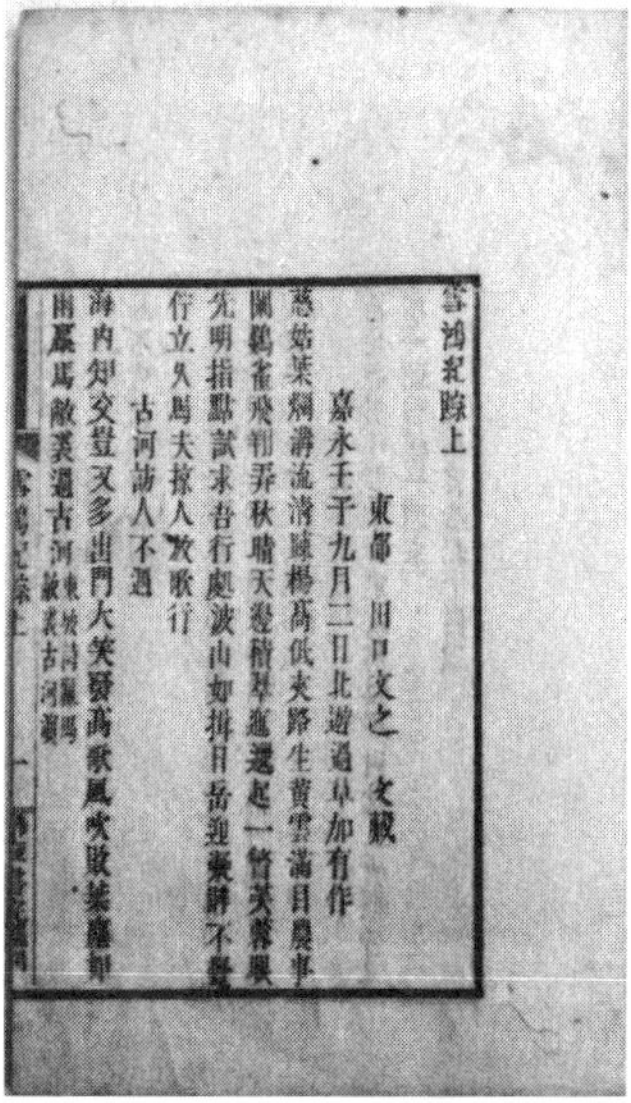

図17…唐本仕立ての「詩集」。幕末の木活字による印刷で、縦長である。版心に「擺刷」（活版の意）と中国めかした表現を用いる。

に空前の規模を誇り、従って、経廠は贅沢余りあり、『仏蔵』・『道蔵』・『大明一統志』などの大部なものを、高級な綿紙を用い、大型の版木に悠然と刻字したのであった。しかし、こうした乱費は、内容的に校勘の不精をもたらした。明代について付け加えれば、南京と北京に国子監があり、『十三経』や『二十一史』など学術上有益なものの出版に与った。南監本・北監本と通称する。これも大型本である。更に、皇帝の子が各地に藩王として封じられる制度を背景に各藩府が立派な本を出版している。これを藩府本という。例えば九代憲宗《けんそう》の子、恭王祐榰《きょうおうゆうこん》が興した山東・青州の衡藩では、開国の祖洪武帝《こうぶてい》勅撰の字書『洪武正韻』を嘉靖・隆慶年間(一六世紀半ば)に何度も覆刻している〈図18〉。これらも特別大きいとまではいかないが、装訂や紙質では贅沢を極めている。明代の出版に関しては、『明代出版史稿』(繆咏禾《びゅうえいか》・江蘇人民出版社・二〇〇〇)などを参照。いずれにしても、大振りに趣向した明時代の書物の形態は一種の時代的な規格となったことは知っておくべきである。それはまた朝鮮や日本にも影響を与えた。日本では慶長時代(一七世紀初)に木活字による大型本(古活字版)が流行した。堂々たるや、明王朝のそれに引けを取らない。しかし時代とともに変化がおとずれるのは世の常、書物の形態もその例に漏れず、全盛期を経て、書物の大きさも次第に小さくなっていく。江戸時代の初期よりも中期、中期よりも後期、明時代よりも清時代、初印本よりも後印本〈図19〉というように、時代が降ると本の大きさも小さくなる。不思議なものである。表紙の色もそうである。江戸時代は初期から丹表紙《たんびょうし》(朱色)や栗皮表紙(茶色)が流行するが、時代とともにその流行の色が薄くなっていくのである。「なんでだろう」というお笑いの流行語があるが、まさに同じこと。その理由を突き詰める事自体あまり意味のない、しかも極自然の現象。書物にもこうしたことは、一や二ではない。そのえもいわれぬ真実を体得するのが書誌学の醍醐味であるといえよう。大きいことはいいことだ！「大きい本」は時代が古く「いい本」なのである。表紙も色が濃いものは時代が古く「いい本」なのである。古書の縦・横の寸法を測っていると変に思われることもある。しかし、それで初印後印の識別ができることもあるのだ。これも「いい本」を見極めるための、志あるれっきとした研究行為であることを知るべきである。

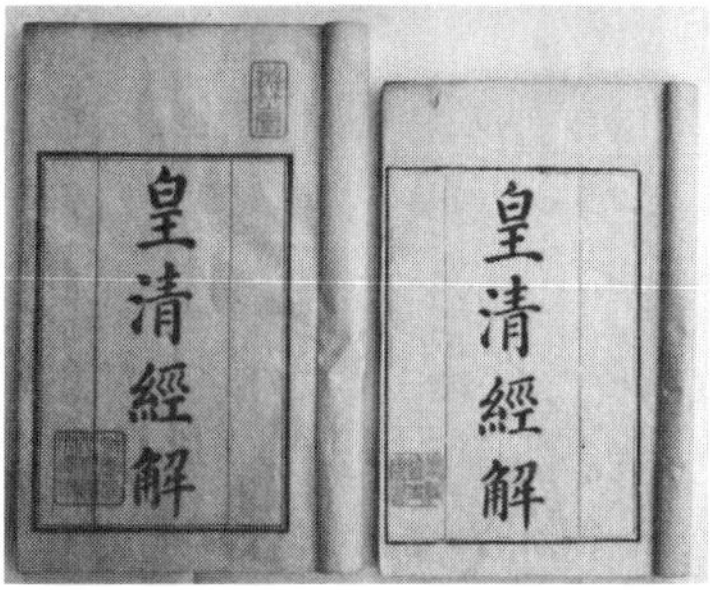


（上）図18…衡藩の刻本。表紙は絹で紙も上質。贅沢な本である。
（下）図19…清朝一代の経書に関する論文の集大成『皇清経解』（阮元編）。左が道光九年の初印本。右は咸豊一一年の補刻本。初印本は大きい。

## ◈本の重さ

先に、本をいじくることに意味があるといった。しかし、古典籍の原本は、あまりいじくり回すのも良くはない。手の汗に含まれる油が本の紙に染みるからである。古書の紙は多少の水分や埃には強いが油は絶対に落ちない。手を洗ってから古書を閲覧する習慣が励行されるのは、その油を嫌うからである。またしかし、古書が実用的な読む本であった時代にはこうした価値観も意味を持たない。むしろ読まれ読まれて、油まみれになる方が本にとっては幸せであったのかも知れない。清末民国の書誌学者・葉徳輝《しょうとつき》は、湖南の長沙に三五万巻の善本を擁していた。弟子を集めて、古版の鑑別・古写本の時代・書名の変遷・印刷の歴史等を懇々と口から泡を飛ばして、説明した。食事になっても、サッとかき込んでそれは続き、弟子たちもつられて食いだした。この様子は、戦前、満鉄図書館で古書を収集した松崎鶴雄《まつざきつるお》が長沙の葉氏に学んだ時のもので、その著書『雨の思い出』(座右宝刊行会・一九四六)に見える風景である。その油っぽい食べ物にエネルギッシュな講説を想像するとき、脂ぎった精力と抜け出しようもない書物の小宇宙のなかで、無数の古籍が捲られいじくられるという、これこそが蔵書家の世界なのであろうか、そんな思いに駆られるのである。日本の室町時代は、学僧による学問の全盛期であった。書物が少ないから、中国から輸入される新刊の元版や明版は貴重で、師から弟子へ受け渡され読み継がれ、訓点やメモを書き入れて講義の資料にした〈図20〉。メモの余白が無くなると、紙を上下に継ぎ貼ってまた書き入れる。そうした営みが何代にも亘って繰り返される。その細かい筆跡を見ていると、集中した、密度の濃い、油にまみれた汗の臭いが、逃げ出したくなるほど、伝わってくるのである。現在、佐倉の歴史民俗博物館に所蔵される国宝・宋版の『史記』は、まさにこうした本で、現物を見た時、それを手に持ったときのズッシリとした重みは、今も私の手の感触に記憶されている。宋版そのものもさることながら、そこに加えられた学僧たちの読書による油の重みこそが国宝に値する価値を持っているのであろう。日本の中世の学僧は、真の意味で中国の学問を受け入れた。

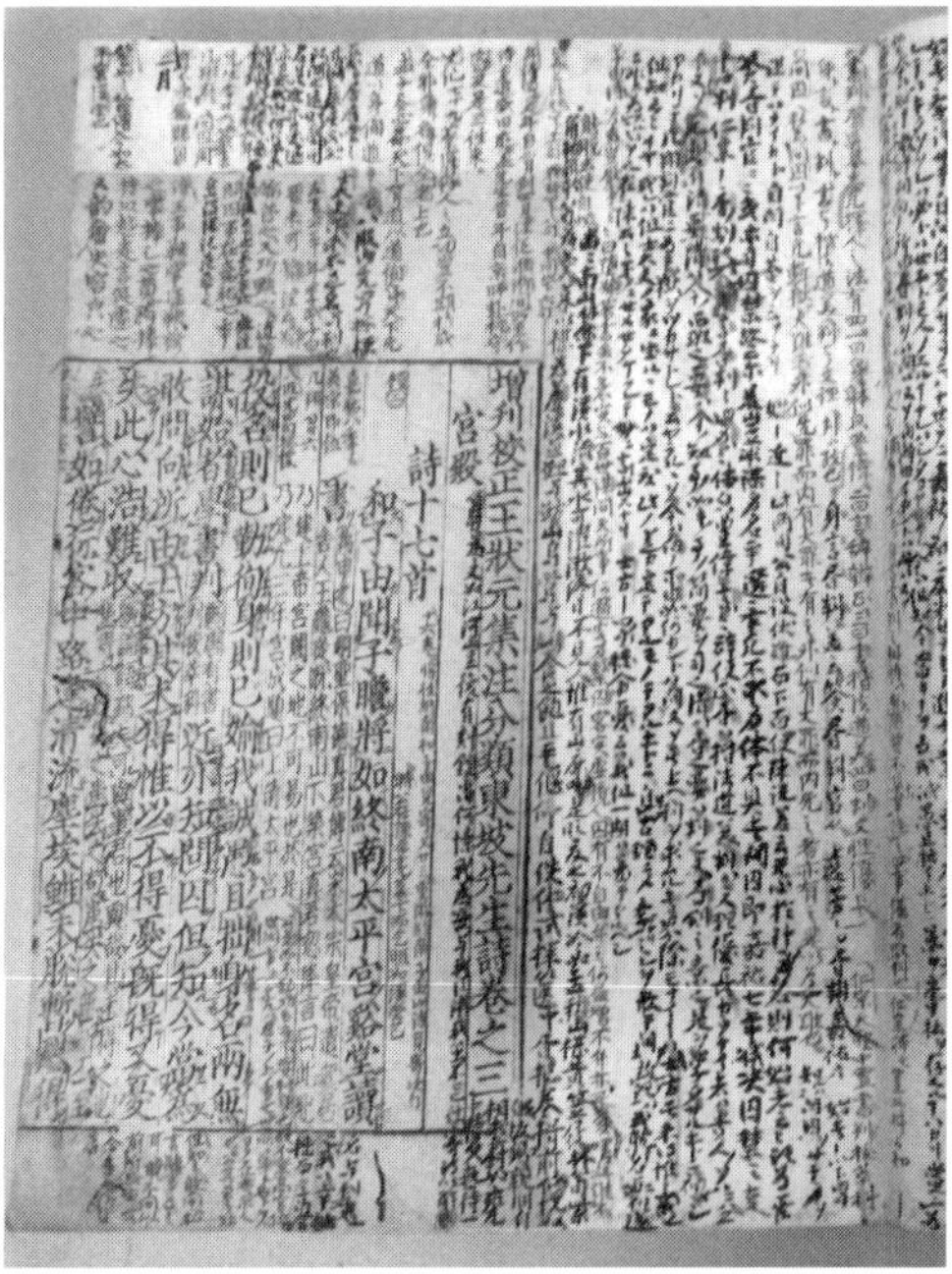

図20…『宋版東坡詩集』
室町時代学僧の書き入れ

油と汗にまみれて粘り強くのめり込み、しかし、あまりとらわれず、サッと解決整理して前にすすみ、カラカラと笑っているような、そんな書物感を想像する。葉徳輝と中世の学僧を引き比べるのも唐突かもしれないが、この共通点は中日書物文化の起点であると私は考えている。

**『古逸叢書』初刷本の重み**　ところで、その「重み」ということが問題になってくる。前節で、大きい本は「いい本」だ、と述べたが、重い本は「いい本」だ、などといいだすと甚だ非科学的な発言との誹りを受けるかも知れないが、このことも一つの真理であることは、原本を手に取る方々の多くが経験されているであろう。大きいから重い、紙が厚いから重い、といろいろな理屈はあろうが、理屈を超えて、「えい！」と本の良し悪しを判断するのも書誌学の大切な方法の一つである。清光緒年間の初（一九世紀末）、曾国藩《そうこくはん》の弟子、黎庶昌《れいしょしょう》（一八三七〜九七）が日本に外交官として出使した際、楊守敬とともに日本に所在する善本を覆刻した。それは『古逸叢書』と称し、両国の学界から絶賛された。版下・刻字工・紙、すべて日本の技術を用い、東京の大使館で初版を出版した。企画も優れていたが、その出版技術は目を瞠る。紙は上質の斐《ひ》楮交漉《ちょこうろく》紙で、この紙に中国の書誌学界は最上のものとして惚れ込んだ。学者はこれを美濃紙として尊び、欲しがったという。江戸時代、献上本等に用いた墨乗りの良いものである。その後、本書は、版木が中国に持ち帰られ、度々、中国の紙で刷られ、所謂、後印本が流行した。今、試みに、その叢書の一、『覆宋本広韻』の初刷り本と後印本の重さを量ると、なんと、九〇〇グラムと六四五グラムという違いがあるのだ。初刷り本のズッシリとした重みは喩えようもない。

**津田鳳卿『韓子訓詁』初刷本**　加賀金沢藩の藩士に津田鳳卿《つだほうけい》という人がいた。弘化四年（一八四七）に六九才で没した藩校明倫堂の先生である。その著『韓子解詁《かいこ》』は『韓非子』の注釈書である。日本の『韓非子』注釈は、他に蒲坂青荘《ほさかせいそう》の『韓非子纂聞《さんぶん》』、太田全斎《おおたぜんさい》『韓非子翼毳《よくぜい》』ぐらいで、少ない。何れも写本ないし極少部数の木活字本で伝わり、『韓子解詁』は文化年間頃（一九世紀初）初版を家塾で出版、その後、大阪の出版社が後印本を大量に刷り、ベストセラーといっても過言ではないくらいであった。従って初印本は少なく、後印本は同じ版木ながら、訓点等を訂正していて、テキストとしては、後者が優れている。しかし、当初の家塾出版の面目が知れることから、書誌学的には初印本を善本とする。さて、重さを量ってみよう。初印が一四四〇グラム、後印は一二八〇グラムなり。「いい本」は内容がいいとは限らない。しかし、初印本の、目が覚めるような鮮明な墨色と、その重みは、善本の無くてはならない要素の一つなのである。

要するに、資料を挙げればきりがないが、古籍の重さは時代とともに軽くなる傾向がある。

## ◈序文と跋文

本には当然、表紙というものがある。いわば、体を包むころものようなものである。それで中国では表紙のことを書衣と呼ぶ。書衣には、普通は柔らかい竹紙を用い、ページをめくっても片手で持てるようになっている。日本の古典籍は、一様に表紙は堅い紙を用いるので、片手で表紙は折れない。古典籍に対する接し方とイメージの、中日の違いをよく知っておかないと、様々なすれ違いが生じるので注意を要する。中国の文人のイメージが、左手に線装本を持ち、右手に筆を持って、颯爽としているのに対して、日本の漢学者は、謹直に正座して書見台に向かっているイメージである。実際にはいろんな人がいるが、接する対象の古籍が宋版であろうと石印本であろうとこういうイメージの違いが書物の鑑定には大きな意味を持つ。宋版や元版も、日本ではかつて学僧がメモ書きをたくさん入れた教科書であったことは前述した(四二ページ参照)。しかし、中国に伝わる宋・元の古版本は至ってきれいであり、メモ書きなどはあまり見られない。字面を汚すのを嫌ったようである。本文に書き入れるのは(批校《ひこう》)、清代以降の版本に多い。では、筆と本を両手に颯爽とするのは何のためか。それは、跋文《ばつぶん》を記すためなのである。だから、日本では本文に書き入れられた古い時代のメモは貴重視されるが、中国ではそれよりも跋文を重んじる風習があることを、イメージとして理解しなければならない。一般に、序文や跋文というのは、書物とともに印刷されて一緒になっているものという固定観念があるが、これらはもともと手書きで加えられたものなのである。一書がなると、序・跋を先生や友人にお願いする。序文が前で跋文が後ろとも限らない。どちらも著者自身が記すこともある。従って、この段階で書き加えられた序跋は、出版と大いに関わり、書物の刊行とともに印刷されるものである。だから、日本の書誌学では、その年号を取って、「序刊」とか「跋刊」とか目録に記し、刊行年とすることがある。中国では特に序跋を重んじるので、序刊などとは言わず、そのまま序跋の年号で「刊」と目録に記す。ただ、注意すべきは、後の時代に、もとの序跋をそのまま複製して新たに出版(重刊《じゅうかん》という)

した場合に、当然元の序跋の年号を刊年にはできないということである。重刊の際の序跋を捜さなければならない。当たり前のことのようであるが、実は、目録の記述の誤りは、大抵ここに起因している。要するに、序跋は印刷されて存在したものだという観念が災いするのである。序跋が書写されて書物に加えられることを前提に考えれば、目の前にある本の古さと、序跋の年号の古さとを秤にかけて同時代か否かを判断する。これが書誌学の醍醐味なのである。宋の欧陽修《おうようしゅう》の文集に弟子の蘇軾《そしょく》の序文が付いていたとする。この本の実体がとても宋代のものとは思えなければ、蘇軾の年号を刊年にはできない。しかし、極めて古そうであれば、蘇軾の序刊と判断してもいい。もっともそうなれば、国宝級のしろものであるが。大体、明・清の著者のものは序跋が刊年に近いと見てかかり、元時代以前の著者のものは、まずその序跋の年号を刊年とは見ない。それが原則である。古刊本の序跋の年号が書物の実体に相応するのは、超一級品と思っていい。

**序跋と善本の価値**　また、序文は後から加えて刻すことは少なく、最初に一気にたくさん刻し、時代を経るごとに削られていくものである。明末の有名な蔵書家・汲古閣毛晋《もうしん》(一五九九〜一六五九)が出版した『十三経注疏』は、初印本に八乃至九種の序を冠している。その印面は目が飛び出る程美しい〈図21〉。上海の復旦大学や日本の蓬左文庫に所蔵される。以後、本版は清の後期まで印刷されるが、序文は一つ乃至ゼロに減る。要は、序の数が多いほど初印に近く、善本に値する。それ故に、片手に本を持って、颯爽としている中国の文人が記した跋文は出版と関わりなく記されたものであるから、手書きのまま遺るのである。それで、手跋と呼ぶ。有名な文人の手跋があれば、普通の版本でも善本と認定される。書物よりも跋文を尊ぶ。これは中国書誌学の特徴である。そして、その跋文のみを取り出し集める学問が発展している。最も好まれるのが清中期の大蔵書家・黄丕烈の手跋（黄跋本という）である。これを手に入れるために後の蔵書家はあの手この手を尽くした。日本では、静嘉堂の陸心源旧蔵本が屈指の所蔵を誇るほか、幾つか散在している。黄跋の魅力は、柔らかく温かみのある字様にあり、書物への愛着が滲みでているところにある〈図22〉。『士礼居蔵書題跋記』（書目文献出版社・一九八九）・『蕘圃《じようほ》蔵書題識』（上海遠東出版社・一九九九）など、黄跋を集めた名著がある。こうした序・跋の学問は、『国立中央図書館善本序跋集録』（国立中央図書館・一九九二～九四）・『国立中央図書館善本題跋真跡』（同館・一九八三）といった成果を見ている。かくして、中国文人の書物に接するイメージは善本を知るための欠かせない要素であることが、お分かりいただけるであろうか。

### ◈本の封面（表紙）

書物の表紙は、現代中国語で封面という。封面という言葉がいつ頃からできたのかは定かではないが、書物の巻頭、つまり書物の顔を、覆う・包む意から、封じるの語を用いたものである。それ故に、もともと表紙の内側が今の表紙の役割をしていたわけで、今の書物の表紙に示されている、書名とか著者名とかの事項は、古典籍では表紙の内側に記されているものである。現代の中国語では、その古典語を借りてそのまま表紙のことを封面ということになった。従って、封面という言葉は、中国では大変曖昧な用語となっている。要するに、あまり書物の外側については拘らないようである。拘るのは表紙の内側に書かれた有名人の跋文とか、題字とかであって、表紙はあくまでも書物の全てを包む外衣でしかなかった。題簽《だいせん》や各冊の目次を印刷して表紙の外側に貼り付けることもしばしば行われたが、長い年月にはたえられず、剥がれて失われてしまうのが普通である。それで、それらを保護するために、さらに外側に表紙をかぶせるのである。そんなことから、書物ができた時に近い時期に施された表紙を元表紙(原装)といい、後から加えた場

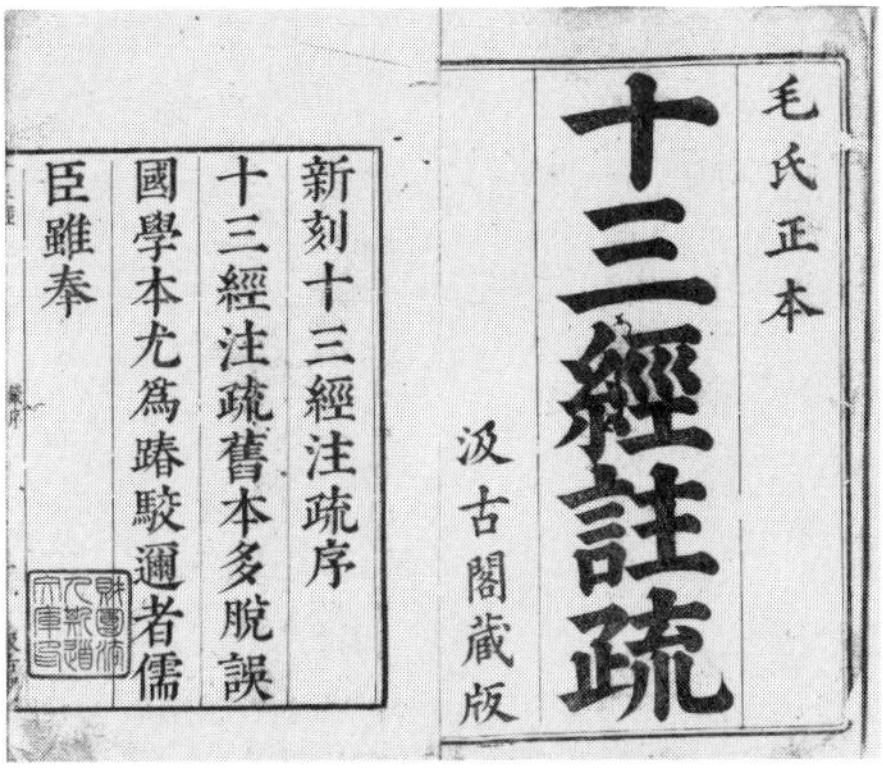


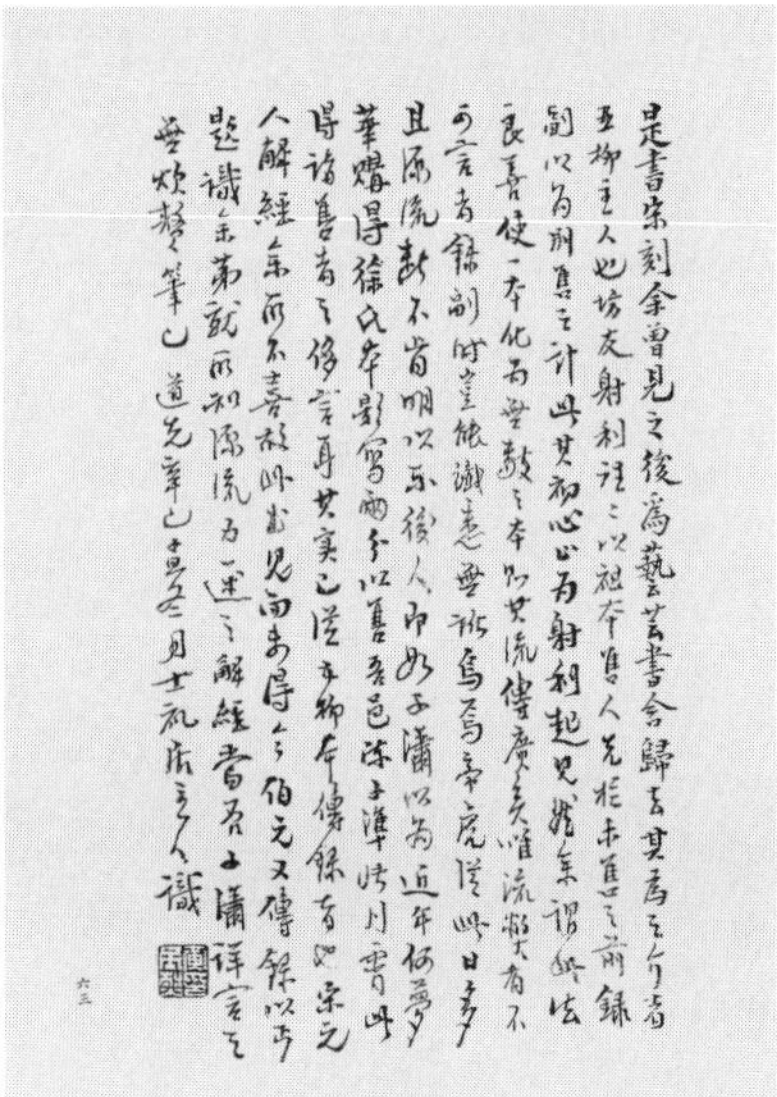

(上)図21…汲古閣初印本で八種の序を冠したもの
(下)図22…黄丕烈の手跋。士礼居主人・復翁などと号す

合には改装と呼んで、区別する。中国では、宋時代の表紙が遺されているものもあり、皇室用に誂えた豪華表紙もあるが、こうした例は珍しく、殆どの古書は改装であるから、表紙を善本鑑定の材料にすることは少ない。日本では表紙に拘ることが多く、模様や題簽、色と時代など、書物の構成要素に占める割合はかなり大きい。更に、表紙の外側と内側を区別して、内側を見返しといい、もう一つ内表紙があれば扉と呼ぶ。そして、こうした中日の意識の違いは、封面（見返し）において顕著であった。書物を手にして表紙を開くとすぐに目に入ってくる大きな書名。前述のように、中国ではもともと書名、著者名を記す表紙の役割を果たすもので、それ以上のものではなかった〈図23〉。後に出版人が自らの書斎名をも加えて宣伝する習慣が起こった〈図24〉。江戸時代、出版業が盛んになると、この習慣を強調して模倣したために、日本では見返しが書物の出版の情報を伝える最も重要な箇所であるとさえ考えられるようになった。実際、封面（見返し）には、出版年や出版者が記されているので、書誌学上有益な部分であるが、中日の違いを認識してかからなければならない。むしろ、中国の封面は、日本の見返しより注意を要するようだ。図に示した『文選』は、明末の汲古閣本を乾隆五九年（一七九四）に重刊したものであるが〈図25〉、『六臣全註』とあるのは事実ではない。『文選』には唐の李善《りぜん》の注本と、更に唐の五人の学者が注を施した五臣注本、李善と五臣の注をあわせた六臣注本があるが、この汲古閣本は、李善の単注本であって六臣全注ではない。清の同治五年（一八六六）、省心閣《せいしんかく》が出版した清・姚鼐《ようだい》の『惜抱軒文集』〈図26〉は図の左右、同じように見えるが同じ版木ではない。つまりどちらかが封面の年号もその

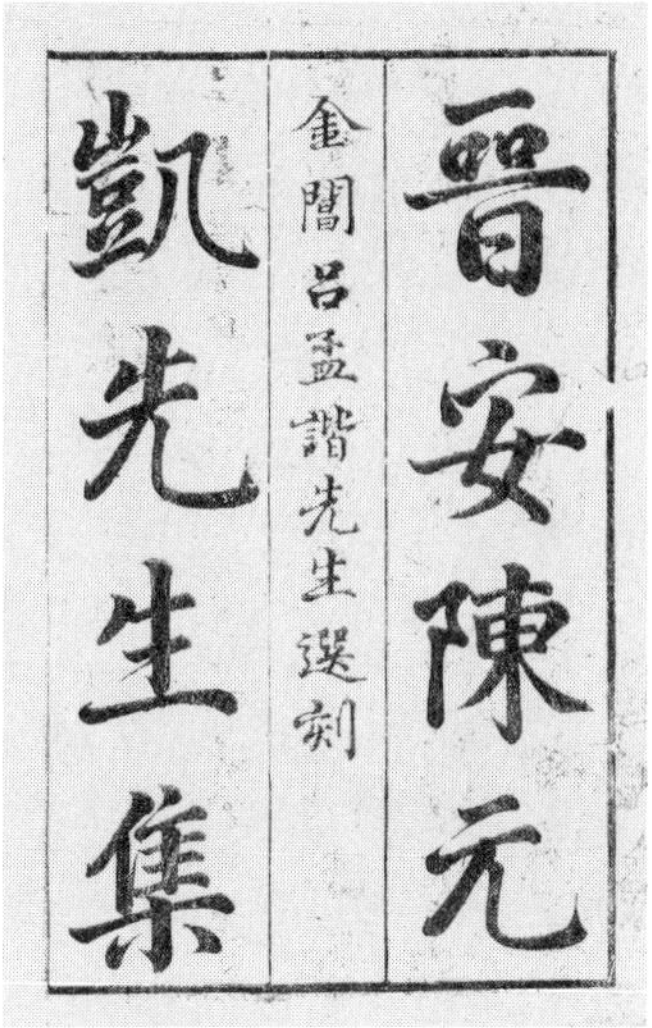


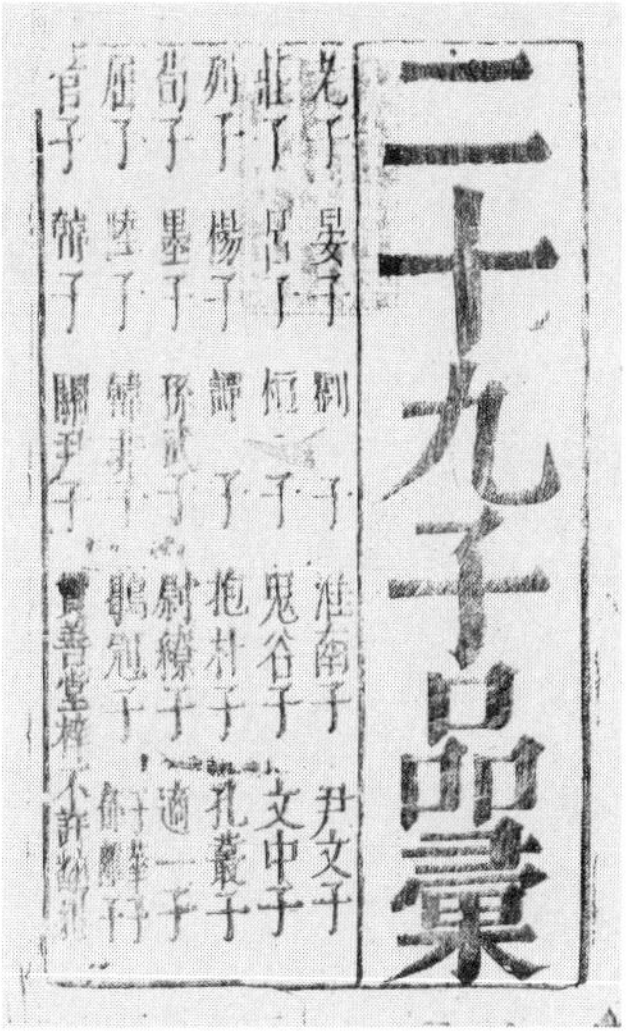


（右）図23…封面は書名・著者名などであった
（左）図24…左下に出版者名が入る

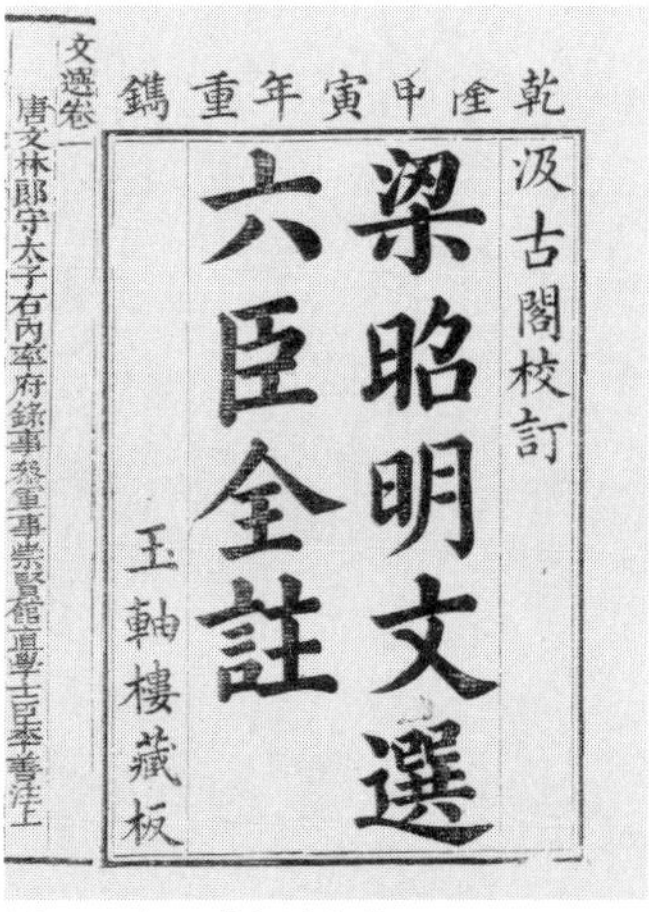


図25…実は「六臣全註」ではない

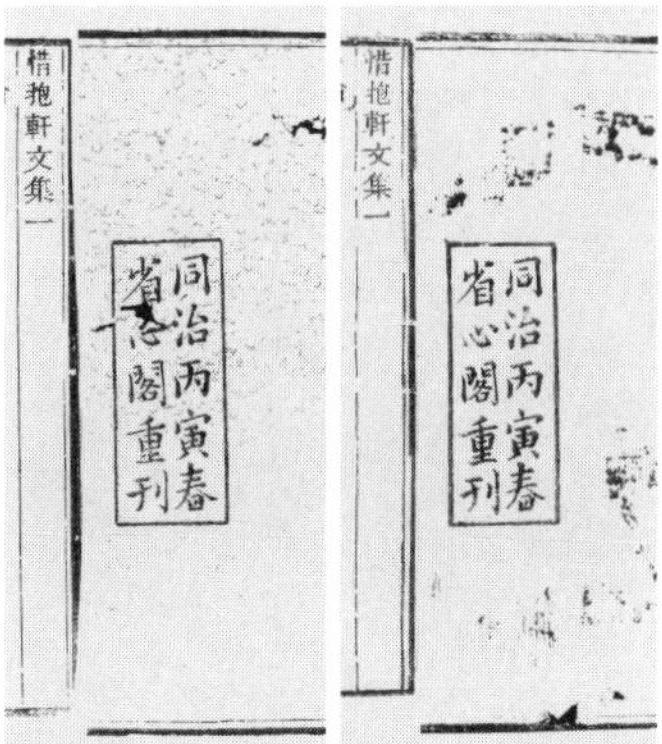


図26…左右は同じ版木ではない

ままに覆刻したのである。どちらかが同治五年よりも後の刊行となるわけだ。このように刊行年を四角で囲んであるのを木記《もっき》というが、いずれにせよ封面の記載はそのまま信用するわけにはいかない。

**家刻本と封面**　それでは、この封面に込められた価値は何処に存するのであろうか。それは、前にも述べた家刻本に於いて封面はその価値を発揮するのである。中国の出版の根幹が家刻本であることも前述の通り。先祖や家族や自分の著述を自前で出版するのが、実は中国出版文化の最も華やかで力のこもった一側面であった。商業出版はその発展した一形態であって、家刻本への執念は根深く中国の書物に息づいているのである。その意気こもった家刻本に附された封面は、兎に角、息をのむ。中国に比べて、日本の蔵書家は封面を大切にするので、封面を別紙で覆って保護することから、封面が見にくいものが多く、複写に困るが、例えば、清の嘉慶一三年（一八〇八）に宋の陸佃《りくでん》の『爾雅《じが》新義』を子孫の陸芝栄《りくしえい》が三間草堂に刻したの等は数百年の家学の出版で、美しく、時代は新しいが善本と称される。清の考証家・焦循《しょうじゅん》（一五四八〜一六一二）の著作は嘉慶二五年（一八二〇）に没した後、家の半九書塾《はんきゅうしょじゅく》で陸続と出版され、家学を強調する〈図27〉。清・乾隆期の政治家、呉玉綸《ごぎょくりん》は、乾隆六〇年（一七九五）自らの文集を『香亭文稿』として家の滋徳堂《じとくどう》に上梓した〈図28〉。学問・文藝の意気込みと優雅は、こうした家刻本にその本領が遺憾なく表され、封面はその証として、見る者に何かを語りかけるのである。時代の如何を問わず、宋・元版と同様に家刻本が善本と審定される所以である。

◈行数と字数（一）——江標の発想転換

中国の文献学を学ぶ上で忘れてはならない人に、江標《こうひょう》（一八六〇〜九九）という人がいる。江蘇省蘇州（元和）の人で、光緒一五年（一八八九）の進士。湖南学政（全国二〇箇所に設けられた官のうちの一つで、三年を任期とする教育長官である）を務めた。光緒二一年（一八九五）、湖南に赴任した時、経世致用の学を当地に推進しようとした。折から、世は洋務運動で、西洋化の波が押し寄せたが、同二一年の日本との戦争を経て、清政府には、ますます政治改革を押し進めようとする風潮が強まった。この維新派と呼ばれる一連の運動は戊戌の年、光緒二四年（一八九八）に戊戌維新へと発展し、光緒帝《こうしょてい》の詔を戴き、新政を断行したが、慈禧太后《じきたいこう》の反対に遭って失敗、百日維新の異名を持つこととなった。首班格の康有為《こうゆうい》・梁啓超《りょうけいちょう》は国外に逃れたが、譚嗣同《たんしどう》らは命を失った。こ

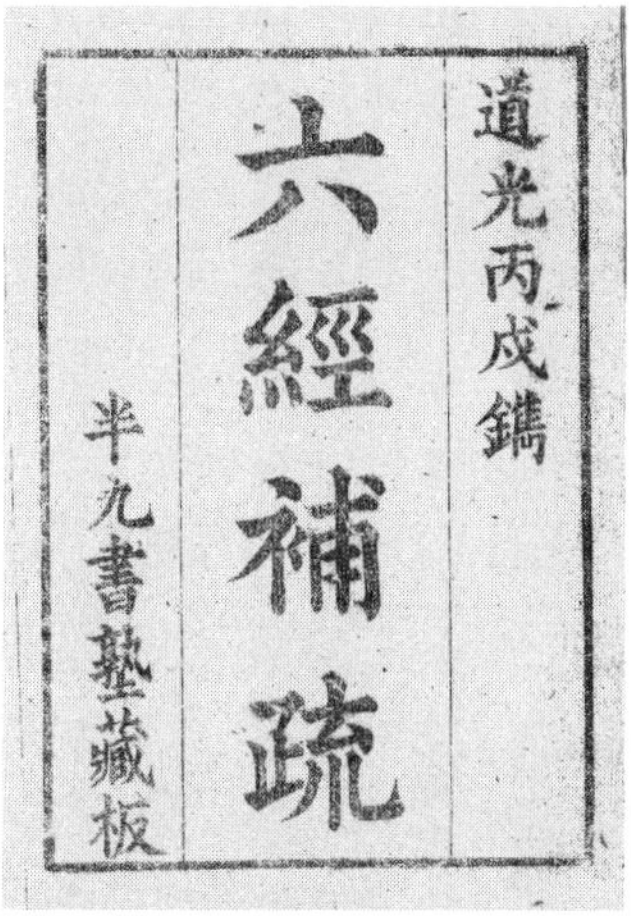

図27…清・焦循の遺著
図28…清・呉玉綸の文集

うした過激な結末を生んだ改革の拠点の一つが、湖南の長沙にあったことは、中国の書物文化にとっては不幸なできごとであった。

**清末の政治対立と書誌学者たち**　光緒二一年（一八九五）、湖南の巡撫（知事）となった陳宝箴《ちんほうしん》は、西洋の学を積極的に受け入れようとする江標の教育改革を支持した。陳氏は軍機大臣の翁同龢《おうどうわ》とともに維新派の大立者である。同二三年には塩法道（塩業や水運の長官）の黄遵憲《こうじゅんけん》や譚嗣同も長沙で維新を行い、更に、時務学堂を開いて、梁啓超を招き、『湘学報』という雑誌を発刊、西洋文化の教育・宣伝に務めた。ところが、長沙の大儒、王先謙《おうせんけん》（『続皇清経解』を編纂、書斎は虚受堂《きょじゅどう》）と前述の蔵書家、文献学大家、葉徳輝（四二ページ参照）の強烈な反対を受け、二派は、王・葉の岳麓書院《がくろくしょいん》と江・梁の校経書院《こうけいしょいん》・時務学堂《じむがくどう》とに教育の分裂を来した。葉徳輝は江標の弟子・石酔六《せきすいろく》、劉煥辰《りゅうかんしん》を監禁して江標のもとから去らしめようと画策したりもした。これらの政治対立が如何なる根源によるものなのかを述べる場ではないが、それにしても、書誌学にとって魅力的な人物が争いの渦中に対峙したという事実は、悲しいものがある。

**江標『宋元本行格表』**　葉氏は、『観古堂彙刻書・所刊書』という叢書を出版し、書目や稀覯本の復刊に特異な功績を遺した。全く同じ頃、同じ長沙で江氏は、『霊鶼閣《れいけんかく》叢書』を編纂出版している。『澳大利亜洲新志』・『日本華族女学校規則』など風変わりなものもあるが、書目や文献学研究の埋もれたものを公刊した有益な叢書である。『蔵書紀事詩』（葉 昌熾《しょうしょうし》）や『士礼居蔵書題跋記』（黄丕烈）は今なおこの叢書に負うところが多い。西洋化を唱道しながら、愛書精神は深く、大蔵書家黄丕烈の年譜を作製し、蔵書家研究に新しい道を示した。しかし、今述べなければならないのは、江標の著した『宋元本行格表』〈図29〉という書物なのである。両派の対立する光緒二三年（一八九七）、長沙で出版した。序文を書いた劉肇隅《りゅうちゅうぐう》は、葉徳輝の弟子であり、江標が長沙に来てからは、江氏を師と仰いだ。本書を著した師の意図は、異学が盛んとなって古籍が廃れてしまうのを深く懼れることにある、という。また、本書を葉師に示したところ、完善にして不足は無い、と評したという。二師を取り持つ背景が想像されるが、やはり書物好きは、政治を超えて解りあえるのであろうか。

ところで、古籍は一枚の印刷面を真ん中で仕切り、その仕切り目で半分に折りたたむ。真ん中を版心と呼び、そこに丁付が記される。従って、各丁は表と裏になり、表裏対称ということにな

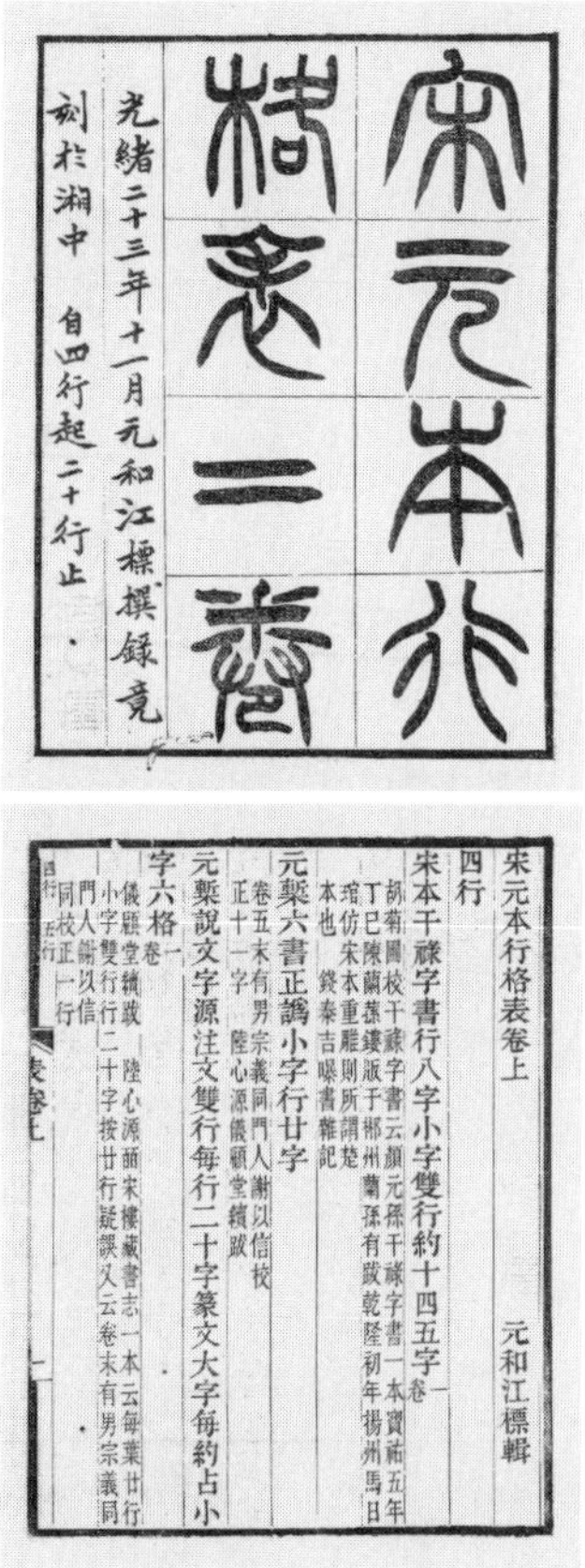
宋元本行格表 二卷
光緒二十三年十一月元和江標撰録竟
刻於湘中 自四行起二十行止

宋元本行格表卷上　元和江標輯
四行
宋本干祿字書行八字小字雙行約十四五字一卷
郝菊圃校干祿字書云顔元孫干祿字書一本寶祐五年丁巳陳蘭孫鏤版于郴州蘭孫有跋乾隆初年揚州馬曰璐仿宋本重雕則所謂楚本也 錢泰吉曝書雜記
元槧六書正譌小字行廿字
卷五末有男宗義同門人謝以信校正十一字 陸心源儀顧堂續跋
元槧説文字源注文雙行毎行二十字篆文大字毎約占小字六格一卷
儀顧堂續跋 陸心源皕宋樓藏書志一本云毎葉廿行小字雙行二十字按廿行疑誤又云卷末有男宗義同門人謝以信同校正一行

図29…江標『宋元本行格表』

る。各ページは外枠（匡郭《きょうかく》）があり、界線《かいせん》で行間を区切る。また、版心《はんしん》は黒く塗りつぶしたり、様々な工夫を凝らす。こうした形式を、款式《かんしき》・版式《はんしき》などと呼び、書誌学上重要な目安となる（巻末の附図〈中国の刊本の名称〉参照）。特に半丁の行数（左右対称なので半面を数えれば事足りるわけである）と各行の字数は、大きな意味を持つ。何行何字と記すだけでテキストの違いが解るからである。『八行本周易注疏』といえば南宋時代刊刻のもの、『十行本周易注疏』といえば元時代刊刻のもの、という具合である。江標は、宋・元の出版物を、それまで誰も思いつかなかった発想で、行数ごとに分類したのである。四行から二〇行までを収めた。そもそも中国の目録の発展は、「書名・冊数」から、「書名・著者名・冊数」、「書名・著者名・刊行年・冊数」という内容を辿る。清の中期、書誌学は孫星衍《そんせいえん》の『平津館蔵書記』などを始めとする詳細な目録記述へと変化し、書物の款式を記すようになった。行数ごとに整理すれば、各目録の同一書名の、どれとどれが同じテキストであるかが一目瞭然なのである。今日の情報化時代では当然の発想かも知れぬが、当時にあってのこの発想転換の力は並ではない。葉徳輝も驚いたに違いない。西洋文化にも理解を持った人だからこそのことであろう。日本の漢籍についても長澤規矩也《ながさわきくや》氏がこの方法を受け継いだ。確かに、日本の『論語』を例に取れば、最古の『正平本』が六行、慶長の活字本が七行から八行へ、そして江戸時代『論語集注』は初期の八行から前期の九行へ、というように時代とともに行数が増えていく文化も読みとることができるのである。おそらく、江標の転換が近代書誌学の善本の捉え方の根幹となったことは間違いないだろう。同版か異版か、などの問題意識もこうした礎の賜だと私は考えている。

## ◈行数と字数（二）――その文献学的意味

前節で、江標の『宋元本行格表』における、古典籍の行数の整理は、意義深い発想であったと述べた。各ページが何行に仕切られているか。実際にそれがどれ程大きな意味を持つか、例を挙げてみよう。

神田の神保町といえば、世界でも有名な古書店街であるが、こと、漢籍を専門に扱う店はというと寥々たるものである。そのなかでも、一誠堂書店は漢籍といっても一級品ばかりを扱う老舗である。その一誠堂が先年、一〇〇周年を迎え、記念に珍蔵の七五点を即売した。そこに、漢籍数点を含むなかに、『李元賓文集《りげんひん》』五巻〈図30〉一冊の宋版があった。唐の李観《りかん》の文集で、宋版は中国に亡び現存はこれ一本という、文字通りの孤本である。どのぐらい読まれたものなのかは定かでないが、古くから日本に伝わったもののようで、明・清の蔵書家の手を経た形跡は無さそうである。まさに、国宝に指定されるべき善本である。しかし、確かに貴重な宋版であることは解るが、私にはそれ以上の価値を審定することができなかった。

**行数による審定の実際**　なにかむず痒い感じを払いきれなかったので、その書影を携えて北京の傅熹年先生（祖父は民国時代の大蔵書家・傅増湘）を訪ねた。先生はその写真を見るなり、「これは蜀（今の四川省）で出版されたものです」と言われた。つまり蜀刊本（蜀刻本）であるとされた。中国の書誌学では、このように出版地を大変重んじるものである。とりわけて、蜀の地は出版の歴史が古く、五代十国（一〇世紀）の後蜀という国の高官・毋昭裔《ぶしょうえい》はこの頃既に『文選』等を刊行していたという記録もあるくらいである。南宋時代（一二世紀以降）になると、都の杭州（浙江省）や福建省、江西省等が出版の中心となり、それぞれの特色をもって一世を風靡した。その特色の最も顕著なものは、字の風格で、蜀は顔真卿《がんしんけい》（七〇九〜八五）、浙江は欧陽詢《おうようじゅん》（五五七〜六四一）、福建は柳公《りゅうこう》権《けん》（七七八〜八六五）、江西は三つを兼ねるという具合に唐代の大書法家の字を模倣して刻字したのである。顔体はボッテリとしていて、欧体はスマートであり、柳体は右上がりの鋭い切れが特徴である。宋版の分析はまずここから入らなければならない。いや、元時代以後の出版物も中国では出版地や書体に拘ることが多い。なるほど、本書はボッテリとした顔体の風格を持している。

先生は続けた。「何行本ですか」と。私はとっさに、書影の半葉の行を数えた。「一一行ですね」。すると、先生はゆっくりと立ち上がり、『中国国家図書館古籍珍品図録』（北京図書館出版社・一九九九）を取り出し、宋版の『王摩《おうま》詰《きつ》文集』十巻（唐の王維）〈図31〉・『李太白文集』三十巻（唐の李白）〈図32〉の図版を示して、「これと同系のものです」と言われたのである。この反応の速さと明晰さ、これこそが中国の一流書誌学の神髄なのである。私達は、書誌学を学ぶに際し、個々に書物を調べ、それぞれの書物の深い知識を身につけることはできるが、それを多くの書物について学び、有機的に自在に関連づけていくことは、なかなか難しい。単に書物好きというのだけでは解決がつかない。「蜀刊本の唐人詩文集には二系統あり、一は一一行本、二は一二行本であります。一一行

李元賓文集卷第一
雜著
郊天頌　斬白蛇劒賛
項籍碑　趙壹碑
周哥碑　大夫種銘
古受降城銘　東冑橋銘
故人墓誌　安邊勁箴
浙東觀察判官廳壁記
郊天頌
郊祭古先之重禮復古之令主惟郊非我無以棍明
祀惟我非郊無以彰[illegible]五叅是眷言下詠曰爾庸

図30…『李元賓文集』

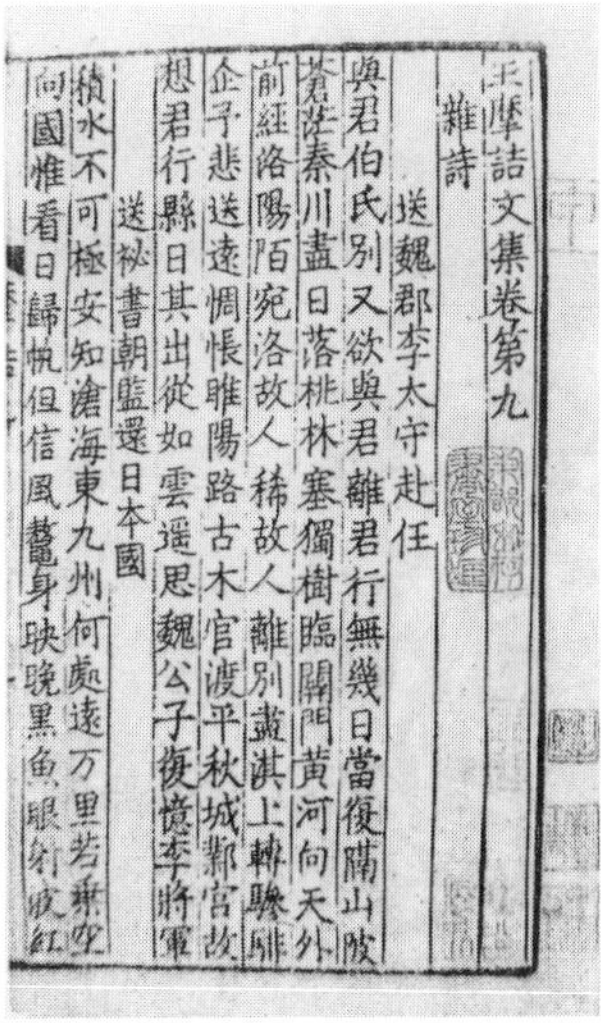
王摩詰文集卷第九
雜詩
送魏郡李太守赴任
與君伯氏別又欲與君離君行無幾日當復隴山陂
蒼茫秦川盡日落桃林塞獨樹臨關門黄河向天外
前經洛陽陌宛洛故人稀故人離別盡淇上轉驂騑
企予悲送遠惆悵睢陽路古木官渡平秋城鄴宮故
想君行縣日其出從如雲遥思魏公子復憶李將軍
送祕書晁監還日本國
積水不可極安知滄海東九州何處遠万里若乘空
向國惟看日歸帆但信風鼇身映天黒魚眼射波紅

図31…『王摩詰文集』

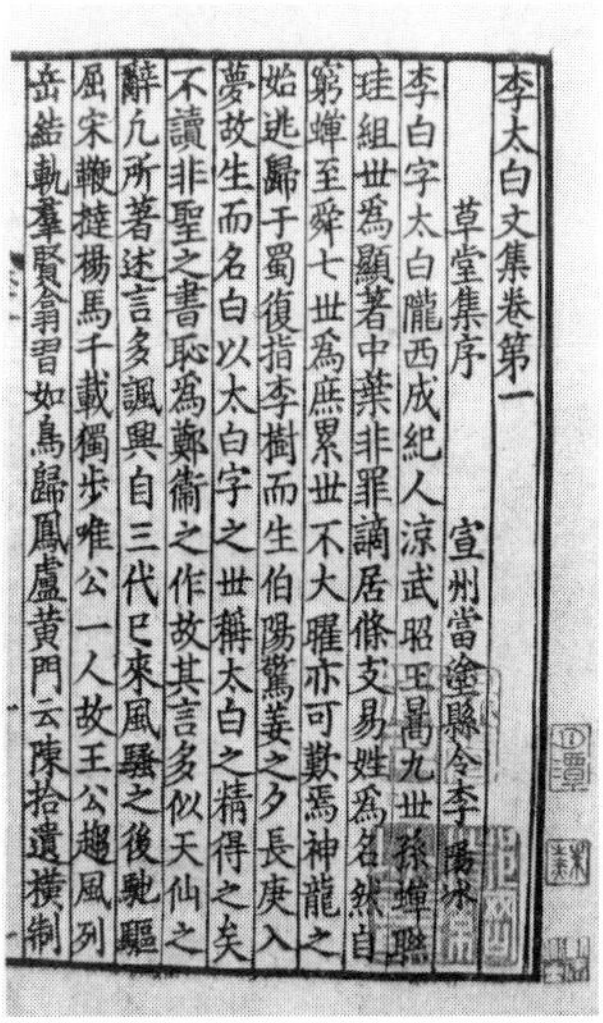
李太白文集卷第一
草堂集序　宣州當塗縣令李陽冰
李白字太白隴西成紀人涼武昭王暠九世孫蟬聯
珪組世爲顯著中葉非罪謫居條支易姓爲名然自
窮蟬至舜七世爲庶累世不大曜亦可歎焉神龍之
始逃歸于蜀復指李樹而生伯陽驚姜之夕長庚入
夢故生而名白以太白字之世稱太白之精得之矣
不讀非聖之書恥爲鄭衛之作故其言多似天仙之
辭凡所著述言多諷興自三代已來風騷之後馳驅
屈宋鞭撻揚馬千載獨步唯公一人故王公趨風列
岳結軌羣賢翕習如鳥歸鳳盧黄門云陳拾遺横制

図32…『李太白文集』

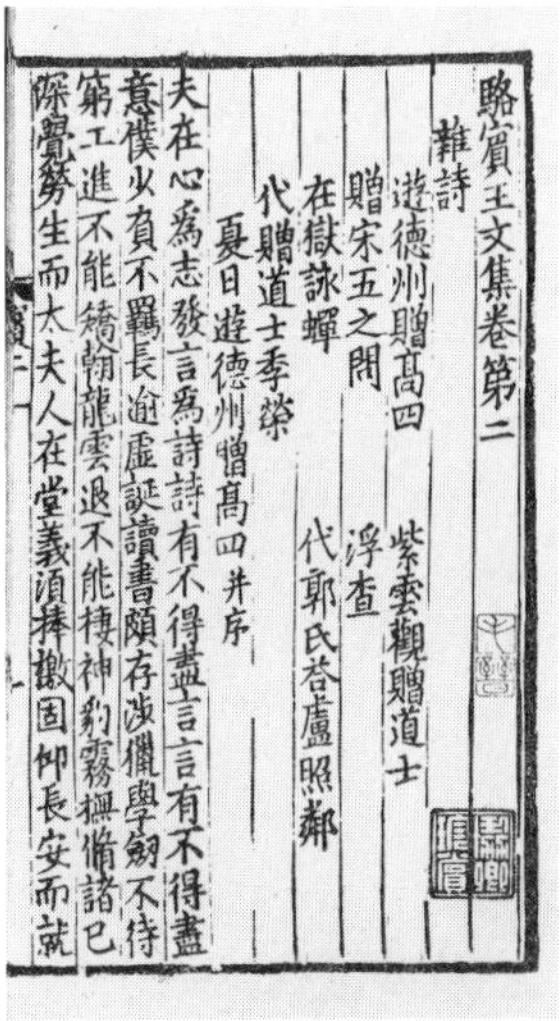
駱賓王文集卷第二
雜詩
遊徳州贈高四　紫雲觀贈道士
贈宋五之問　浮查
在獄詠蟬
代贈道士李榮　代郭氏荅盧照鄰
夏日遊徳州贈高四 并序
夫在心爲志發言爲詩詩有不得盡言言有不得盡
意僕少負不羈長逾虚誕讀書頗存涉獵學劒不待
窮工進不能矯翰龍雲退不能棲神豹霧撫循諸己
深覺勞生而太夫人在堂義須捧檄固仰長安而就

図33…『駱賓王文集』

本は北宋の末から南宋の初年ころの出版で、『駱賓王集《らくひんのう》』・『李太白文集』〈図33〉・『王摩詰文集』の三種しか知られていません。一二行本は、南宋の初期から中期にかけて、孟浩然《もうこうねん》・李長吉《りちょうきつ》・皇甫持正《こうほじせい》・孫可之《そんかし》など二〇種ほど知られていまして、『宋蜀刻本唐人集叢刊』（上海古籍出版社・一九九四）に影印されています。行数は、いい加減に決めるものではありません。一一行でこの字体なら、その三種の同系と考えられます。もう一種加わったことになり、大変な発見です」と説明されたのである。頭の中を涼風が通りすぎたようで、実にさわやかな感じである。

**行数が表す善本の系統**　確かに『中国国家図書館古籍珍品図録』の解説に、「半葉一一行、行二〇字、白口、左右双辺、匡郭内縦一八・八糎（センチメートル）、横一一・一糎」とあり、一誠堂の解説に、『李元賓文集』も全く同じように記されている。従って、この宋版『李元賓文集』は、孤本であると同時に、北宋末から南宋のごく初期の頃に四川の眉山地区で出版された、唐人詩文集の一であるという価値を有していることが解ったのである。因みに、他の三種は、いずれも北京の国家図書館の所蔵で、そのうち、『李太白文集』は北京と日本の静嘉堂文庫の二箇所に同版本が伝わっている。ただし、北京のものは完存ではない。静嘉堂本は、陸心源の旧蔵本で、重要文化財に指定されている、世界で最も有名な善本の一つである。

要するに、行数の持つ意味はこうしたところに生かされるのであって、実は、数による便宜的な整理の目安というのではなく、深い出版史上の文献学的意味を孕んでいるということを知らなければならない。私もつくづく今回そのように感じた次第である。

# 六――善本の美

## ◈印記（一）――蔵書印の美

中国の書物には美しさが求められる。それは、豪華な美しさではなく、中国の文人の感覚を体現した美しさである。汚くないとかカビ臭くないとか虫が食っていないとか、そういう次元の判断材料ではない。例えば「角を折るな、本のノドを折るな、墨で書くな、ネズミに食わせるな、唾をつけてページを捲るな」という印記がある〈図34〉。まさに本を美しく保つために為さねばならぬことではある。だが、この人自身、印を本文に被せて、書物を汚してしまっていることを知らねばならない。全く次元の違う美しさ。しっくりとした、落ち着いた……。これは曰く言い難い境地であって、美しい古籍を見慣れてくると容易に了解できるのではあるが、言葉では表現しきれない。現代中国語でいうと、「漂亮」ではなく、「舒服」の感覚といえるかも知れない。私事で恐縮だが、私はこの感覚をこそ学びたくて、中国に留学した。果たして、何らめぼしい成果とて無かったが、ここに、多少学び得たことをご紹介申し上げよう。

**テキストの価値と書物の価値**　中国の文献家には、清朝末期以来の蔵書家の風を受け継ぐ人と、近現代の新しい書誌学を身につけている専門家とがいる。前者はもはや残り少ない遺老であるが、この人達は書物に対する見方が非常に厳しい。どんな書物も大切にはするが、美しくない書物に対しては手厳しい評価を下す。それは、書物自体に責任があるのではなく、所蔵した人に責任があるからである。書物の美しさを知らぬ者が、書物をダメにした、という評価である。逆にテキストとして何の価値が無くとも、所蔵者が美しさを引き出して、善本に加えられることも多々ある。そして、この遺老達の美観を端的にいうならば、整った美しさである。ここに真っ新の線装（糸綴じ）本がある。それを、他のテキストと比べ、文字の違いを朱や墨で欄外に書き入れる。字は小さい方がいい。有名な学者の説を所々に引いてもいい（これを批校という）。最後に自らが本書の価値や手に入れた経緯を記す（手跋）。また、記念に友人や先生に一文をしたためていただく。そして、表紙を整え、装訂を整え、表紙に書題を記し、そこで、書物の幾箇所かに蔵書印を捺して、完成する。こうして初めて、書物は善本として生き返り、美しさを手に入れたことになるのである。

**蔵書印の刻風と配置**　さてしかし、かといって、闇雲に書き入れや印記を加えればいいというものではない。何を一体美しいと見るのか、即物的な感覚を知りたい。蔵書印を例にとってみよう。私は、街の篆刻屋で自分の蔵書印を彫ってもらい、書物に捺して、師の顧起潜《こきせん》（延龍）先生に見ていただいたことがある〈図35〉。全く書物をダメにしたということであった。字がよくない。配置がよくない。彫りがよくない。書物を美しくしない。私はハッと思った。美術的とか芸術性とか、どうもそういうものではないらしい。この篆刻師も結構名のある人であるらしかったし、

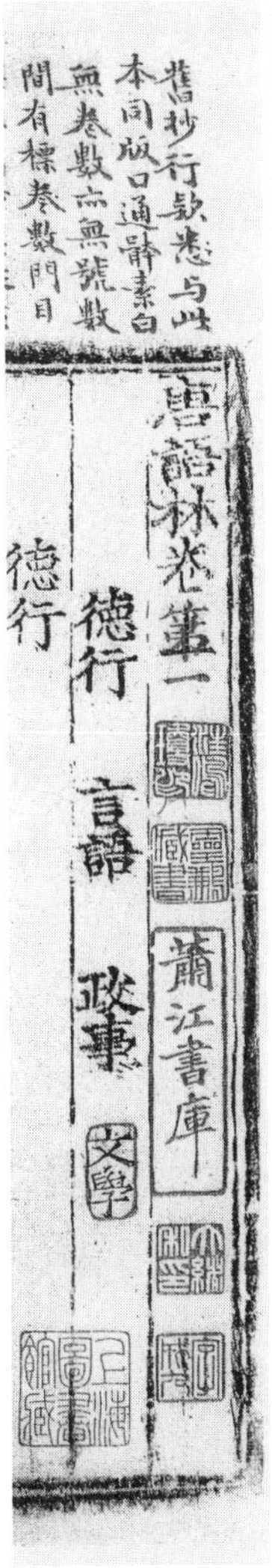

←図40（蕭江書庫・霊鶼蔵書）

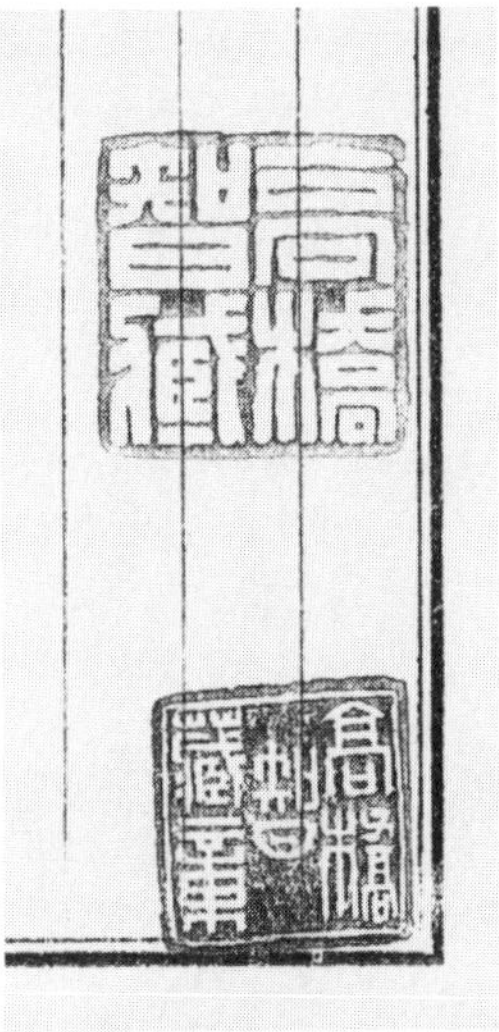

←（上）図37　（下）図35

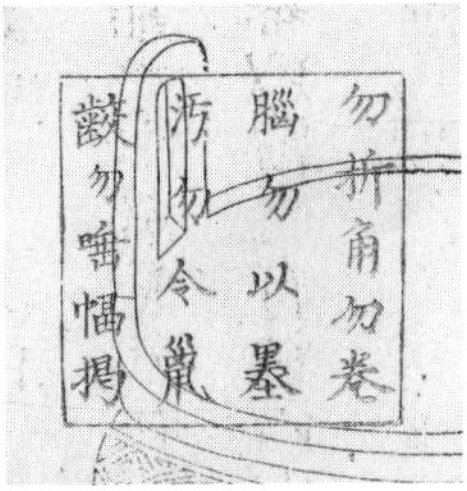

↑図34

↓図36

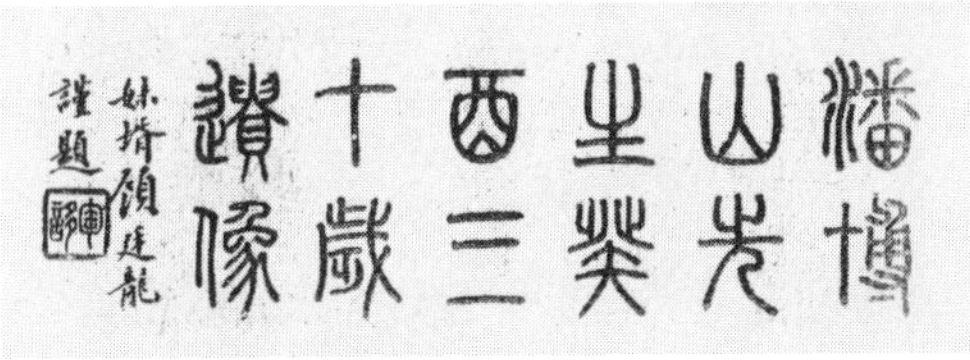

↑図38…顧起潜先生書（篆書を得意とする）

⊙呉湖颿潘静淑珍蔵印

←図39…陳氏刻

→図39…趙氏刻

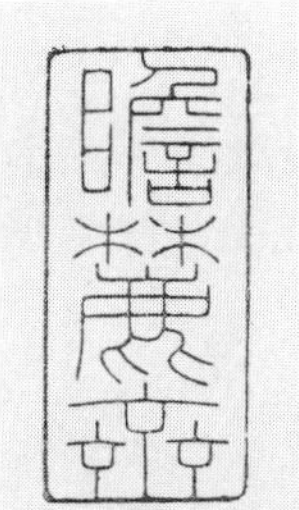

瞻麓斋

値も悪くはなかったのである。聞けば、先ず篆書とはどういうものか自ら能くする人が刻むことが重要であり、変化は、玄人が見ればすぐ解る。配置は極めて難しい。字を識っている人でなければ調和できない。字の太さは一定でなければならない。直線はちょっとでも曲がったらダメだ。書物を美しくし、墨を引き立たせ、本文の文字と版式を妨げない落ち着きが必要である、ということであった。先生は、篆書を最も得意とされ、清末の潘祖蔭《はんそいん》（一八三〇〜九〇）・呉大澂《ごたいちょう》・王同愈など蘇州の文字金石の学をくんでいる方である〈図38〉。先のものはやめて、これにしなさい、といって、特に文字を按排してくれたのが、図37の一顆である。なるほど、腑に落ちたような気がするではないか。これを刻したのは、孫元可《そんげんか》という人であると紹介され、更に、彼が彫ったという先生お気に入りの一顆も提示された〈図36〉。

さて、この孫氏が何故に斯くも能刻家であるのか。彼は、著名な篆刻家・陳巨来《ちんきょらい》（一九〇五〜八四）の子孫であるということであった。篆刻家というと、呉昌碩《ごしょうせき》とか斉白石《さいはくせき》などが思い浮かぶが、陳氏の刻風は彼らとは全く違うものであった。清末の篆刻家・趙叔孺《ちょうしゅくじゅ》（一八七四〜一九四五）の作風を継ぎ、「工穏典雅、平和秀潤」と評される。趙氏も、最近世を去った施蟄存《しちつそん》も「陳氏の円朱文は近代第一、世の国宝」と賞賛している。要するに、趙・陳氏の刻風は、線の美、字の整、秩序配列が明快・流暢で、落ち着いた美を追求しているものである〈図40〉。そして、この風が書物を愛する文人に最も愛された感覚なのであった。この印を、書物の字面の、様々な要素、即ち字の大きさ・匡郭の幅・空白のスペース等に鑑みて、捺印する。すると、図のように、しっくりとした文人趣味が醸し出されるわけである。図40は因みに、五三ページで述べた、江標の蔵書印である。また、その上の汪鳴瓊《おうめいけい》印とあるのは江標の妻である。

### ◈印記（二）——文人たちの美観の淵源

陳巨来が刻んだ印影の「呉湖颿潘静淑珍蔵印」〈図39〉は、蘇州の画家・呉湖帆《ごこはん》（一八九四〜一九六八）と妻で画家・潘静淑《はんせいしゅく》の蔵印である。湖帆は呉大澂の甥で、静淑は潘祖蔭の姪にあたる。ともに清末の大官で金石書画の名家を叔父にもった。静淑は嫁入り道具として、有名な宋代の拓本・欧陽詢の「化度寺塔銘」・「九成宮醴泉銘」・「皇甫誕碑」を持ち、湖帆は大澂から同じ宋拓の欧陽詢の「虞恭公碑」を譲られていた。両人はこれをもって「四欧堂《しおうどう》」と名乗り、また、潘家が所蔵する宋の景定時代刊本「梅花喜神譜」（上海博物館蔵）に因んで「梅景書屋《ばいけいしょおく》」と号していた。文人気質の極みとでもいえようか。陳氏が刻した「梅景書屋」印は特に逸品と称される〈図41〉。湖帆は、その画風と人柄によって、交友が広く、梅景書屋は一九二〇年代から、沈尹黙《しんいんもく》・張大千《ちょうだいせん》などの有名な画家、葉恭綽《しょうきょうしゃく》・金兆蕃《きんちょうはん》などの文人、梅蘭芳《ばいらんほう》などの芸術家、と各方面の文化人によるサロンを形成していた。そして、こうした清末の気質を受け継ぐ民国時代の文人達が、共通した美観として持っていた印記の美しさがあったのである。陳巨来の刻風はよくその美観を伝えている。書物を美しくする蔵書印という一つの要素も、辿れば然るべき淵源があるのであって、誠に中国書誌学の奥行きは端倪すべからざるものがあるといえる。

**潘景鄭先生の蔵書印**　ところで、潘静淑の祖家である蘇州呉県の潘氏は、乾隆の状元・潘世恩《はんせいおん》や咸豊の進士・潘祖蔭などを輩出した、清朝一代に、学問と政治の名を馳せた家柄であった。しかし、その潘氏の学問も、二〇〇三年一一月一五日、九七歳で逝去した潘景鄭《はんけいてい》先生〈図42〉をもって終わりを告げた。景鄭先生は、兄の博山《はくざん》とともに、潘家に伝わる古籍文物の一切を受け継ぎ、蔵書楼滂喜斎《ぼうきさい》を守った。また、宋版の『陳后山集』を得たことから、そこは宝山楼《ほうざんろう》とも号した。若くして国学大師・章太炎《しょうたいえん》の社中で活躍し、新中国では、上海図書館で研究に従事した。蔵した文物の全てが蘇州市や上海図書館に寄付されて、散逸していないのは、景鄭先生の功である。

　一方、兄の博山は一九四三年に四〇歳で世を去った。その書誌学は、天下一品で、文人達は畏敬の念をもって崇め、才能を惜しんだ。兄弟は、日本の吉川幸次郎《よしかわこうじろう》・長澤規矩也らと親交があり、往復の書簡を多数交わしている。また、『自鏡斎文鈔』・『耐庵詩存』・『有真意斎文集』・『小鴎波館詩鈔』といった先祖の詩文集等を多く東方文化学院京都研究所（現京都大学人文科学研究所）に寄贈している。私は景鄭先生に親しく教えを請う機会を得たが、その温和な人柄と、古書の版本について語るときの、蘇州なまりの中国語で、キッパリと断定される自信に満ちた姿勢は、実に爽快であった。

**蔵書印譜の価値**　こうした文人が如何に印記を大切にし、共通した蔵印の美観を持つか、先生の書信をご覧いただきたい〈図43〉。線が美しく、調和のとれた印である。書物に捺せば図44のようになるのである。こうしてみると、蔵書家の愛する善本とは、書物そのものの価値だけではな

←図44

図42…潘景鄭先生

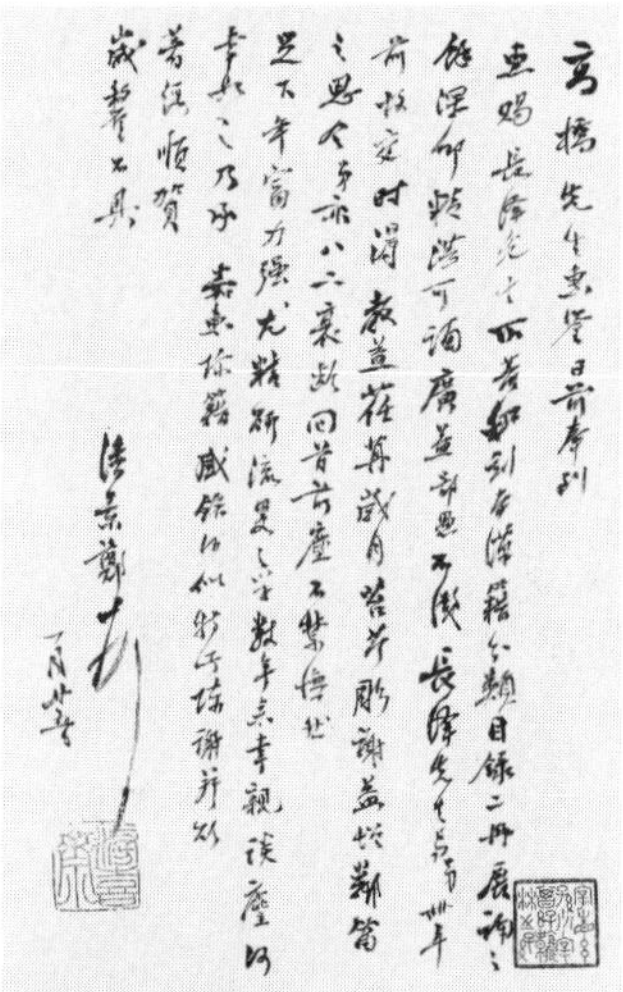

図43…潘景鄭先生書信

図41…陳氏刻「梅景書屋」

→図45…周氏刻

←図46…林氏刻

く、端正な美的哲学をもって、蔵書家自らが美しく仕立てたものであるということが、よくお解りいただけるのではないだろうか。景鄭先生のお気に入りは、周建国《しゅうけんこく》という現代の篆刻家である。周氏の刻したものがここにある〈図45〉。直線の美は何とも表現できない。これならば、国宝級の宋版に捺しても充分に調和する。それから、景鄭先生の弟子に、一人奇特な青年がいた。彼は蔵書家の印記を集め、手鏡をつくった。『明清蔵書家印鑑』(上海書店・一九八九)・『中国蔵書家印鑑』(上海書店・一九九七)・『明清著名蔵書家・蔵書印』(北京図書館出版社・二〇〇〇)を編纂した林申清《りんしんせい》君である。そもそもこうした蔵書印譜はなかなか中国では編纂されなかった。台湾でも『善本蔵書印章選粋』(国家図書館・一九八九)がようやく出版されたくらいである。また、『中国古籍稿鈔校本図録』(上海書店・二〇〇〇)などは、編書の趣旨は違うが、図らずも蔵書印譜としての役割を大いに担っていることは、注意するべきである。何故ならば、学者蔵書家の印記は、印記そのものの美しさだけでなく、どの書物にどのように捺しているのかが大切な要素となるからである。このことについては後述する。図録というものは、思わぬところで威力を発揮する。

さて、その林君も景鄭先生の意を得た篆刻家であった。その刻した印影は〈図46〉まさに周氏に劣らぬ風格を持している。蔵印の美、かくして、私も解ってきたような気がするのである。林君はこうした中国蔵書家の趣向を理解する日本人が少ないことを、一、二年の在日期間に嘆いていた。そして、幾つかの業績を遺し、若くして帰らぬ人となった。天はどうしてこのような才人に長寿を与えないのであろうか。

## ◈批校（一）——その隆盛と印刷術の発達

書物を美しくするのは、それを読んだ人のこころざしの然らしめるところであって、書物自体に、迸る美しさを備えているばかりとは限らない。蔵書印もそのこころざしの一つであるが、中国では、書物への書き入れ・批校こそが、その最も大きな要素とされていることを、知る必要がある。日本の書誌学で、こころざしの無いメモ書きは本を汚すだけで、「書き込み」と称し、学ある注記の「書き入れ」と区別するものだ、などと教わったこともあるが、日本における書き入れの歴史が古く恐るべきものであることは前述した（四二ページ参照）。しかし、美しさに昇華する中国の書き入れは、日本のそれとは大きく異なるものと考えなければならない。

**書き入れと縦長の紙**　中国では、線装本を印刷する際に、印面の大きさとはおよそ不釣り合いなほど大きな紙を用いて上欄を広い白紙にしておくのは、こころざしある書き入れを待ち望んでのことである。中国の古典籍が縦長になるのはそうした理由からでもある。その欄外の書き入れが飛び抜けて価値あるものであれば、その批校をも版木に刻んで出版してしまうわけである。元刊本『須渓先生校本唐王右丞集』（『四部叢刊』所収）は、宋の劉辰翁《りゅうしんおう》の書き入れを刻したもので、明刊本『眉公陳先生評注老子雋《せん》』といえば、明の陳継儒《ちんけいじゅ》の批校を本文とともに出版したものである。こうした著名な文人の名を書名に冠することが大きな目的ではあったが、実際に彼らの自筆の書き入れが存するわけではないものも、書物のなかに伝えられることは、中国では如何に書き入れ批校を重んじているかを物語っている。

**套印本と書肆出版家**　印刷技術の発展とともに、これらの批校部分は、色刷りで行われ、二色から五色とその技術は高じていく。明時代後期、江南を中心として、閔斉伋《びんせいきゅう》・凌濛初《りようもうしよ》の二大出版家が「套印本《とういん》」という多色刷りで一世を風靡した。本文の部分と批校の部分を別々の版木に彫り、色を分けて、一枚の紙に何回か刷り重ねるので、套印というのである〈図47〉。因みに、同じ頃流行した、多色刷りの画冊は、色ごとに一枚の版木を使うという贅沢品で、たくさん版木を使うことから、お供えのお饅頭を重ねるのに喩えて餖版《とうはん》と称し、胡正言《こせいげん》の『十竹斎書画譜』が代表作である。技法は日本の錦絵に似ている。とまれ、一般的な印刷史の知識では、絵の套印がカラー印刷の元祖のようにいわれるが、実は、逆に、名家の書き入れを重んじる文化が、印刷術に変化をもたらしたといっても過言ではない。従って、明時代における書き入れ本の美は、閔・凌氏のような卓越した書肆出版家のこころざしをもって賞賛しなければならない。

　ところで、中国でも日本でも、こうした書肆を侮ってはいけない。書誌学にあっては書肆が学者の一枚も二枚も上を行く例は古今東西によく見られる。日本にも戦前の田中慶太郎《たなかけいたろう》、江戸時代の貫名海屋《ぬきなかいおく》ら、わが書誌学の誇りとする偉人がいる。しかし、得てして学者は「本屋風情」と書肆を軽んじる。これではいけない。日本の寛永年間、安田安昌《やすだあんしよう》（容膝亭《ようしつてい》）という傑出した出版家がいた。林羅山《はやしらざん》の訓点『五経』や『老子』・『列子』など意義深い書物を出版した。だが、彼の師、菅《かん》得庵《とくあん》はそういう彼のこころざしを評価しなかった。寛永五年（一六二八）祇園祭たけなわのある日、読書に疲れ、うとうとする得庵の胸を凶刃が襲った。刺した安昌はこれによって刑に処された。羅山は、同門の大儒と篤学の士を同時に失った悲しみを綴っている。まことに人の情が才能を虚しくしてしまった、あってはならない悲惨な事件である。

**批校の隆盛と変化**

さて、清時代に入っても批校を尊ぶ風は遺り、康熙・乾隆時代には、何焯《かしやく》（一六六一～一七二二）〈図48〉・恵棟《けいとう》（一六九七～一七八五）らの批校が重視された〈図49〉。何焯は批校評語を集めた『義門読書記』が出版されるほどであり、恵棟の批校は、美しいあまり、きれいに写し取った自筆を称する偽物が輩出した。この時代の批校の特徴は、本文の内容や文勢に対する批評を主とする明時代の流れと、他本との文字の異同を記すテキスト批評が混在し、前者にかなりの比重がある。これが、嘉慶・道光時代になると、テキスト批評が多くを占めるようになり、何焯や恵棟ら前時代の学者の、テキスト批評の部分のみを摘出して伝抄するように変化する。更に、出版文化は、学者達の批校の隆盛に追いつかず、前時代のように、批校をも刻して出版する余裕

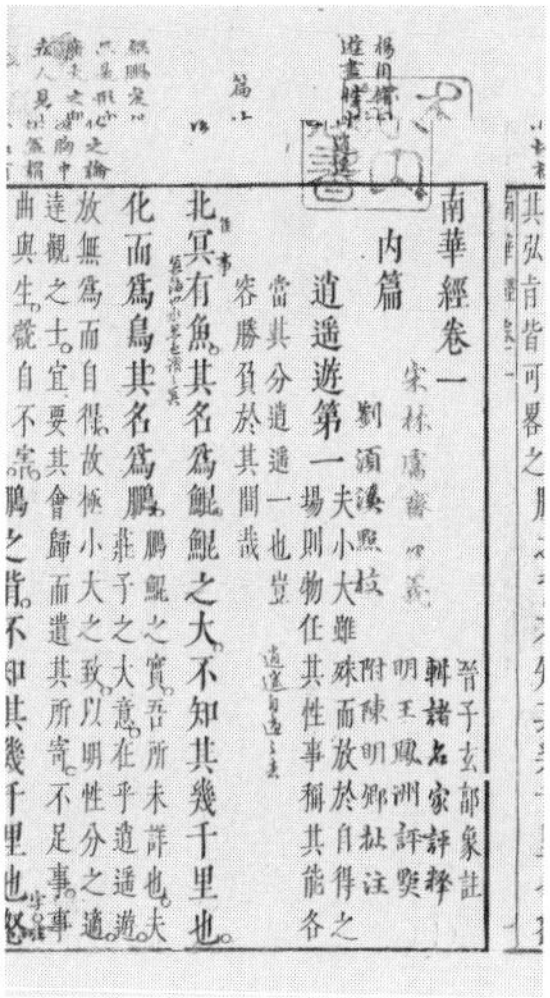

南華經卷一　宋林鬳齋口義　晉子玄郭象註　輯諸名家評釋　明王鳳洲評點　附陳明卿批注
内篇　劉須溪點校
逍遙遊第一　夫小大雖殊而放於自得之場則物任其性事稱其能各當其分逍遙一也豈容勝負於其間哉
北冥有魚其名爲鯤鯤之大不知其幾千里也化而爲鳥其名爲鵬鵬鯤之實吾所未詳也夫莊子之大意在乎逍遙遊放無爲而自得故極小大之致以明性分之適達觀之士宜要其會歸而遺其所寄不足事事曲與生說自不害其弘旨皆可略之

図47…明刊『南華経』
評点・批注・点校・口義は色刷り

を持たなくなった。学者の自筆の批校本が夥しく遺り、こころざしある批校本が多く埋もれてしまうこととなった所以である。

中国の歴史では、清朝は文字の使用などに政治規制があったため、学者は学問の表現を内向的な考証校勘に求めたと解釈する。しかし、書誌学においては、こうした捉え方にのみ左袒するわけにはいかないのである。

## ◈批校（二）——受け継がれる営為と最終目的

書き入れ本（批校本）が美しさを持つのは、相当に深い意味が含まれてのことである。論文を書くのでもなければ大著を物しようというのでもない。ただ営々と書物の上欄に校勘記を記録してゆく。この営為に、立派なことだ、と評価を下すことは簡単であるが、何が立派なのかを言葉で説明することは難しい。その夥しく書き加えられた筆跡を目の前にして、ただただ驚き、嘆息する以外にすべは無いのである。

**批校の移録・過録**　私が、明時代末期、毛晋の汲古閣の出版に係る『十三経注疏』を調べている時に出会った張爾耆《ちょうじき》（一八一五〜一八八九）の批校本には目を瞠るものがあった。そもそも十三経といえば、『易経』からはじまる五経を中心とした儒者の必読書であり、批校を加える人も少なくはない。しかし、前述のようにその批校は名あり実ある校勘の名手の批校を受け継ぐものでなければならない。それは例えばこういうことである。張爾耆の父、張允垂《ちょういんすい》は道光八年（一八二八）汲古閣本『十三経注疏』を手に入れた。それは同郷（松江＝上海近郊）の先輩学者・呉孝顕《ごこうけん》の批校本であった。その呉氏は、批校の際に沈大成《しんたいせい》（一六九九～一七七二）の批校を写し取ったのであった。そして、沈氏が批校の際に写したのが、恵棟の校勘であったから清時代に最も尊ばれた恵氏の書き入れを沈・呉氏を経て張氏は手に入れたわけである。勿論、道光の頃には恵氏の自筆の批校は遺っていなかったであろうから、転々と写し継がれた恵氏の校勘は実に珍重されたわけである。こうして写していくことを、中国では移録《いろく》・過録《かろく》といい、この場合、清・恵棟校本の移録本と称するのである。ところが、この『十三経注疏』のうち、『尚書＝書経』については、恵氏の校勘が移録されていなかった。そこで、張允垂は、こんどは姚子枢《ようしすう》から『尚書』をかりて恵氏の校勘を移録した。姚氏のものは、王史亭《おうしてい》が写し取っていたものを移録したのであった。なんだかややこしい

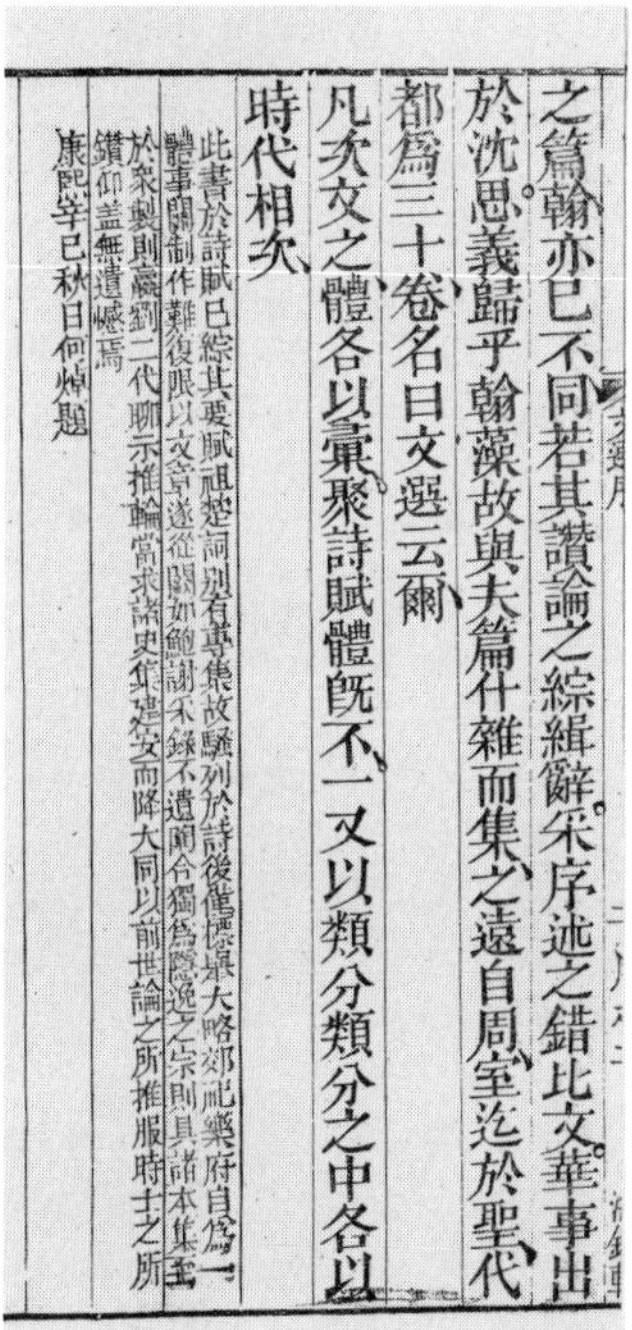
之篇翰亦已不同若其讃論之綜緝辭采序述之錯比文華事出
於沈思義歸乎翰藻故與夫篇什雜而集之遠自周室迄於聖代
都爲三十卷名曰文選云爾
凡次文之體各以彙聚詩賦體既不一又以類分類分之中各以
時代相次
此書於詩賦已綜其要賦祖楚詞別有專集故騷列於詩後
體事關制作難復限以文章遂從闕如
於衆製則嚴劉二代聊示推輪當求諸史
鑽仰盖無遺憾焉
康熙辛巳秋日何焯題

（上）図48…何焯
（下）図49…何焯批評『文選』
批評（小字部分）は赤色刷り

が、これ程苦労して批校というものはなされるのであり、名手の批校を土台にして、いろいろな学者が批校の営為を積み上げていくのである。

さて、張允垂の子、張爾耆は子供の頃から父のこうした校勘に潜心する姿を見ていた。「父がこれらの批校本を愛玩して止まなかったのを見て、抄本や校本は最も宝とするべき善本であると知った。ここに副本を作って、後世に遺す所以である」として、張允垂の所持していた『十三経注疏』の批校を悉く、もう一本の『十三経注疏』に写し取り、咸豊三年（一八五三）頃に完成したのである。父のものは、今上海図書館にあり、子のものは、湖北省図書館に所蔵される。この張氏父子の例に、中国の学者の批校に対する高い価値観と畏るべき気迫を感じずにはいられない。単なる視覚的美しさではない深い美しさを感じる。なお、張爾耆の副本に記された幾多の跋文は、没後、同郷の篤学の士、封文権《ほうぶんけん》によって、一九一八年『夬斎《かいさい》雑著』〈図50〉として出版された。

### 抄本の校訂作業

そして、校勘・校本・批校の行き着くところは、より良いテキストを自ら作製することにある。従って、中国に於ける抄本という言葉の真の意味は、手書きの写本というよりは、手書きの校本とするのが正しいといえよう。蔵書家は競って自らの書斎名を版心に記した罫紙を作り、校訂したテキストを作製して善本と為した。そして、それを出版して叢書を形成するのが何よりの成功と見なされた。清時代の中期、膨大な叢書・『知不《ちふ》足斎《そくさい》叢書』を出版した校勘家・蔵書家、鮑廷博《ほうていはく》（一七二八～一八一四）は「知不足斎正本」と記した抄本を大量に書写した。古い刊本を重んじる時代にあって、世に流布しない書物を捜し、校訂して正本を作るという、中国文献学の最も王道を歩んだのであった。まさに、文献学の祖・漢の劉向・劉歆父子に等しい盛業である。鮑氏はまた、書物を貸し出すことにも吝かではなく、乾隆三八年（一七七三）、『四庫全書』の編纂が始まると、自らの『知不足斎叢書』を後回しにして、家蔵の六〇〇種以上の善本を内府に提供した。図に掲げるのはまさに当時献書したもので、編集所である「翰林院」の大形印が捺されて、鮑氏に返却されたものである〈図51〉。このこころざしを善として、大部の百科事典『古今図書集成』が鮑氏に下賜された。鮑氏の力無くして『四庫全書』の編纂は進まなかったといっても過言ではあるまい。

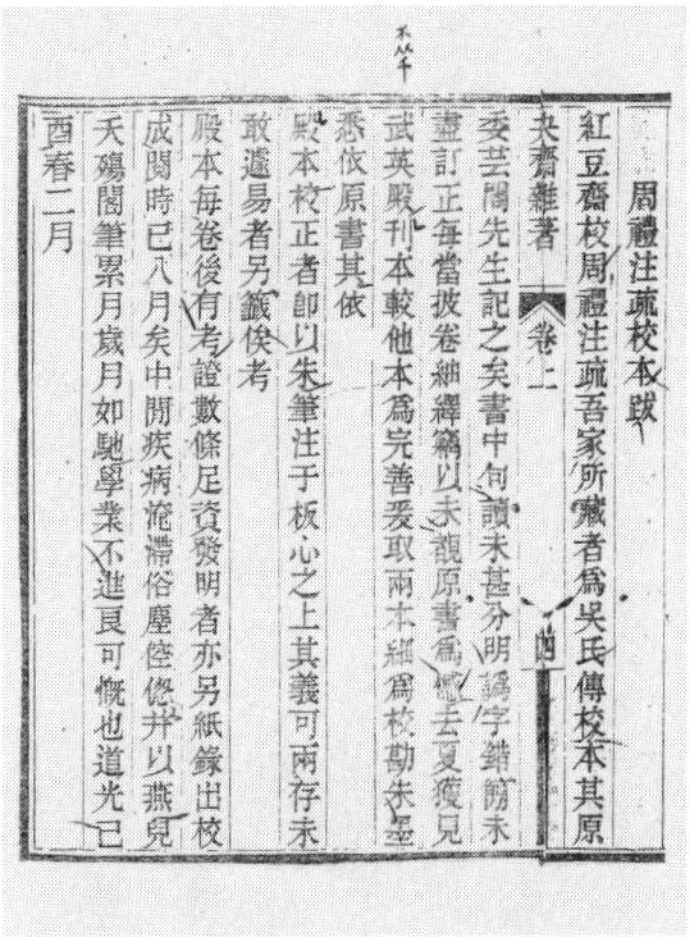
周禮注疏校本跋
紅豆齋校周禮注疏吾家所藏者爲吳氏傳校本其原
夬齋雜著 卷二
委芸閣先生記之矣書中句讀未甚分明譌字錯簡未
盡訂正每當披卷紬繹竊以未覩原書爲憾去夏獲見
武英殿刊本較他本爲完善爰取兩本細爲校勘未
悉依原書其依
殿本校正者即以朱筆注于板心之上其義可兩存未
敢遽易者另俟考
殿本每卷後有考證數條足資發明者亦另紙錄出校
成閱時已八月矣中間疾病淹滯俗塵倥傯并以燕兒
天殤閣筆累月歲月如馳學業不進良可慨也道光己
酉春二月

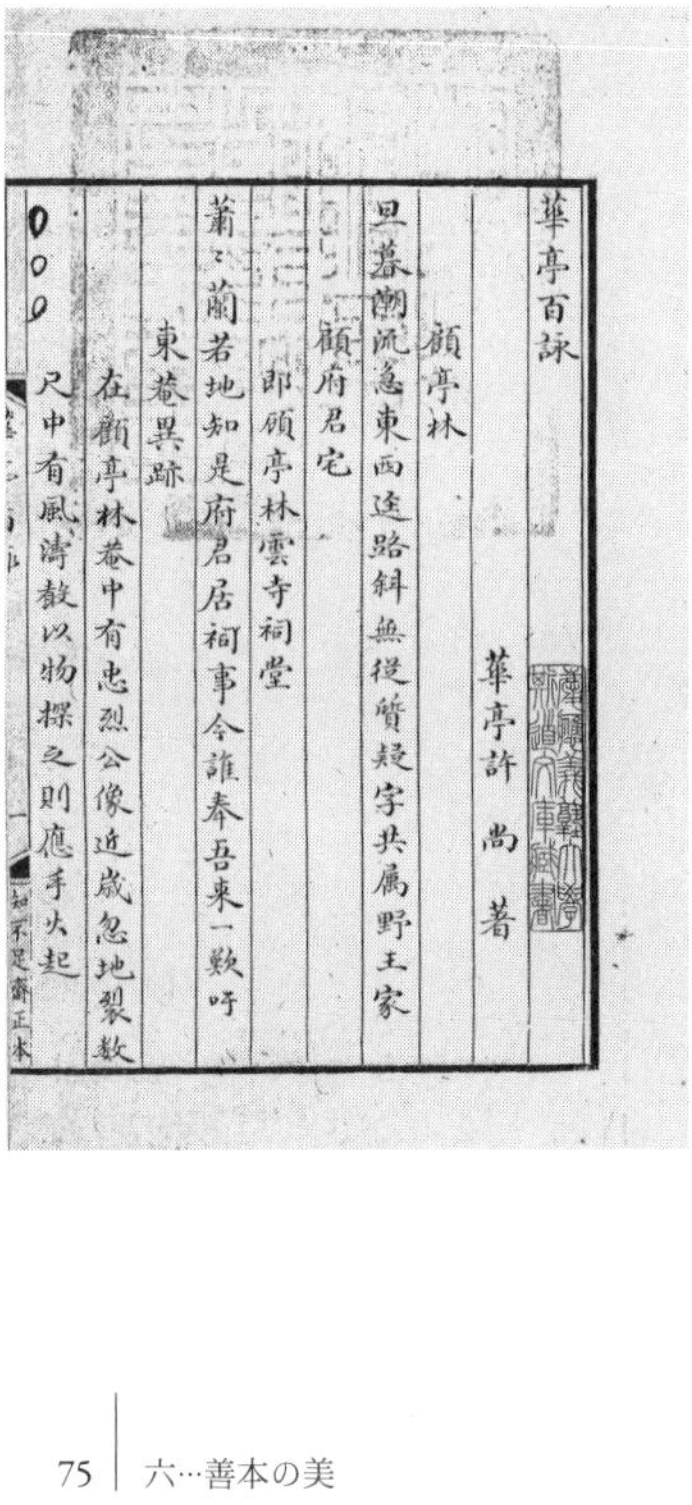
華亭百詠
華亭許尚著
顧亭林
旦暮潮流急東西逕路斜無從質疑字共屬野王家
顧府君宅
郎顧亭林雲寺祠堂
蕭蕭蘭若地知是府君居祠事今誰奉吾來一歎吁
東菴異跡
在顧亭林菴中有忠烈公像近歲忽地裂數
尺中有風濤鼓以物探之則應手火起
知不足斎正本

（上）図50…『夬斉雑著』これは校正刷で訂正の指示が多い。

（下）図51…『四庫全書』に提供した鮑氏の校本、翰林院の大印。版心下に「知不足斎正本」が見える。

いずれにせよ、書物への書き入れ批校から、抄本の校訂作製に到るまで、如何に愛書家のこころざしが深く込められているかを鑑みるとき、自ずとその書物は美しく見えるのであり、この人々の営為と美観は、政治や社会情勢の力によって変化するものではけしてない。そしてそこが「立派だ」と評し得ることの意味なのかもしれない。

## ◈宋版の美(一)――中国印刷史上の位置

いよいよ宋版について述べなければならないところにやって来た。中国数千年の文化を支える大きな柱である書物。その歴史や価値を説明することは容易なことではない。しかし、世界の大発明の一つ、印刷術の起源が中国にあることは、中国人の思考回路に、書物の歴史=書物の印刷史、という方程式を植え付けた。従って、中国印刷史を学ぶことによって、複雑な中国の書物の歴史はある程度容易に把握することができるのである。勿論、書物は、手書き(写本)が最初で、木や布に記していたものが、紙の発明によって紙本に転じ、唐・五代まではそれが主流であった。それが、宋の時代になると、突然降って湧いたように印刷物が流行する。だから、印刷品は書物の歴史のなかではあくまでも後発なのであるが、中国ではここが書物の出発であるという強い信念を持っていることを知らなければならない。中国印刷史は写本の歴史をも包含して述べられることも屢々である。中国の書誌学は印刷物(版本)の分析を主とするものであるという版本学者の強靱な姿勢は、古いお墓を発掘したら、版本より古い写本がたくさん出てきた、という新事実にたじろぐこともなく、それは考古学として崇めながら、後世の印刷物が贋物であろうが偽作であろうが、それをねばり強く調べ上げるものである。現代の人にとっては書物を手書きと印刷とに分けること自体、その意味がよく理解できないようである。中国の書誌学が何故印刷に拘るのか、それを体得するには先ず宋版の美しさを知る必要がある。

**中国最古の印刷物**　中国の印刷された書物で、出版の年号が明らかな、最も古いものは、唐の咸通九年（八六八）の『金剛般若波羅蜜経』（『金剛経』）で、印刷史の始めには必ず登場する（北京中国書店の影印本がある）。イギリスが派遣した探検家スタインが敦煌で発見し、大英博物館の宝蔵となっている。精緻な美しい技術を凝らした釈迦如来の図を附し、九世紀のこの時期にしてこれ程の印刷の技術があるのだから、唐の初め（七世紀）には印刷書が出現していたであろう、というのが通説となっている。歴史というのはそういうものかも知れない。すこしずつ文明は発展に向かい、すこしずつ技術は向上していく。猿から人間に進化したように。しかし、果たしてそれで印刷術の歴史が全て理解できるかというとそうでもない。拙い技術から精巧な技術に到る過程を順序良く物語る資料が現存しないからである。『金剛経』はほぼ完成に近い印刷品であるが、ここに到るまでの資料がない。卵・幼虫・さなぎ・成虫という変化が目に見えて来ない。人間もコウノトリが運んで来たという話もある。この『金剛経』も釈迦如来がある日突然この世に下した物かも知れない、とも考えてしまう。そして、こうした考えを起こさせるのは、印刷技術があまりにも美しいからに他ならない。時代の古さと書物の美しさの調和が取れず、人の感覚を失わせてしまう。しかし、この九世紀から一〇〇年程の間、ぱったりと印刷品は消え、再び宋の初期に美しい完成された印刷品（宋版）が突如として現れる。あまりもの美しさに人はこれを見て常識を逸してしまうのである。

**人の運命を変える宋版**

例えばこんなこともある。明の嘉靖時代（一六世紀）の蔵書家に朱大韶《しゅだいしょう》という人がいた。嘉靖時代といえば、宋版の価値が異様に高まって来た時代である。書誌学もこの頃から急速に発展し始める。朱氏は南京の国子監（国立大学）の教授を務めたがすぐに辞めて、郷里の松江（上海近郊）に蔵書楼や庭園を造り、友人と詩を詠んだり、書物を見せ合ったりして、余力は専ら校書（書物への書き入れ）に費やす生活を送った。宋版の美しさをこよなく愛した朱氏はある時、蘇州で『後漢紀』（晋の袁宏《えんこう》が記した後漢の年代記）の宋版を見つけた。それだけではなく、その宋版には、宋の陸游《りくゆう》・劉辰翁《りゅうしんおう》・謝枋得《しゃぼうとく》という一流の文人の書き入れが為され、外見もきれいに装飾が施されたものであった。まさに以前述べた蔵書家・周叔弢のいう「五好」（一九ページ参照）が揃った完璧な善本である。朱氏はこの宋版を手に入れるために、家に養っていた美しい才女との離縁を余儀なくされた。彼女は家を出る際に、「無端割愛出深閨、猶勝前人換馬時。他日相逢莫惆悵、春風吹尽道旁枝」と、詩を壁に記した。嘗て、愛妾を駿馬と交換した故事もあったが、宋版と換えられるならば名誉なことだ、という悲しくも気丈な才女。有名な宋版『金石録』（上海図書館蔵）も朱氏の旧蔵。朱氏はこの書を愛し、作者趙明誠《ちょうめいせい》の妻・李清照《りせいしょう》の「後序」を、能書家の「侍児《たいじ》」に命じ、宋版の後ろに写させた。それが嘉靖三五年。さて、この「侍児」がかの才女であったとしたら、と想像する人もいる。壁の詩を見た朱氏は落胆の余り、程なくして没した。その宋版『後漢紀』も現存はしない。宋版の美はまさに人と運命をも変えてしまうのであった。

### ◈宋版の美（二）——時代鑑定の厳しさ

そもそも、書誌学とは、書物の実態を明らかにして、その正体をつきとめる学問である。では、この学問の威力を発揮することによって解る美しい宋版の正体とは、一体何なのであろう

（上）図52…宋版の例。『礼記』宋刻巾箱本
（下）図53…書物を愛する才女

か。

喩えていえば、隔世遺伝、時代を跨いで姿を現す、そういう一面が正体のひとつである。

宋時代以降、中国の印刷物は途切れることなく連綿と各時代を通じて生まれ続けて来た。従って、それぞれの時代にはそれぞれの特徴を持った出版物が現れた。書物は宋・元・明・清、そして各地域、また、役所と民間、といった、時代・出版地・出版者などの要素によって事細かに整理分類することができるのである。前にも紹介した李致忠氏の『歴代刻書考述』(巴蜀書社・一九九〇)・『古書版本鑑定』(文物出版社・一九九七。二六ページ参照)などはこうした知識を学ぶ教科書である。そして、その知識をもとにして、逆に、目の前にある古書を鑑定するのが書誌学の目的なのである。中でも時代の鑑定は最も重要で、極端にいえば、これが最終の目的なのである。学問は科学であるから、曖昧な感覚的な議論は好まれず、それ故に書誌学を敬遠する向きも少なくない。しかし、時代の鑑定は深い知識と広い経験が必要であり、茶飲み話の類とは違う。かつて、日本の書誌学の大家であった阿部隆一《あべりゆういち》先生は、私が「これは宋版ですね」などと気軽に言って差し出した宋版の影印本を手に取り、自らの学問の全てをそこに集中するかのようなものすごい形相で食べるかのように本を捲り、「(宋版と認めても)いいでしょう」と一言だけのこされたことがあった。私は穴があったら入りたい思いだった。こんなこともある。一九七〇年代、中国古籍善本書目編纂の途上、各館で善本の時代判定が盛んに行われているころ、上海図書館では、『孔叢子』(一一ページ図7参照)の出版時代について議論されていた。清末以来、元刊本と認定されてきたものである。俗字が多用されているのが主たる原因である。しかし宋版ではないかという意見もあり、紛糾していたところ、最後に顧廷龍先生がすごい迫力で、机をたたき、「宋版である」と定めたという。後に同館の陳先行《ちんせんこう》氏が述懐している、すごい迫力であったと。先生の晩年に私も日本にある宋版の写真を持って、間違いがないか伺ったことがある。長い時間じっと見入って、穏やかに結論を述べられる口調が余りにも厳粛なのに驚いた。

**数百年を泳ぐ鑑定家の目**　時代の鑑定はかくも大きな意味を持つ学問なのである。しかしながら、宋版は自在にこの学問をすりぬけ、捉えがたい一面を持っている。

平成八年（一九九六）東京神田の古書入札会に小型本の『広韻』〈図54〉が出た。私は宋版と思った

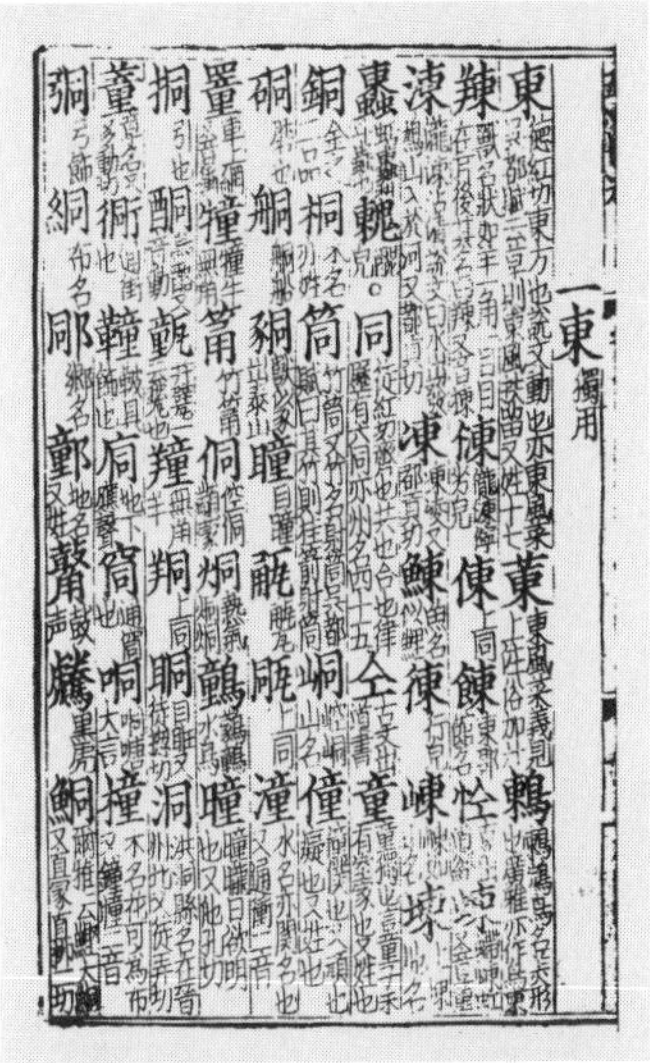
一東獨用

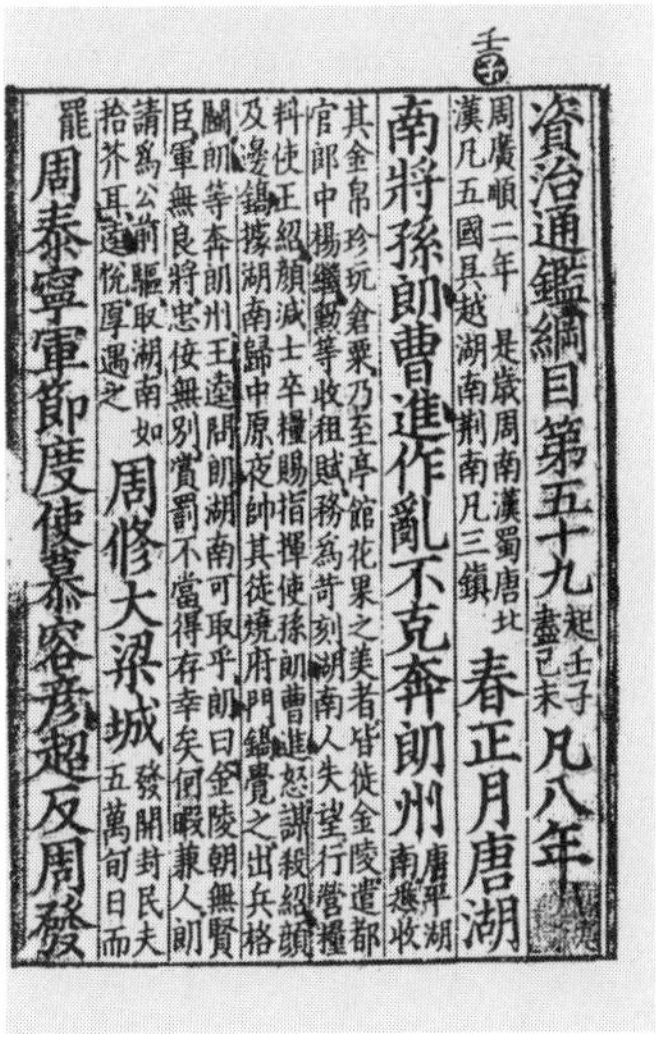
資治通鑑綱目第五十九 起壬子盡己未 凡八年
周廣順二年 是歲周南漢蜀唐北漢凡五國具越湖南荊南凡三鎮 春正月唐湖
南將孫朗曹進作亂不克奔朗州 唐平湖南遣收
其金帛珍玩倉粟乃至亭館花果之美者皆徙金陵遣都
官郎中楊繼勳等收租賦務爲苛刻湖南人失望行營糧
料使王紹顏減士卒糧賜指揮使孫朗曹進怒謀殺紹顏
及邊鎬據湖南歸中原夜帥其徒燒府門鎬覺之出兵格
鬬朗等奔朗州王逵問朗湖南可取乎朗曰金陵朝無賢
臣軍無良將忠佞無別賞罰不當得存幸矣何暇兼人朗
請爲公前驅取湖南如拾芥耳逵悅厚遇之 周修大梁城 發開封民夫五萬旬日而
罷 周泰寧軍節度使慕容彥超反周發

（上）図54…宋版『広韻』　（下）図55…宋版『資治通鑑綱目』

が、専ら明刊本という審定であった。幸か不幸か明版という評価で落札したので、比較的安く入手することができた。早速写真を持って北京に赴いた。北京図書館の冀淑英先生は南宋時代のものだろうと言われた。勿論他に同じ伝本はない。

一九九九年上海の朶雲軒が開催した古書入札会では、『資治通鑑綱目』〈図55〉の零本一冊（巻五九）が五〇〇〇元（約七万円）の下値で出た。目録の説明に「明刻本、仍存有宋版風格」とある。上海図書館の陳先行氏は見るなり、風格どころか宋版そのものであり、最後の冊なので刊行次第を記した跋文のある貴重なものだ、と審定され、幸か不幸かこちらは一七万元（約二四〇万円）の高値で落札したという。

このように、宋版はしばしば明版と間違えられることがあるのであり、あいだの元時代を飛び越えてしまうのである。実に数百年を跨いで変身してしまう。確かに明の時代は、宋版の複製を作り、宋版と称して高く売る商売もあった。しかし現代の書誌学は書賈の偽装を見破るくらいのレベルはある。ただ、偽装しているわけでもないのに、鑑定家の目は数百年をウロウロ前後してしまう。これが、宋版の恐さである。宋版以外ではこうした現象はあり得ない。何故であろうか。つまり、宋版の美しさに幻惑されるのである。時代の古さと美しさが目の中で調和できないのである。

雑誌『文献』（北京図書館出版社・二〇〇四、二）に、民国の大蔵書家傅増湘の日記がある。一九二九年一〇月に静嘉堂を訪問し『銭塘韋先生文集』が清末以来明刊本とされてきたが、実は宋版であると審定した記事がある。一九九〇年孫の傳熹年氏も来観、宋版と断じ、『書品』(中華書局・一九九一、二)に解説して言う、「初印の宋版は、新しく見え、ここ数十年程のものかとも思えるくらいで、複製と間違えることがある。こうした例は上海図書館の明刊『皇朝仕学規範』などもそうであった。顧先生がこれを正して宋版と認定した」。

鑑定は、下に降ろすのは比較的楽であるが、持ち上げるとなると容易なことではない。宋版の重みを感じる逸話である。

### ◈宋版の美(三)——字様の美

宋版の美には、また、芸術的な意味も含まれている。それは字様《じよう》という摩訶不思議な要素である。この意味するところは、中国語の字様という言葉とはやや異なり、むしろ中国語では、字《じ》体《たい》、或いは刀法《とうほう》という言葉でこの感覚を説明する。さて、字様とは如何なる美を指すのであろうか。

先ずは図56を見ていただきたい。これは、南宋時代に出版された『孟子』の最良最古の刊本で大型の本である。一文字の大きさが約二センチ四方もある大字本である。このすばらしさを書誌学者は「字大如銭・墨光似漆」(字は銭のように大きく、漆のように光っている)と讃えた。この字の特徴は四川省(蜀)の出版物に特有のもので、世に蜀大字本と称して、宋版でも最も美しいものとされる。中央版心の下部に「関西」と見えるのが刻字工の名で、彼らが字を彫る際にこうした特徴を守るので、「刀法」というのである。この字様は、唐代の書法家顔真卿の書風を学んだもので、「顔体」と呼ばれ、四川刊本の美の象徴である。ぼてぼてとしているようであるが、見れば見るほど引き込まれて行くようである。

次に図57をご覧いただきたい。『経典釈文』の最良最古の宋刊本である。これは、首都、浙江省の杭州で出版された、権威ある宋版で、四川の字に比べ、整った美しさを醸し出している。その美しさを書誌学者は「結体方整・開版弘朗」と讃えた。また、やや時代が降ると、字に謹直さが漂うようになり、「刀法厳謹・秀麗工整」等と賞賛されるのである。伸びがあって湾曲と点の打ち方が滑らかで、スッキリとした風が吹くような感じである。この字様は、同じく版心に見える「陳彦」等の刻工が守った刀法で、唐の書法家欧陽詢の書風、所謂欧体を学んでいると言われる。「四川宗顔・両浙崇欧」と略称される所以である。

更に図58に及ぼう。福建の有名な出版家余仁仲《よじんちゅう》による刊刻で、その字様の鋭さは刺されるような思いである。字の縦第一画の入りと抜けは鋭利な刃物のようで、横画の留めは静かな呼吸を保つ。これは、やはり唐の書家、柳公権の書風を体現したものであるといわれている。また、小字の整然とした線の細さは、痩金体（宋・徽宗《きそう》の書法）にも似て美しい。書誌学者はその美しさを「書体秀媚・遒勁有力」などと賛嘆した。福建省の宋刊本はこうした字様を特徴とし、「福建学柳」と称されるわけである。

最後に、図59は同じ『公羊伝』で、前者と同じ頃、江西省の撫州の公使庫という役所の接待機

孟子卷第一　趙氏注
梁惠王章句上
孟子見梁惠王　王曰叟不遠
千里而來亦將有以利吾國乎

図 56…四川刊宋版『孟子』

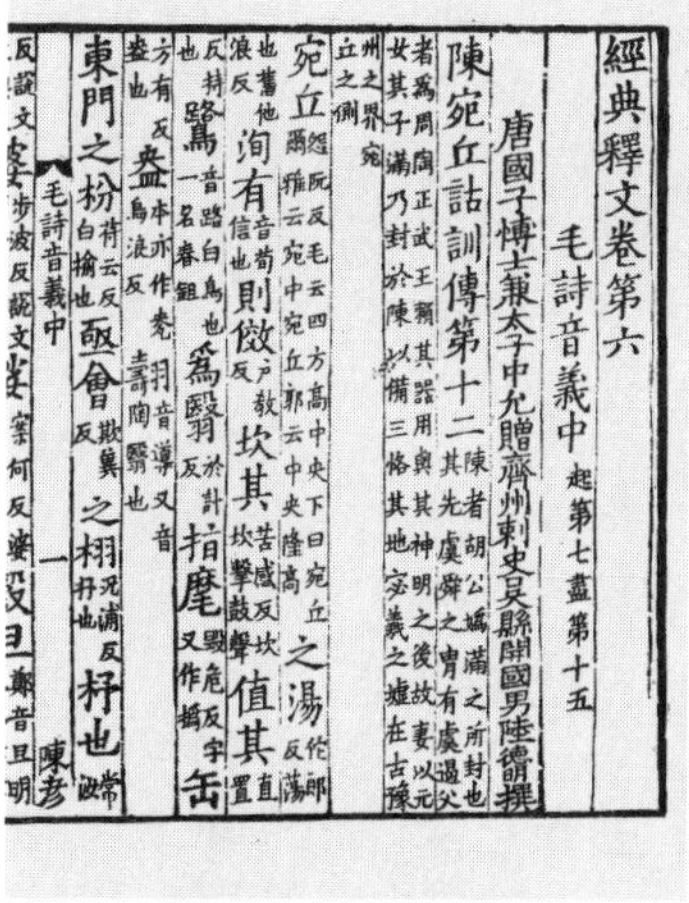
陳宛丘詁訓傳第十二

図 57…杭州刊宋版『経典釈文』

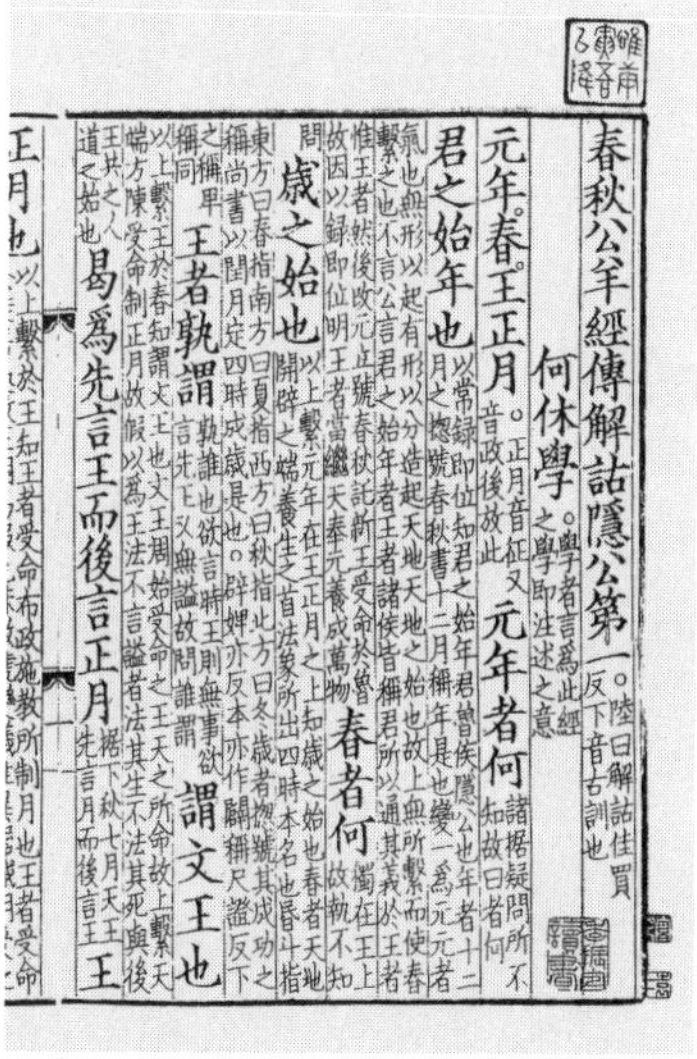
春秋公羊經傳解詁隱公第一
何休學
元年春王正月　元年者何
君之始年也　春者何
歲之始也
王者孰謂　謂文王也
曷爲先言王而後言正月

図 58…福建刊宋版『春秋公羊伝』

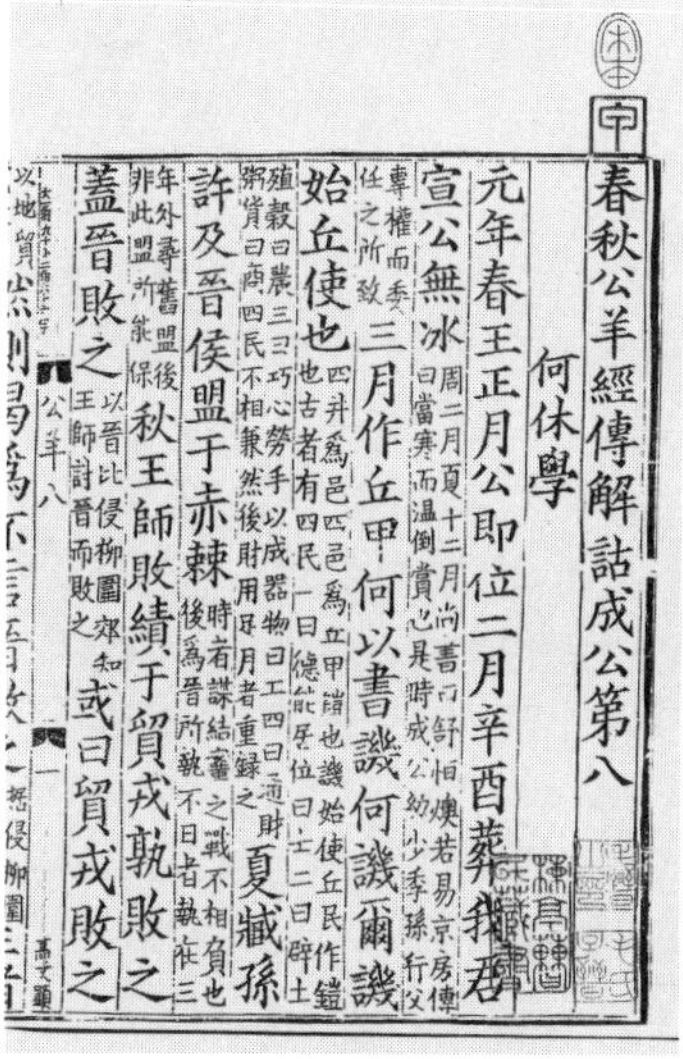
春秋公羊經傳解詁成公第八
何休學
元年春王正月公即位二月辛酉葬我君
宣公無冰　三月作丘甲何以書譏何譏爾譏
始丘使也
許及晉侯盟于赤棘
秋王師敗績于貿戎孰敗之
蓋晉敗之　或曰貿戎敗之

図 59…江西刊宋版『春秋公羊伝』

関で刊行された最善最古の宋刊本。この字様はこれといって目立った特徴もないが、整然と刀法が統一されている。この美しさを、中国の書誌学者は、顔真卿・欧陽詢・柳公権の三体をかねた書風を反映させたものと捉えている。即ち、「江西兼之」となる。

**字様による宋版研究**　このように、宋版の美しさは、民国以後の書誌学者達の力によって、書法という芸術的美観を獲得したのであった。無論、この四地域以外にも特徴ある字様を持つ宋版は数多あり、一筋縄で分類できるものではない。しかし、この美観が、逆に、字様から出版地を推定したり、版心の刻工名から出版年代や地域を確定したり、そして図の版心上部に見える字数（刻工の実績）の研究など様々な研究を呼び起こした。かく、美の追究こそが宋版を解く鍵であると知るべきである。

# 七――書誌学を支えるもの

### ◈夢と現実

善本という言葉の響きは、実に良いものである。そこには美しさが伴うからである。そのことを今まで縷々述べ来たったのであるが、美しさばかりを強調しても書誌学は成り立たない。汚い本も内容の乏しい本も書物として全てをそのまま受け入れなければならない。独自の価値観で書物を振り分け、書物を上から見下ろすような姿勢は書誌学の為すところではなく、書物の土台となって、下から支えるような気構えが書誌学には必要なのである。書棚に逆さまに配架するようでは、書物は何も提供してくれないだろう。折れたり、破れたままにしていては、書物は何も語りかけてはくれない。

**書物のための図書館**　中国の近代図書館は清末の江南図書館（光緒三三年・一九〇七）、京師図書館（宣統一年・一九〇九）に始まったことは既に述べた。繆荃孫は、その二館の監督を務め、散在する古典籍を集めた。更に、張之洞《ちょうしどう》の命で『書目答問』を編纂して古典を学ぶ者の書誌学的階梯を示した。その後、京師図書館は魯迅や蔡元培《さいげんばい》等の尽力で蔵書を増やし、馬叙倫《ばじょりん》、馬衡《ばこう》、陳垣《ちんえん》、傅斯年、袁同礼《えんどうれい》等の力によって、国立北平図書館に発展し、今日の国家図書館の基礎を築いた。当時のこうした人々は、皆書物好きで、事業のための図書館作りではなく、あくまでも書物のための図書館作りに努めた学者達であった。だから、北平図書館では、書庫から書物を出してくることを、「拿出来」とはいわず、「請出来」といったと聞いたことがある。書物を取り出して来るなどというのは全く無礼千万、魯迅先生に何と申し訳を立てようか、というぐらいで、書物よ、どうぞおいでくださいまし、とお願いしなければならない、というわけである。なかなかできることではない。そして、この心構えこそが、書誌学の精神であるといえよう。

**古書肆・蔵書家の力**　埃まみれになって、ありとあらゆる本の土台となるのは図書館ばかりとは限らない。何といっても古書肆の力は偉大である。南宋時代の「陳宅書籍鋪《ちんたくしょせきほ》」とか「余氏万巻堂《まんがんどう》」などから明末の「汲古閣」に至るまで、有名な出版家が名を馳せた宋・元・明の時代を経て、次第に古籍の量も増加し、清の時代には出版家よりも蔵書家が名を馳せるようになった。蔵書家同士が古籍を写し合ったり、売り買いをしたりする風習が通行した。毛氏汲古閣の後人、清初の毛扆《もうい》は同家の蔵書を自ら売り立て、値段を付けた。『汲古閣珍蔵秘本書目』（『宋元版書目題跋輯刊』北京図書館出版社・二〇〇三）がその売り立て目録である。『礼記集説』の二〇両、『杜工部集』の三〇両等を最高額として、何銭、何分、の細かい値段にまで及んでいる。宋の原装、宋版『冊府元亀』四冊が三両二銭という。先般、同じ宋版原装『文苑英華』一冊が中国の市場で億の単位で売られたことを考えると、ゾッとする値段ではある。『蜀大字本史記』に至っては、「未嘗定価惟　老先生酌量之」といっている。恐ろしくも夢のような話である。

**琉璃廠の書物文化**　そして、時代が降ると、売り買いを専門にする書肆が名を馳せるようになる。清の大蔵書家・黄丕烈が頼った五柳主人《ごりゅうしゅじん》とは一体如何なる人物だったのであろうか。一点一点吟味しながら売り捌く者、書棚ごと売り捌く者、今となっては名前も定かではない多くの書肆が書物の流動に関与していた様子が目に浮かぶ。そんな中、民国時代の古書肆はひときわ名を馳せた。北京の琉璃廠は単なる書店の集まりではなかった。孫殿起《そんでんき》の『琉璃廠小志』（北京古籍出版・一九八二）には、「顧客は京朝学士大夫で宋元版の識別から、原刻翻刻の区別、宋拓明拓の区別、伝本の種類に至るまで、ごく普通の会話としてなされた。終日過ごす輩も多く、一種の図書館の態をなしていた。門は広くないが、奥行きが深く、何層にも書架が並び、タバコを吸って休むこともできる。主人は品格があり、自然と読書人も育ち、北京の学術的雰囲気も養成されたのであっ

図60…琉璃廠の倉庫

た」と述べる。孫氏は河北冀県の人（琉璃廠の書肆は河北出身が多い）。一八九四に生まれ、一九五八年に没するまで、五〇年間書肆として古書を扱い続け、販売した書目を『販書偶記』としてまとめた。清朝の普通本は目録にされることが少なく、清刊本の版本を調べる目録として画期的なものであった。文奎堂《ぶんけいどう》・萃文斎《すいぶんさい》・修硬堂《しゅうこうどう》・文殿閣《ぶんでんかく》・来薫閣《らいくんかく》など、今日見ることのできる古書目録は、普通に流布する版本を調べる唯一の工具書であるといっても過言ではない。最近、北京図書館出版社から、『中国近代古籍出版発行資料叢刊』（二〇〇三）が出て、こうした資料を影印再評価している。普通本を丹念に調べる事ほど根気の要る仕事は無い。古書肆あってのことである。善本を扱い、扱った善本を解題した名著『文禄堂訪書記』を遺した文禄堂《ぶんろくどう》主人王文進《おうぶんしん》は孫氏と全く同年の双璧であった。

琉璃廠の書物文化は善本と普通の本とのいずれが甲でいずれが乙か、そんな価値観を乗り越えた書物の世界であった。それは、古書肆達の人生が、夢と現実を一つにしてくれた、書誌学への大きな贈り物であった。

### ◈ささやかな友好

古典籍の内容を深く探り、その文化史的意義を明らかにしてゆく学問から比べれば、甚だたわいもないことに労力を費やさねばならない。それが書誌学である。技術的な面からいえば、二つの伝本が同じ版木を使って印刷したものか、はたまた違う版木を用いたものか、一見して全く同じ本であるが、よく見ると手偏の撥ね方が違うようだ、などという疑問、要するに同版異版の問題、もっとたわいもない疑問になると、中国のあの本と日本にあるこの本はもともと一対のものだったのではないだろうか、などの所謂僚《りょう》本《ほん》か否かの問題、こんな問題は、解決しても論文の題材にはならない。しかし、その問題が引っかかると、夜も眠れない。字句や版式の異同もそうである。何故このテキストはこの部分を削ったのだろう。何故、尾題だけを変えたのだろう。兎に角くだらないことが気になって食事も喉を通らない。よく考えてみれば、それは書物の魂が気づいてほしいと叫んでいるからに相違ない。そんな話は前にも述べた。

**戦火の受難と書誌学者の貢献**　復旦大学の陳正広教授の案内で浙江省杭州の文瀾閣『四庫全書』を参観した。清朝書物文化の最盛期、乾隆帝の命で、全国に七カ所蔵書楼を建立、『四庫全書』を書写して納めさせた。うち、北京円明園の文源閣《ぶんげんかく》は英仏軍に焼かれ、揚州の文匯閣《ぶんわいかく》・鎮江の文宗閣《ぶんそうかく》は太平軍に焼かれた。現存四閣のうち、文瀾閣〈図61〉も太平軍に攻撃され、丁丙らが辛うじて運び出し、欠けた部分を写し直したことも前述した。文瀾閣本は流失して各所に散在しているものもある。今、図に見るものは文瀾閣本のようである〈図62〉。太平軍に汚された生々しい痕跡を遺す。斯道文庫に所蔵されるが、しかしこれが文瀾閣本の僚本であるかどうか、長く気になっていた。些細な問題であるが、書物にとっては大変なことだ。今回、現地で僚本であることを確信した。何か安心した。自分が海を隔てた書物の架け橋になっているような誇らしい気持ちである。同じ浙江省の南潯《なんじん》に清末の蔵書家劉承幹《りゅうしょうかん》（一八八二〜一九六三）の蔵書楼嘉業堂《かぎょうどう》がある（蔵書については

『嘉業堂蔵書志』復旦大学出版社・一九九七）。南潯は水路と緑の多い実に落ち着いた町である。ここはかつて日本侵略の激戦地で、浙江上陸後の要地であった。劉氏は狼藉を恐れ、貴重な宝物を運び出したことはいうまでもないが、この行軍の指揮をとっていたのが牧少将《まきしょうしょう》で、この人は熊本の出身であった。熊本は幕末の木下犀譚《きのしたさいたん》以来、近代に竹添井井《たけぞえせいせい》（一八四三〜一九一七）・狩野直喜《かのなおき》・古城貞吉《こじょうていきち》など大漢学者を輩出している地で、折しも、大連にいた前述の書誌学者松崎鶴雄（四二ページ参照）がやはり熊本の出であった。そこで、同郷のよしみ、松崎は牧に嘉業堂を攻撃しないように頼みこんだと伝えられる。荒らされはしたようであるが、建物も今に保存され、蔵書も分散したが、目立った焼失や損害は伝えられていない。

しかし、一九三二年、日本侵略軍は上海を攻撃、商務印書館を爆撃、その附属図書館であった東方図書館は大打撃を蒙った。この妄動を中国は文化を破壊する残虐無道として世界に訴えた。東方図書館は一九二四年、張元済が蒐集した善本書庫涵芬楼を基礎にした図書館であった。宋元版数百種、明清刊本抄本等、二〇〇〇〇種以上という大図書館であった。戦禍を恐れ、最善本は銀行の金庫に寄託していたので、幸い焼け残ったが、大部分の明清刊鈔本は灰燼となった。焼け残りの書目が『涵芬楼燼余書録』（「張元済古籍書目序跋彙編」商務印書館・二〇〇三）である。全て北京図書館に寄贈された。焼けたものは張氏の記憶にしか遺っていない。しからず。日本の長澤規矩也が若い頃、涵芬楼の台帳によって草目を作っていた。これを顧廷龍先生が写し北京図書館に入れておいた。それが『涵芬楼燼余書録』に附される『涵芬楼原存善本草目』である。ここでも、不幸な情勢のなか、書誌学者がささやかな貢献を果たしていた。

日本を良く知る政治家であり、書誌学者であった民国の董康《とうこう》（一八六七～一九四七）は、出版家でもあり蔵書家でもあった。来日の訪書記である『書船庸譚』（芳村弘道《よしむらひろみち》氏の訳注がある）はその愛書ぶりを示している。書斎誦芬室《しょうふんしつ》では戯曲の稀本や宋版を影刻、新しいコロタイプ影印も手がけた。印刷技術は専ら日本の小林製版に頼った。そして、一部の稀本を除いて全ての蔵書を董氏は日本の大倉氏に売譲して託した。大倉氏は特製の書架を誂え、今に、大倉集古館に保存されている。董氏は晩年、近眼から目が不自由となったが、この度の戦争を憂い、魔がさした人々が本心

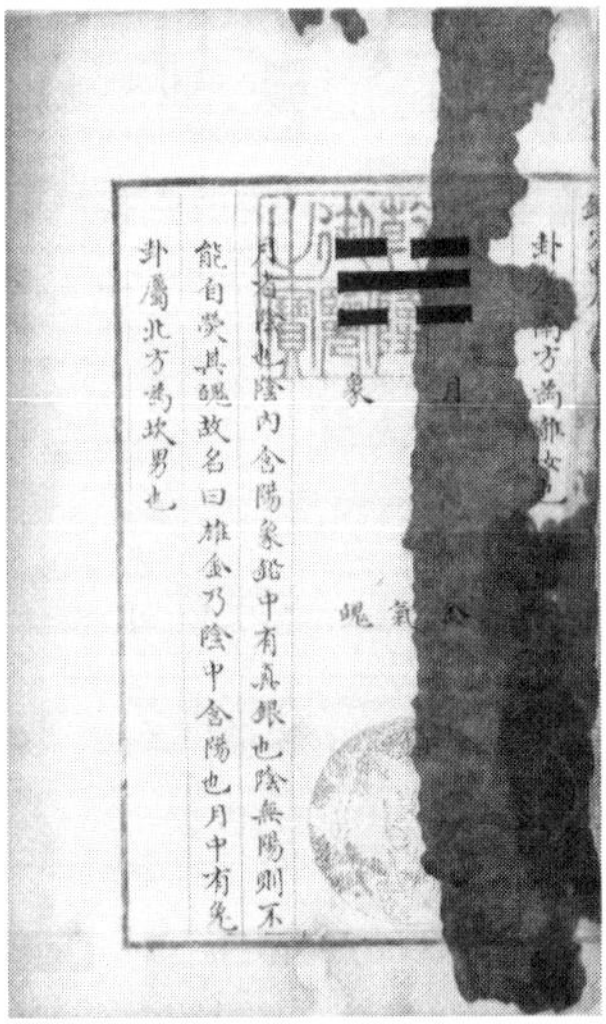


（上）図61…文瀾閣
（下）図62…戦禍を受けた『四庫全書』

に戻るよう仏殿に参って念じていた、という追憶を今関天彭が書いている。書物は為す術もなく政治や経済の大きな潮流に流される。焼かれ、盗まれ……。しかし、書物を愛する書誌学者は、その狭間で、ささやかながら友好を探り、書物の魂を救ってきたことを私達は忘れてはならない。書物もきっとそれを願っているに違いない。

第II部

# 書物の生涯

# 一——書物と旅

## ◈北平から基隆へ——一九一一～四九

一九四八年、中華民国三七年、一二月二六日、台湾の最北端、基隆の港に一隻の軍艦が入港してきた〈図63〉。船内では錨を下ろす準備に慌ただしさが見えてきた。荘尚厳《そうしょうげん》ら数人の船主は、上海からの船旅の疲れと、責任ある緊張と、上陸後の思いが錯綜して、肌寒い甲板を右往左往していた。翌一月九日、また翌二月二二日、同じように大型貨物船が基隆に入港、それぞれの船主の思いは荘氏と同様であった。七七二個の大型の木箱が直ちに陸揚げされ、引き込み線に準備された貨車に積み込まれた。臨時の貨物列車は、荷の確認がとれると、ゆっくりと基隆駅を後にした。一月には三八六二個、二月には一二四四個の木箱が同様に、揺れを感じぬほどゆっくりと鉄路、牽引されていった。

**故宮文物の南遷**　そもそもこれらの木箱は、大陸に侵攻した日本軍による被害を避けて北平から南遷していたものであったが、台湾にきて、その日本の統治時代の鉄路がこの木箱を運ぶとは、また皮肉な話であった。貨車は南にむかい、台北を経て、楊梅の駅に滑り込んだ〈図64〉。台北から約二時間ほどの駅である。一行は漸くここまできた安堵感に胸をなで下ろした。土地の名物である鵞鳥の肉の味も腹にしみた。駅舎近くの倉庫に荷を下ろして、一瞬の隙もなく監視を続けたが、遂げた成功の感激から、一行はその労も苦ではなかった。しかし、心配はこの倉庫の狭隘と庫内の湿度が高いことであった。ただの木箱ではない、数千年の歴史がこもった木箱なのである。二度目の貨物が上陸した頃、台中政府の斡旋で、台中の製糖工場に安住の地を定め、早速、楊梅から移動を開始した。

図63…基隆港に入港する貨物船

図64…現在の楊梅駅近くの倉庫

そして、二度目・三度目の貨物はそのまま楊梅を通りすぎ、更に数時間を要して、台中に直行することとなった。

一九四九年四月、台中製糖工場に落ち着いた五八七八個の木箱の総点検が始まった。箱の順番・個数を確認し、いよいよ内容物のリストの作成へと作業が移っていく。荘尚厳等は木箱の安全を確保したと思ったのが束の間、再び焦燥と緊張がやって来たのであった。

**清室善後委員会の成立**　思い起こせば、辛亥の年、一九一一年、清朝が倒れ、民主共和制が敷かれ、翌年南京に孫文《そんぶん》の政府が樹立されて以来、政府が真っ先に行った政策は宮廷の保全管理であった。民国一三年(一九二四)、清室善後委員会を組織、一二月二三日、宮廷内(故宮)の物件の点検が始まった。その規則によれば、委員長(李《り》煜瀛《いくえい》)をはじめ、蔡元培《さいげんばい》・陳垣《ちんえん》・沈兼士《しんけんし》らの委員や監察委員・警察庁・軍警が立ち会う厳格なものであった。その記録も全て公表されている。例えば、故宮の中心である乾清宮《けんせいきゅう》の調査報告表に、「民国一四年一月八日午前、組長・銭玄同《せんげんどう》、監視・閻成徳《えんせいとく》、軍・宋徳全《そうとくぜん》、警・張定昌《ちょうていしょう》、合計一四人、第一一〇から一六七号まで五七点、撮影枚数九」といった具合に記される。検査の後は厳重に封鎖されるのである。これによって伝統的皇室文化の遺品は散佚を免れたのであった。この報告書は、「故宮叢刊之一」として中央の宮殿を第一編、東側宮殿を第二編、以下第五編までを計画、民国一四年九月には二〇の殿庫の調査を終えた。その一〇月には、西洋に倣って宮室の文物を博物院として保管公開することに決定。故宮博物院が成立した。清室善後委員会の職員であった荘氏はこうして次第に充実してゆく文物の行方に希望を抱き煩雑な事務処理に忙殺されていった。その北平で博物館を興すための準備作業を再び台中で行うことになるとは、夢にも思わなかったであろう。現代の情報化社会に埋もれる私達などには想像もできない困難であった。

更に民国政府は図書館事業にも積極的で、教育部がこれを司り、教育の根幹は文化であり図書文献であることを内外に誇示したように見えた。民国一七年(一九二八)南京に国立中央図書館の設立を決定、民国二六年の開館に向け善本の蒐集に余力を遺さなかった。もはや、中国は数千年の文物中華文明の粋を近代国家のもとに発揚して全世界の注目を集め、揺るぎない中華大国を築こうとしていた。

しかし、書物文化の重みを知らない一部の暴徒によって、文物・書物が荒らされ破壊され踏みつけられ焼かれ……痛ましい暗雲が北平を襲った。故宮の文物は民国二二年(一九三三)から順次、南に向かって避難をはじめることとなったのである。清室善後委員会の成立から博物院に発展してわずか十年足らずであった。運命といってしまうにはあまりにも過酷であった。台中で荷をおろした人々の心境は、まさに、木箱のなかの書物・文物の声そのものであったろう。

## ◈台中から北溝へ――一九四九～五四

台中は台北から急行で約二時間半。その駅舎はかつての瀟洒な建物がそのまま遺っている〈図65〉。民国三八年(一九四九)一月、楊梅に停留していた七七二箱が移動した。その日、基隆に上陸した第二陣三八六二箱も、追うように、台北を通過して台中にむかった。翌二月、一二四四箱の第三陣が同様に台中に到着した。全て五八七八箱の文物が、厳重に護られてこの駅舎に降り立ったのである。北平の馬衡《ばこう》(一八八一〜一九五五)・故宮博物院院長は、南京行政院の催促を受けたが、空港の安全が確保できないとして、第四陣以降の空輸を見送った。民国二二年(一九三三)、北平に別れを告げて始まった文物の大移動は、これを以て終了することとなったのである。台中まで旅した文物のうち、故宮からやってきたものは、二九七二箱、全体の三分の二以上を占めていた。

台中の製糖工場に落ち着いてうずたかく積まれた木箱を眺めて、荘尚厳らの職員は、何よりも文物の損傷が無いことを祈った。箱を開けて点検する作業も、そのことに一番気を遣った。しかし、臨時の倉庫とはいえ、展開もかなわぬ狭隘さのなかで、清冊(点検して台帳を作ること)を遂げることは、やはり憂鬱であった。

**聯合管理処の成立**　民国三八年(一九四九)八月、故宮・中央博物館・中央図書館を連合統括した臨時機構「国立中央博物図書院館聯合管理処」が設立され、教育部の管轄下、これらの文物を管理する正式な組織ができあがった。組織ができれば強い。中華文明の顔であるこれらの文物が、自由に生きられるような環境造りをどんどん推し進めることができる。管理処は早速、新たな保存施設の検討に入った。

台中駅から南にバスで三〇分ほど行った所に台中県霧峰郷がある。その吉峰村に北溝という地名の場所があり〈図66〉、低い山を背景にした台地が広がっていた。管理処はここを文物保存の最適の場と認め、四〇万元を投じて新しい倉庫を建築する計画をねり始めた。そして、民国三九年（一九五〇）一月に建築を開始して四月には完成するという早業を行った。いかに保存庫設置が急務であったかを物語る。当時はこれを「庫房」と呼び、この呼称は今も用いられている。コの字型に三棟設け、正面に中央博物館・中央図書館の文物を、左右に故宮の文物を配した。

準備が整うと、今般は車両によって、再び、製糖工場から新庫房への運搬作業が行われたのであった。一つ一つの木箱にヒモをかけ、担ぎ棒で持ち上げ、二人でひと箱ずつ運んで行く。この作業も、もう何度目になるのだろうか。しかし、今度は、一行にとって荷物はやや軽かった。新

図65…現在の台中駅

図66…北溝の故宮跡

庫房での点検は楽しみであるし、文物にとって最も重要な、公開と利用、これが目前に近づいてきたからであった。

**北溝の新庫房へ**　作業はひと月を要しなかった。北溝までの交通は便利であったが、山腹までの坂道はやや車両も疲労ぎみであった。とはいえ、湖北の川で筏を造り車両を乗せ、四川の農村で坂道を農民とともに車の後押しをして、陝西の山道で崖の上を恐る恐る車両で通過した、そんな過去を思えば、苦難のうちには入らない。

こうした苦労は、あってはならない事なのかも知れないが、今ではそれを単なる歴史の一コマとしか思わぬ向きが多い。古典籍に接したとき、その書物がどんな旅を経験してきたか、その旅をどんな人々が支えてきたのか、それを想像するとき、本当の意味でその書物の価値が理解できるというものではなかろうか。そう考えると、普通書であるとか、貴重書であるとか、そんな分別は、何ほどのことでもないような気がしてくる。

現在、台北の故宮博物院図書文献館で閲覧できる図書を見ると、各書の末に「教育部点験之章」という小さい印が捺されている。これは、文物が南遷の途中、上海において点検した際、民国二三年(一九三四)頃に用いられたものであるという。同時に、文物を入れた木箱には、「滬《こ》」・「上」・「寓」・「公」の四文字を、それぞれ、古物、図書、文献、秘書処のものに区別して、貼り、梱包したのであった。また、図書の中には、清朝の書帙に結ばれた札が今も見受けられ、そこに「清室善後委員会一一七号」などと書かれ、「辦理清室善後委員会」なる印が捺されているものもある。革命の嵐がつい昨日のように思われ、書物の流伝が生々しく伝わってくる。

新庫房の管理は厳格であった。入庫は組長の許可を得て二人以上とした。その記録も入念に行った。翌民国四〇年(一九五一)から四三年九月までに六〇〇〇個に及ぶ木箱の内容の、更なる総点検が行われた。管理処の理事会は結論として「損傷極少」と総括した。

職員らは安堵した。基隆の港に上陸してから、もう六年が経っていた。

### ◈北溝から台北へ――一九五五〜六六

台中北溝での文物管理に関する活動は盛んであった。管理処は民国四四年(一九五五)、国立故宮中央博物院聯合管理処と名前を改称し、『中華美術図集』・『故宮書画録』など大型の図録を出版、同四六年には陳列室を開館した。更に、四七・八年には『故宮銅器図録』・『故宮名画三百種』の大冊を上梓、内外に所蔵品の迫力を公開した。編集スタッフの努力もさることながら、現代のように、文物を営利の先鋒にしようとする考え方とは全く次元の違う、文物自体のために整理公開を推進する、この当局の姿勢こそが、こうした大きな成果を生む原動力なのであった。

民国五〇年(一九六一)から五一年までは、文物精品二五〇点余を選んで、米国ワシントン・ニューヨーク・ボストン・シカゴ・サンフランシスコと巡回展覧を行った。こうして中華文物の精華はほぼ世界を駆けめぐったことになる。そして、この際にも、文物は基隆の港を出、そして基隆に帰ってきたのであった。

**台北への移転の決定**　これと前後して、北溝の陳列室を参観した蔣介石《しょうかいせき》は、この地の交通がやや不便であると感じ、広く中華文物を宣揚するために、新たな土地を選定するように取り計らった。民国四九年（一九六〇）、行政院は台北にその地を求めることを決定した。

山に囲まれて戦災を逃れることができ、なおかつ交通が便利で観光にも適している地。それが、現在の国立故宮博物院の地であった。外双渓と呼ばれる台北郊外の山腹である〈図67〉。市内から車で約三〇分、景勝陽明山にも近く、環境は理想的であった。北溝と同じように、戦禍に備えて、裏山に通じる山洞と呼ばれる倉庫を掘ることもできる。この頃は、まだ辺りは田畑が多く、農村然としたのどかな田舎であったが、今や、資産家が多く居を構える高級住宅街を抱え、整備された公園や緑地は、中華文化・台湾文化を味わう人々にとって、正に文化の故郷というに相応しい空気が漂っている。博物院の裏手にある蓮池や小川のせせらぎは、大自然と歴史文明が融け込んだ静かな調和を語りかけているようだ。周辺の庭園には蝶々や小さな動物が多く、幼虫などが道に溢れているので参観者は注意しなければいけない。壁虎と呼ばれるヤモリが多いのもこの地の特徴で、民家にも現れ、蚊を食して棲息する。博物院の山道に見え隠れする愛すべき文物の友人である。

現在では、日に一〇〇台を超える観光バスが訪れ、台湾一の観光地となっている。レストランが一軒しかないのがやや残念であったが、今や、大型のホテルが進出してその憾みも解消された。

**文物の安住の地へ**　民国五三年（一九六四）、いよいよこの地に新館の建設が始まった。翌八月、正面の主館が完成した〈図68〉。壁面は茶・黄・白・緑・藍などの色を使い分け、周辺の山林や空の背景と調和が取れるように形作った。名称も国立故宮中央博物院聯合管理処から、国立故宮博物院管理委員会と改められて、組織規定も正式に行政院から公布された。蔣《しょう》復璁《ふくそう》を院長とし、荘尚厳は副院長の一人となった。

ここに、ようやく、先の見えない文物の大旅行が本当の意味で集結を迎え、安住の地を得ることができたのである。文物と旅を共にした職員らも、長い台中の生活を終え、台北に永住するこ

図67…故宮から見る外双渓の俯瞰

図68…故宮博物院主楼全景

となったのである。その間、老眼や白髪を得た者もいれば、新婦を得て一家を成した者もいる。再び思えば長い旅であった。

蔣介石は、その一〇月に孫文生誕一〇〇年を記念して、中山博物院と名付け、式典を挙行した。同時に、北溝の旧館を閉鎖して、みたび、点検を行い、陸路、車両による文物の北運を開始した。そして、一一月には展覧が始まるという用意周到な移動であった。到着後、長く運送に用いた木箱・木片・紐や緩衝材などが、もう不用であろうと次々に廃棄された。文物は新しく生まれ変わり、再び清朝時代の威厳を取り戻して、人々に威容を誇示する時が来たようであった。そう、ここでは書物の話をしなければならなかったのだ。文物は書画・器物をもってその代表となし、文献・図書はその次ぎであると一般には考えられている。民国五四年(一九六五)、文物の殆どが年末までに移動を終えたのであるが、新館も未だ完全な竣工とまではいかず、図書部門は暫く北溝に止まることを余儀なくされたのである。翌五五年、図書貯蔵空間の問題は解決されず、新館付近の台湾省物資局倉庫を入手して、とにもかくにも台北に移動することとなったのである。

故宮に運ばれた古籍善本が如何なるものであったのか、世にこれが知れ渡るにはもう少し時間が必要であった。

台中北溝の旧址は、その後フイルム工場などに使われ、一九九九年九月二一日に台湾全土を襲った大地震で、倒壊などの被害に遭うこととなった。

## ◈台北故宮博物院の発展――一九六六〜八三

外双渓の故宮は、民国五五年（一九六六）の末より第一期の拡張工事が始まり、六〇年に第二期、七三年には第三期、民国八四年（一九九五）には第四期と進み、周辺の庭園緑地整備とともに、三期には正面に向かって左側の行政楼、四期には待望であった、手前の図書文献（大楼）館が完成した。組織も、民国五七年（一九六八）に図書文献処が増設され、器物処・書画処と並んで重要な一部門として機能するようになった。また、善本収蔵の庫房は、行政楼の地下に広大なスペースで展開し、膨大な量の高床式専用書棚も用意された。更に、図書文献館では、図書室と閲覧

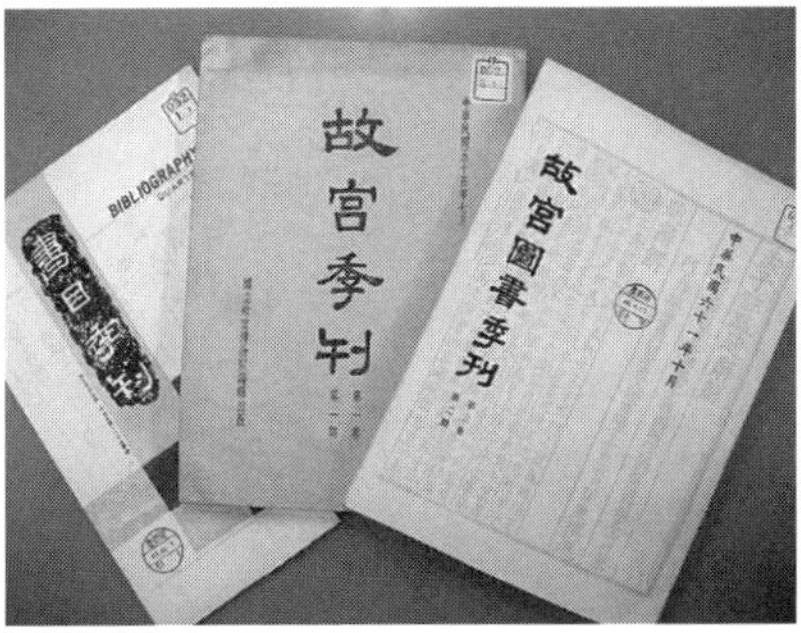


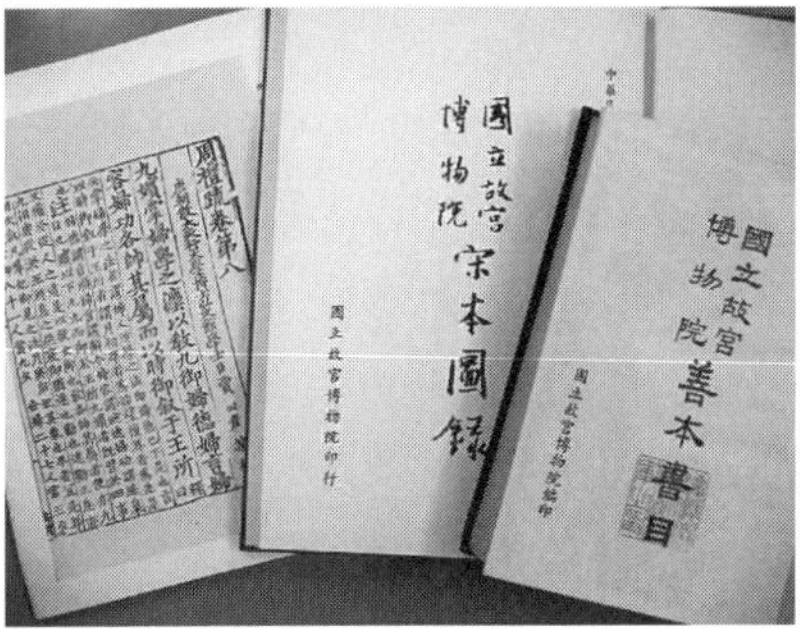


（上）図69…故宮発刊の雑誌
（下）図70…故宮編纂善本書目

室を公開し、研究や研修のために供用されることとなった。こうして、ほぼ三〇年の歳月を要して、外双渓の故宮は、文物の保管利用に理想的な環境を創造したのであった。書誌学を目指す人は、ここを訪れると明るい活力が生まれるというものである。

**中華文物研究の発展**　さて、民国五五年（一九六六）以降、『故宮季刊』・『故宮通迅』・『故宮文献季刊』『故宮図書季刊』・『故宮学術季刊』・『故宮文物月刊』などの学術雑誌を発刊し〈図69〉、当時、大陸で発動された不幸な文化大革命によって停滞した中華文物研究を維持発展せしめた。こうしたなか、図書文献の整理も本格化し、民国五六～五九年（一九六七～七〇）には、中央研究院による台湾公蔵善本目録編纂の一環として『国立故宮博物院善本書目』〈図70〉・『国立故宮博物院普通旧籍目録』を出版した。この目録シリーズは、中央図書館（現・国家図書館）や中央研究院の所蔵する善本をも網羅したもので、実に、大陸から旅をして台湾に運ばれた古籍の総体を示すものとなった。大陸はもとより、日本でも中国古籍の所蔵状況が混沌として明らかとなっていない時に、世界に先駆けて漢籍善本の総体を一気に公表したのであるから、この頃の台湾の政府や関係者が如何にこの事業に力を入れ、如何にこの事業に入魂していたかが窺い知れよう。今日、情報化社会のなかで、コンピューターによる便利な目録整理も開発されているが、当時の努力の成果は、いまでもその効力を失うことはない。

外双渓の故宮を安住の地と定めた一三三三五箱に収納された古籍は、一五万七〇〇〇冊に及ぶ。それその実態がどのようなものであったか、この目録によってはっきりと知ることができる。それは、清の宮中・内府に貯蔵されていたものと、もう一つ、清末の著名な蔵書家・楊守敬《ようしゅけい》(一八三九～一九一五)の観海堂《かんかいどう》旧蔵の二つに大別される。北平の故宮から移動したのであるから、内府の蔵書が主であるのは当然であるが、そこに観海堂本が加わったことが、外双渓の故宮を一層著名とならしめたのであった。

**『四庫全書』の出版**　そもそも清の宮中の蔵書は、昭仁殿《しょうじんでん》・養心殿《ようしんでん》・乾清宮・文淵閣《ぶんえんかく》・摛藻堂《ちそうどう》などの各室に分蔵されていたものであるが、どの部屋に何が置かれていたのか、これは、清室善後委員会編纂の『故宮物品点査報告書』に詳細な記述がある。例えば、乾隆帝《けんりゅうてい》(在位一七三五～九六)が愛蔵した文淵閣貯蔵の『四庫全書』四七三種一万一〇〇〇冊余りは、清朝の書物文化の精華であるばかりでなく、中国古代以来文献史の集大成とでもいうべき鴻宝であるが、宮中のこととて、その全貌を実見した人は殆どいなかった。そして、その全て、余す所無く台北に移動して後、民国七二年(一九八三)台湾商務印書館によって、これが写真版で再出版されるという驚くべき偉業が達成されたのである。その量、B5版の精装で一五〇〇冊。一〇〇〇冊を数えて一セットなどという本は気が遠くなるし、一体何処に置くというのだろうか。ところが、それが売れに売れた。『四庫全書』の全貌を手元で見ることができる、正に乾隆帝と同等ではないか。国家事業であったこの出版に故宮の経費は甚だ潤ったということだ。今でこそ、当然の如く使う『四庫全書』。当時の驚きを思えば、こうした影印出版を可能にした故宮の力は、旅の苦難に耐え、荒れ地を拓いて環境を整えた地道な、書物と人との一体化した努力の賜であると感じないわけにはいかない。

それだけではない。民国七四年(一九八五)には、摛藻堂に貯蔵されていた『四庫全書薈要《わいよう》』を世界書局が、また、影印。精装五〇〇冊。大部の影印叢書が陸続と出版されることとなった。

一方、宋元版などの善本影印も民国五九年(一九七〇)から開始された。線装原寸で、元の姿を窺える画期的な複製であった。民国六六年(一九七七)には『国立故宮博物院宋本図録』〈図70〉を公刊、六八種・七六部の宋版につき、詳細な書誌解説を附した。民国初年、傅増湘《ふぞうしょう》などの蔵書家が宋版を特に珍重して以来、ここに再び宋版は、国宝文物として横綱の地位を回復したのである。

### ◈書物と旅(一)——楊守敬・観海堂旧蔵書ほか

もうひとつ、故宮博物院に、木箱とともに旅を終えていた大きな古籍のコレクションがあった。楊守敬が蒐集した観海堂旧蔵の一万五〇〇〇余冊であった。楊氏は清末、湖北省宜都の人で、道光一九年(一八三九)に生まれ、民国四年(一九一五)に北京で逝去したが、その間、光緒六年(明治一三・一八八〇)から一〇年までの四年間、駐日公使の随員として、日本に滞在した学者である。一般には書家としての名声を第一とし、大陸では、当時、むしろ古代地理学者としての声望があったが、書誌学の分野では、日本の漢籍図書の歴史を塗り替えた蔵書家として、仰ぎ見る富士の山にも喩えられるべき人であった。その理由を一言でいえば、唐時代(平安時代)以来、一千数百年を通じて大陸から伝わった古い日本の漢籍の精品を再び大陸に持ち帰り、古書の古巣に返した〈図71〉、謂わば、洪水のように流れる古書の濁流の流れの向きを一気に逆流させた、治水の神様・禹《う》のような人だからである。

**楊氏没後の書物の運命**　しかし、書物の運命というものは数奇なものである。没後、楊氏の蔵書は、民国政府が巨額の資をもって購入、新政府にとって最も安全な場所であった、接収したばかりの宮廷・故宮内の西北に位置する寿安宮《じゅあんきゅう》に貯蔵された。奇しくも、楊氏が日本から舶載した古書は、日本軍の侵攻に推されるように、故宮文物の南遷にともなって、再び大陸を離れることとなったのである。無論、楊氏生前に大陸で分散した古書も少なくないが、とりわけ室町時代以前に日本人によって書写された古写本の類は、楊氏の最も得意とするもので、ほぼ楊氏の蒐集のまま、遺されている。楊氏のころ、やはり駐日使館の館員としてやってきた姚文棟《ようぶんとう》（一八五三〜一九二九）という人がいた。この人も大変な蔵書家で、数多の日本古写本を買い漁り、帰国した。上海近郊の書庫には日本からの舶載書が山とあったという。しかし、それも日本の爆撃によって灰燼に帰したようである。旅をすることによって命を長らえた書物。また、旅によって死出の道にはまってしまった書物。

書物が、書写出版されたその地で生涯を終えることは殆ど稀である。それは人が生地に命終えることが稀なのと一般である。書誌学を学んでいると、書物の何を研究するべきなのか、常に不安になる。書物の生涯には、その書物に書かれてある内容とは全く別の次元のドラマが付いているからである。人が書物を作り、読み、売り、買い、探し、捨て、そして憎み、愛するからである。

**沈仲濤旧蔵書**　故宮博物院には、ほかに民国六九年（一九八〇）収集の、宋・元・明の精槧本一〇〇〇冊余りを有する。これは、清朝中期、紹興の有名な蔵書家、鳴野《めいや》山房《さんぼう》・沈復粲《しんふくさん》の後人、研易《けんえき》楼《ろう》・沈仲濤《しんちゅうとう》の旧蔵書である。民国時代、清末の蔵書家の善本が散じている時、沈氏が衣食を節して買い集めた宋・元版五〇種余は、潘氏滂喜《ぼうき》斎《さい》や楊氏海源閣の旧蔵書にして天下の孤本を含んでいた。民国三八年（一九四九）、沈氏は楊守敬の蔵書と同様、自ら蔵書を台湾に運んだ。その後ひっそりと秘蔵して三〇年。ある日、故宮に忽然と連絡があり、蔵書を寄贈したいと。故宮の呉《ご》哲夫《てつぷ》氏は書斎を訪ねて仰天した。そして、沈氏はこの愛書を門前に涙して見送り、程なく生を終えたという。その後、故宮では『沈氏研易楼善本図録』（民国七五年・一九八六）を編纂上梓した。私は一九九〇年、本書を、記念に、上海の潘景鄭《はんけいてい》先生に持贈した。先生は潘氏滂喜斎の後人であり、自家の秘本の行方を知り、驚き、何か遠くを見つめていたのが印象的であった。

**陳澄中旧蔵書**　二〇〇三年、カリフォルニア大学バークレイ校東方図書館に段ボールで古書が送られてきた。見て欲しいというのか、寄贈したいというのか。当局は中国の専門家に鑑定を依頼したところ、送り主は民国時代の著名な蔵書家・陳澄中《ちんちょうちゅう》の後人であった。見れば、孤本の宋版がごっそりとあった。陳氏は蘇州の人で、一八九四年生まれ。バークレイに留学後、帰国して銀行家となり、民国期、天津の周叔弢《しゅうしゅくとう》（一八九一〜一九八四）と並ぶ、南陳北周の称を得た宋元版・明清鈔校本五〇〇部を誇る大蔵書家であった。沈氏と同じ一九四九年香港に移住。その後一九六七年に米国にわたり、一九七八年、カリフォルニアで病逝した。陳氏の宋版は超級品で、中国政府が数次、買い戻しに奔走した。文革の不穏な時、周恩来《しゅうおんらい》が秘密裏に宋版『荀子』〈図72〉や宋拓『蜀石経』の購入に努力、該書が香港から到着した際、自ら駅ホームに出迎え、開巻したという。送られて来た段ボールは一括、無事中国政府が購入した。古書は世界を跨いで旅をするが、その旅は感動に満ちている。

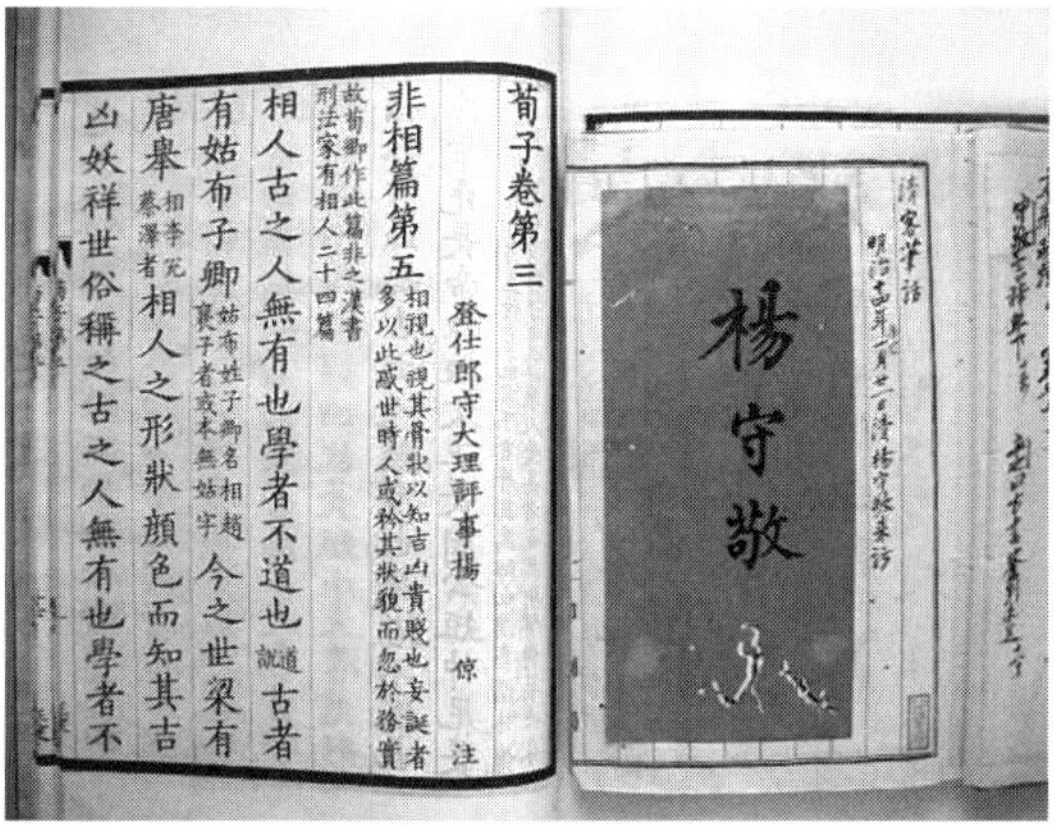

荀子巻第三
登仕郎守大理評事揚 倞 注
非相篇第五 相視其骨狀以知吉凶貴賤也妄誕者多以此惑世時人或矜其狀貌而忽於務實故荀卿作此篇非之漢書刑法家有相人二十四篇
相人古之人無有也學者不道也 道說 古者有姑布子卿 姑布姓子卿名相趙襄子者或本無姑字 今之世梁有唐舉 相李兌蔡澤者 相人之形狀顏色而知其吉凶妖祥世俗稱之古之人無有也學者不



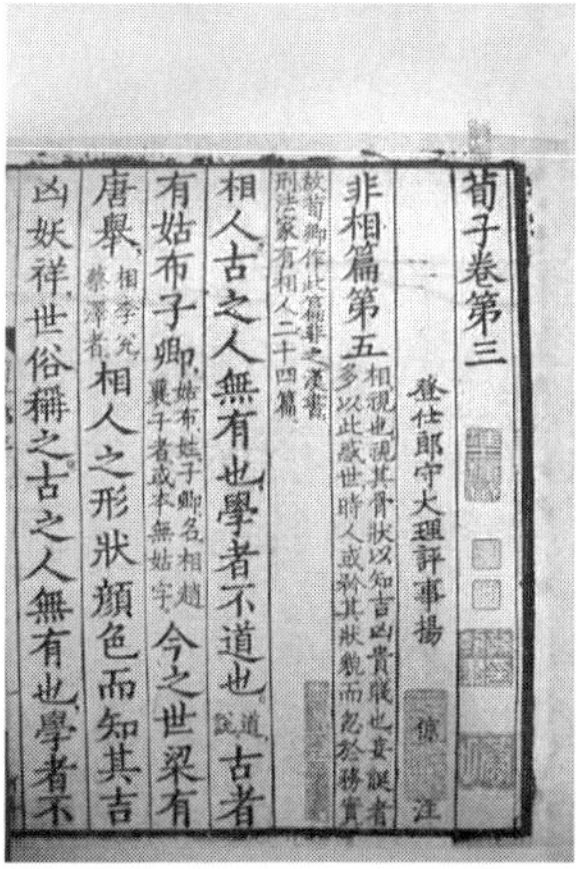

荀子巻第三
登仕郎守大理評事揚 倞 注
非相篇第五 相視也視其骨狀以知吉凶貴賤也妄誕者多以此惑世時人或矜其狀貌而忽於務實故荀卿作此篇非之漢書刑法家有相人二十四篇
相人古之人無有也學者不道也 道說 古者有姑布子卿 姑布姓子卿名相趙襄子者或本無姑字 今之世梁有唐舉 相李兌蔡澤者 相人之形狀顏色而知其吉凶妖祥世俗稱之古之人無有也學者不

(上)図71…楊守敬来日後、宋版『荀子』を得て覆刻したもの。『古逸叢書』の一。右は名刺。

(下)図72…陳澄中旧蔵の宋版『荀子』。楊氏本と同じ台州本と言われるが、同版ではない。

## ◈書物と旅（二）――瞿鏞・鉄琴銅剣楼旧蔵書

上海からバスで二時間ほど、といってもこれは二〇年前のこと、今は高速道路で短縮されているであろうが、江蘇省の常熟市がある。古代、周の太王古公亶父《たいおうここうだんぽ》の次子・仲雍《ちゅうよう》が、弟季歴《きれき》の子・昌《しょう》（後の文王《ぶんのう》）に位を譲るため、兄太伯《たいはく》とともに身をやつして、「文身断髪」この地に逃れ、没したという、その墓があるところで、また、孔子《こうし》の弟子・子游《しゆう》（言偃《げんえん》）もこの地の人でその墓がある。『文選』の梁・昭明太子《しょうめいたいし》が読書をしたという読書台もここにある。古来、文化の匂いが漂う緑多い町である。明清には瞿式耜《くしきりょ》や翁同龢《おうどうわ》といった政治家を輩出したが、何と言っても明末清初の、毛晋《もうしん》（一五九九～一六五九）・銭謙益《せんけんえき》（一五八二～一六六四）・銭曾《せんそう》に代表される蔵書家の故郷として江南第一を誇る。その蔵書楼、汲古閣《きゅうこかく》・絳雲楼《こううんろう》・述古堂《じゅつこどう》は中国蔵書史の横綱といえるだろう。清代には葉石君《しょうせきくん》・陳揆《ちんき》・張金吾《ちょうきんご》・黄廷鑑《こうていかん》・張蓉鏡《ちょうようきょう》・顧湘《こしょう》、など枚挙に暇がないほどの蔵書家を生んだ。明清の刊本や鈔本の鑑定には、常熟の蔵書家についての知識は欠かせない、といわれる所以なのである。そして、その常熟蔵書文化の最後を締めくくったのが、瞿氏家世の蔵書を大成した瞿鏞《くよう》（一七九四～一八七五）であった。瞿氏の蔵書楼はもと、恬裕斎《てんゆうさい》と称したが、光緒帝《こうしょてい》の諱・載湉《さいてん》を避け、鉄琴銅剣楼《てつきんどうけんろう》と名乗った〈図73〉。宋・金・元の精槧本《せいさんぼん》二百数十種は、当時、聊城の楊氏・湖州の陸氏と並ぶ、天下に甲たるものであった。常熟市内から一〇キロほどの距離であろうか。古里という鎮がある。その、二〇年前、私は市内でモーターバイクを雇い、運転手に鉄琴銅剣楼へ、と頼むと、彼はすぐにその方向に向かった。本当に知っているのだろうか。不安になったが、着いたのは、鉄琴銅剣飯店という食堂であった。いや、蔵書楼だ、と言っても笑っているだけなので、二〇元を渡して自力で捜すことにした。以前、「書物は人を呼ぶ」と書いたことがあったが、橋のたもとで川魚を売っている男性に聞くと、ついてこいと言う。尋ねた第一人にして大当たりで、この人が蔵書楼の管理人だったのである。鍵を開けて中を見せていただくが、荒れ果てた狭い敷地に過去の遺物がころがっていた。勿論、古籍は解放後、順次北京図書館(現中国国家図書館)などに寄贈されているから、ここには一冊も無い。しかし、かつての、日本軍による蹂躙と文革の傷跡がそのまま残っているかのようであった。現在は整備されているが、全盛期の書香を味わうことはかなわないであろう。

図73…鉄琴銅剣楼の遺跡

図74…瞿氏・沈氏旧蔵の孤本、宋刊『尚書』

**瞿氏蔵宋刊『尚書』**　瞿鏞が編纂した蔵書目録『鉄琴銅剣楼蔵書目録』は、孫の啓甲《けいこう》（一八七三〜一九四〇）が編纂した『鉄琴銅剣楼書影』とともに書誌学が永久に必要とする不滅の業績である。ここに著録される宋版は、天下に一本の孤本が多く、北京図書館の宝蔵の、かなりの部分を占めるほど重厚である。しかし、転々とした移送や戦乱、様々な原因によって行方不明となったものも少なくない。そのひとつ、「巻二・経部二・書類」の第一に挙げられる『婺《ぶ》本点校重言重意互注尚書一三巻』〈図74〉は、宋刊本の孤本。「婺」は浙江省の金華あたりを指し、婺州本をもとに、重言重意互注、つまり、同じ表現や用語が出てきた場合、参照するべき箇所を注釈として加え、読みやすく教科書のように編集したテキストであり、宋代、図入りの纂図互注本とともに流行した、福建省を主な出版地とする当時の通行本である。本書もそうであるが、持ち歩き便利な小本《こぼん》で、巾箱本《きんそうぼん》といわれるものである。

**一〇〇年をかけた旅**　ほぼ一〇〇年の歳月を空白として、二〇〇三年の秋、突然、北京の市場に本書が現れ、斯界に驚きを与えた。六冊の、美しい黄金色の竹紙に印刷された宋本は美事に金鑲玉装に改装され、鉄琴銅剣楼の、また美しい蔵印が捺されている。奥ゆかしい桐の箱に収められ、巾箱本というに相応しい。一体どこに旅をしていたのであろうか。そこには「山陰沈／仲濤珍／蔵秘籍」の印記があった。すなわち、長く、前述（一一二ページ）の研易楼・沈仲濤のもとにあり、更に何処か海外に渡り、再び大陸に舞い戻ったのであった。沈氏が故宮に寄贈したものには含まれていなかったのである。しかし、公開市場であるから、この先の行方も知る由がなかった。

二〇〇六年、私は台北の故宮で楊守敬が持ち帰った日本の古鈔本を閲覧しているとき、故宮の呉哲夫氏が学生に宋版を講義されているのに遭遇し、黄金色の巾箱本を紹介しているのが目に入った。確かに見覚えがあった。まごうことなき、かの、鉄琴銅剣楼の旧物、研易楼の愛蔵本、宋刊『尚書』であった。驚きの余り、震える手で感触を確かめさせていただいた。呉氏の尽力で、故宮は大枚を出してこれを購入したのだという。沈氏の意は叶った。瞿氏も意を得たことであろう。かくして、宋刊『尚書』の旅は終わった。

## ◈書物と旅(三)——日本に流伝した『論語』『尚書』

書物は旅をすることによって、一層その価値を増すものであることは、こうしたいくつかの事例でお解りであろう。しかし、書物の旅の足跡は必ずしも全てが明らかであるとは限らない。いや、むしろ殆どが明かされていないといっても過言ではないだろう。書物にとっても、忘れられてしまった過去の旅をもう一度復元してゆくことが、最も有り難いと感じているのではないだろうか。

**北京大学蔵宋版『論語』** 北京大学に所蔵される『監本纂図重言重意互註論語』〈図75〉は見事な宋刊本でしかも孤本である。前節で述べた『尚書』と同様、読みやすさと手軽さを追求した宋代の通行本である。これは『尚書』に比べ、遙かに刷りが良く、上乗の初刷り本である。古い時代の初印本というのは、ちょっと注意を要する。出版して間もなく然るべき処にもたらされたものだからだ。然るべき処とは、書物を大切にする処である。

『論語』は古来より、様々な注釈書が現れたが、魏・何晏《かあん》（一九〇～二四九）の「集解」、梁・皇侃《おうがん》（四八八～五四五）の「義疏」、宋・邢昺《けいへい》（九三二～一〇〇三）の「疏」、宋・朱熹《しゅき》（一一三〇～一二〇〇）の「集注」が主なもので、それぞれが特長ある内容をもって『論語』を伝えている。宋代、福建省を中心とした出版家はこうした権威あるテキストを有効に吸収し、編集し、図や表を加え、読音を誤らぬように多く音注を添えて、かさばらぬような本を仕立てた。天香書院《てんこうしょいん》と出版所を名乗った劉氏もその一人で、恐らく、南宋の中期頃福建に学塾を構えた人であろう。その人の元で本書は誕生した。切れのある一画を忽せにしない伸び伸びとした右上がりの字様は、宋代の福建刊本を代表するかのようで、本全体の大きさは中型であるが、その割に字が大きく威風堂々としている。

本書は誕生後、程なくして渡海、来日した。鎌倉時代の前期、入宋帰朝の学僧や日宋貿易の船来で、博士家などの公卿、学僧、一部の武家に書物は集中していた。金沢文庫の北条実時《ほうじょうさねとき》（一二二四～七六）などが、宋版を蒐集している頃である。この『論語』は、学僧の手に帰したのであろう。寺院は書物を大切にする然るべき処だからである（二〇二ページをも参照）。

本書、小字の注文に朱の点が加筆されているのは、古い日本の学僧の手であろう。中国では明代の中期以降、宋版が貴重視されるようになると、宋版に手批を加えることは稀になった。書物への書き入れは一見して中国か日本か、識別できるものである。本書は、室町時代・江戸時代を経て数百年、じっと何処かの蔵に身を潜め、明治一三年（一八八〇）楊守敬の来日により発見、高額を以て購入され、再び故郷へ帰ることとなった。大陸では譲って欲しいと引く手数多であった。結局、蔵書家、李盛鐸《りせいたく》（一八五九〜一九三四）のもとに帰し、北京大学に身を定めた。袁世凱《えんせいがい》の二子、袁克文《えんこくぶん》（一八九〇〜一九三一）や周叔弢といった著名な蔵書家の手も経た。久しぶりの故郷では寵愛を受けたのである。しかし、依然として評価の重点はその出生と美貌にあった。中世期日本の学僧による本書への執着は近代中国の蔵書家の関心事ではなかった。けれども、本書は、自らが身につけた価値の底力が、実は異国の旅程で培ったものであること、すなわち、日本の学僧が大切にした読書の跡こそが本書の大きな価値を占めることを知って欲しいのではないだ

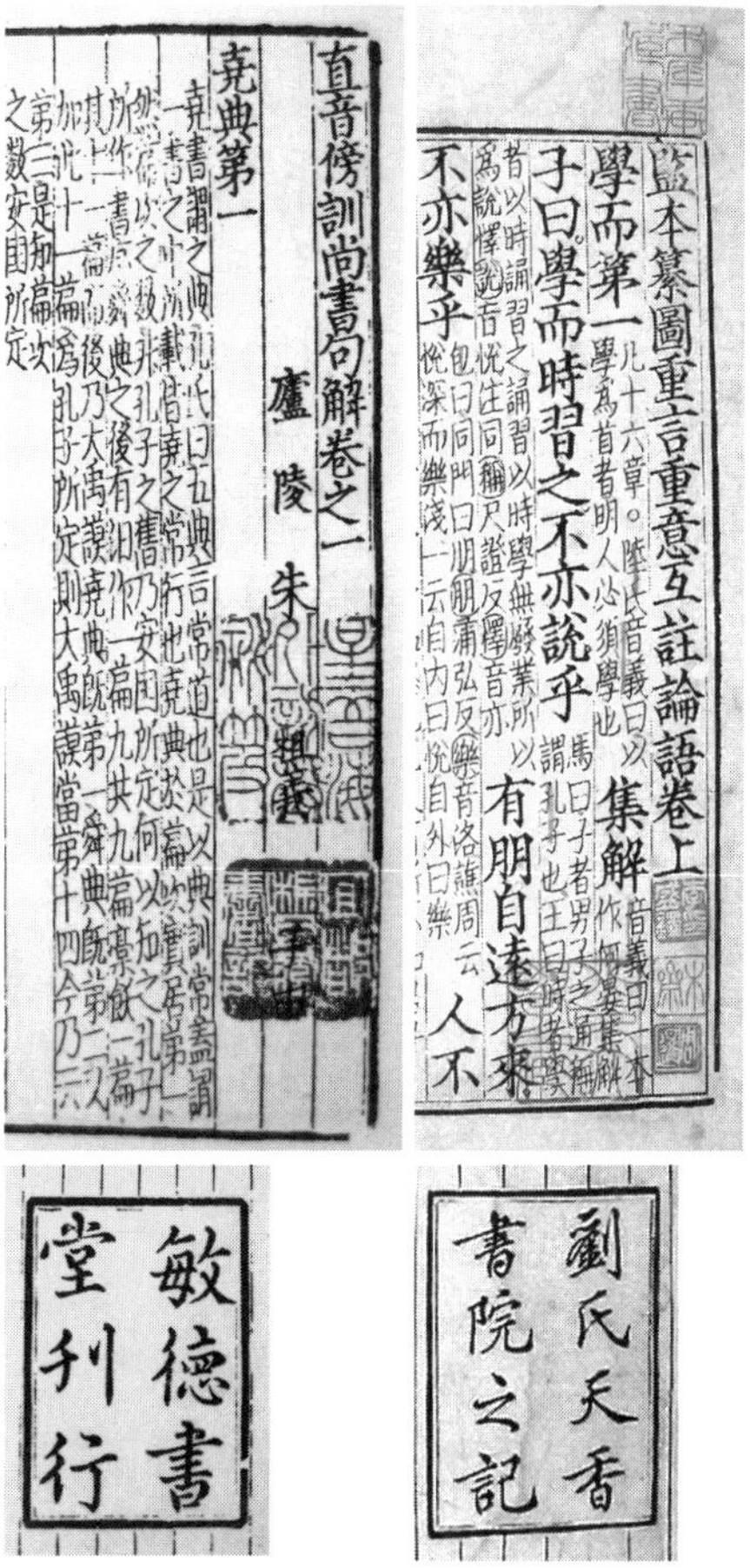


図75…『論語』（右）・『尚書』（左）の首と刊記。字様に注意。『論語』は小字の注文に日本中世の学僧の書き入れ（朱点）がある。

ろうか。そこにちょっと注意するのが書誌学のつとめなのである。

**北京図書館蔵元刊『尚書』** 他にもある。『直音傍訓尚書句解』〈図75〉と題する元刊本がある。元代にもこの種の簡便な経書注解書の類似書が頻出した。すなわち、「附音傍訓」・「魁本大字詳音句解」「詳音句読明本」などと冠する『五経』や『論語』が現存しているのである。伝本は少なく、貴重な民間出版資料である。この『尚書』も、元の中後期頃、福建の敏徳書堂《びんとくしょどう》という書肆で誕生し、南北朝から室町時代の前期に渡海、来日した。室町の勤勉な禅僧か公卿かによる誠実な訓読や朱のヲコト点の書き入れが全冊に満ちている。当時の日本の学人には得難い唐本《とうほん》（中国刊本）であったろう。これも数百年、然るべき処に隠れ、幕末、書誌学者の小林辰《こばやししん》が発見、清の権威ある叢書『通志堂経解』に収載された『尚書句解』の欠字を補いうることを論証した。

小林と交誼があった楊守敬は、また大金を以て購入、本書は再び故地へ戻ったのである。「星吾海外訪得秘笈」（星吾は楊氏の字）の印記が重くこの来歴を語りかける。この室町期訓読書き入れは、本書の価値を元刊本以上に引き上げている。後に本書は楊氏の手を離れ、転々、北京図書館（現中国国家図書館）に居を定めた。幸い、今次の「中華再造善本」はこの足跡（訓点）をも鮮明に再現しているので、真の価値を伝えている。かくて楊氏が持ち帰ったものは、大陸にも数多く散在することは意外に知られていない。

書物は必ず旅をする。紙面の奥深くには大きな価値を有する経歴が幾重にも折り重なっているのである。

# 二――書物の誕生

## ◈「書」の誕生と「本」の誕生

旅をする書物はどのようにして誕生するのだろうか。書物が誕生するのには様々な要因と過程がある。とりわけ、書誌学においては、この「誕生」には二つの意味が含まれる。つまり、書物には二種類の誕生があるのである。それは、「書」の誕生と「本」の誕生である。「書」は著者の原稿が整い浄書や上梓によって成立する書物の第一次誕生である。それに対して「本」は、その「書」が、書写や印刷を繰り返して、派生するテキストを意味し、いわば書物の第二次誕生である。中国では、書目著録の際に、清康熙刊本(刻本)というように必ず「本」を添える。それは、その「書」が他の時代ではなく康熙年間に誕生したテキストであることを示したもので、その意味では、第一次誕生の「書」も原稿が残っていれば「稿本」と著録して「本」を添え、最も早いテキストの一つであることを強調するのである。とはいえ、中国の古典籍で原稿が遺る例は極めて稀で、宋の司馬光《しばこう》の『資治通鑑』残稿一巻(中国国家図書館蔵)などは古い実例である。それでも、著者自筆の原稿であると断定することには慎重で、こうした類の原稿は「稿本」として括る。そして、各種の根拠から完全に著者稿と判断できるものは「手稿本」と称してはっきり区別する。従ってよほど時代の降る人の書物でなければ、手稿と名乗ることは躊躇されるのである。

**稿本と抄本・刊本**　稿本が、今度は蔵書家などによって、行格罫線のみを印刷した自家用の用箋に写し取られるようになると、これらを抄本と呼ぶようになる。明・清時代に流行したこの抄本の形式は、罫線の色によって藍格・紅格・黒格・緑格抄本と呼ばれ、范欽《はんきん》（一五〇六～八五）の天一《てんいつ》閣《かく》藍格抄本や『四庫全書』に多大の貢献をなした鮑廷博《ほうていはく》（一七二八～一八一四）の知不足斎《ちふそくさい》黒格抄本など、有名・無名枚挙に暇がないほど種類が多い。無論、罫線の無い抄本も数多現存する。

一方、印刷によるテキストの誕生も宋代以来、連綿と続くのであるが、初版が上梓されてから、瓜二つの分身である覆刻本《ふっこくぼん》、やや粗い複製である翻刻本が誕生し、更にこの刊本を元にして抄本が生まれることもある。活字を組めば排印本と称し、近代に流行した鉛活字による印刷本を鉛印本と特に称し、読みやすく点を区切るテキストを標点本といい、今、最も身近なテキストとして重宝される。

こうして様々な呼称を持つ「本」が誕生して「書」は生命を保ってきた。しかし、書本の誕生は並々ならぬ背景に支えられていることを忘れてはならない。そこには、貴重本・普通本の枠を超えた価値観が存在する。

**焦氏『孟子正義』家刻本**　清の焦循《しょうじゅん》（一七六三～一八二〇）は、江蘇省江都県の人で清朝考証学の乾隆嘉慶時代を代表する学者で、『周易』・『孟子』に一家をなした。特に後漢の趙岐《ちょうき》が注する『趙注孟子』を解説した著書は、最も優れた論文として世に貴ばれた。病を身に負い、門を閉ざして典籍に研鑽、嘉慶二三年（一八一八）、その名著『孟子正義』を起稿、翌年七月に完成、一八二〇年卒年の春、改稿して手稿本を作成するも間に合わず、その七月二七日に長逝した。残りの清書を子に託したが、その子もまた病に倒れた。見かねた焦循の弟、徴《ちょう》がその清書の業を継ぎ、「更深人静、風雨凄凄、寒柝争鳴、一燈如豆、憶及兄姪、涕泗交横、廃書待旦、非復人境矣」（夜ふけの燈下、雨・風や拍子木の音を聞きながら清書を続けるが、つい兄やその子を憶い出すと涙が止まらず朝をむかえてしまう）と感慨を述べ、家人と相談して衣食の半ばを削り、蓄えを揃え、道光三年（一八二三）、準備を整え、道光五年（一八二五）版刻を終えた〈図76〉。これだけの苦節を踏んでこの「書」は誕生し

必竭力勉爲不敢少怠也至於著書之義末一卷已
詳盡言之茲第述所以刻書之始末云爾道光五年
乙酉中秋日弟徵謹識

心稍慰泉壤也徵按是書難免錯誤有能檢出者乞
即詳指郵寄以便改正受惠多矣先兄稿本每一篇
末自記課程如注易時書之成僅八閱月耳徵爲謄
校又有族孫授齡相助曠日彌久以至於今先兄下
世已六易寒暑矣遷延之咎實所難辭其他二百餘
卷急思盡刻所需約數千金非蓄積二十年又無他
故不能完全徵雖未老衰病日增恐難目覩其成然
必竭力勉爲不敢少怠也至於著書之義末一卷已
詳盡言之茲第述所以刻書之始末云爾道光五年
乙酉中秋日弟徵謹識

図76…書の誕生――『孟子正義』、道光刊本

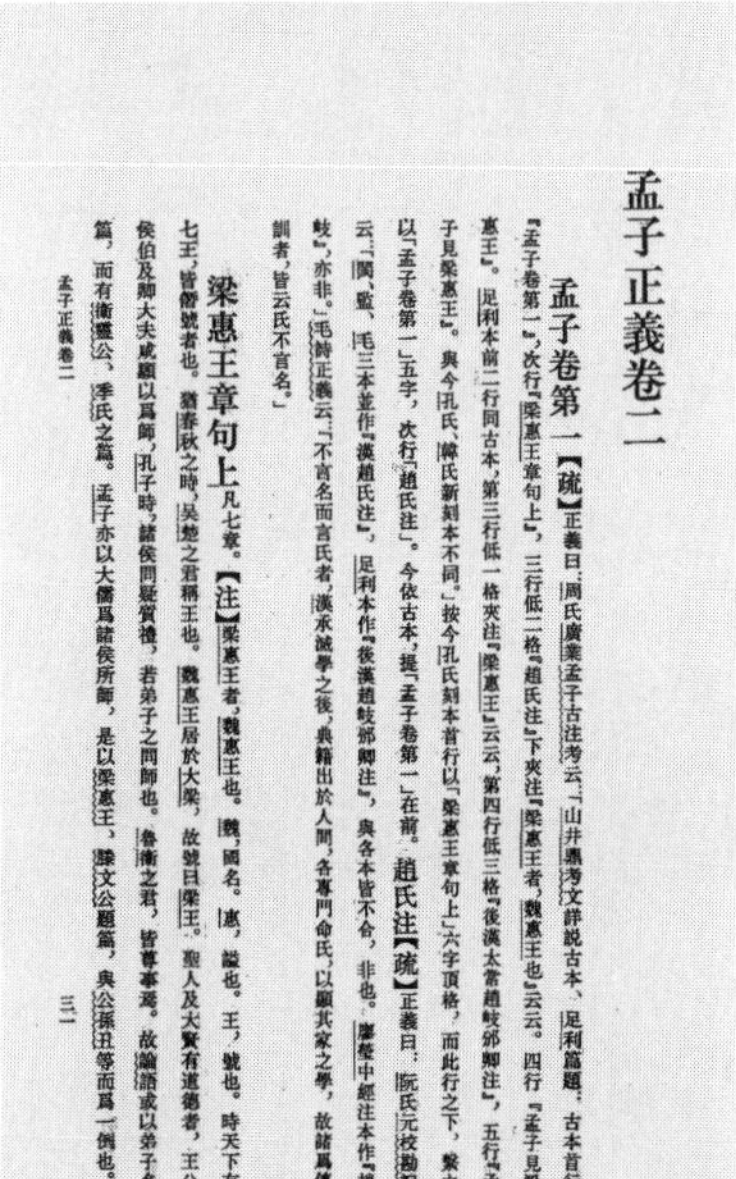
孟子正義卷二

孟子卷第一【疏】正義曰：周氏廣業孟子古注考云：「山井鼎考文詳說古本、足利篇題，古本首行『孟子卷第一』，次行『梁惠王章句上』，三行低二格『趙氏注』下夾注『梁惠王者，魏惠王也』云云。四行『孟子見梁惠王』。足利本前二行同古本，第三行低一格夾注『梁惠王』云云，第四行低三格『後漢太常趙岐邠卿注』，五行『孟子見梁惠王』。與今孔氏、韓氏新刻本不同。」按今孔氏刻本首行以「梁惠王章句上」六字頂格，而此行之下，繫之以「孟子卷第一」五字，次行「趙氏注」。今依古本，提「孟子卷第一」在前。趙氏注【疏】正義曰：阮氏元校勘記云：「閩、監、毛三本並作『漢趙氏注』，足利本作『後漢趙岐邠卿注』，與各本皆不合，非也。廖瑩中經注本作『趙岐』，亦非。」毛詩正義云：「不言名而言氏者，漢承滅學之後，典籍出於人間，各專門命氏，以顯其家之學，故諸爲傳訓者，皆云氏不言名。」

梁惠王章句上凡七章。【注】梁惠王者，魏惠王也。魏，國名。惠，謚也。王，號也。時天下有七王，皆僭號者也。猶春秋之時，吳楚之君稱王也。魏惠王居於大梁，故號曰梁王。聖人及大賢有道德者，王公侯伯及卿大夫咸願以爲師，孔子時，諸侯問疑質禮，若弟子之問師也。魯衛之君，皆尊事焉。故論語或以弟子名篇，而有衛靈公、季氏之篇。孟子亦以大儒爲諸侯所師，是以梁惠王、滕文公題篇，與公孫丑等而爲一例也。

孟子正義卷二　三一

図77…本の誕生――新式標点本『孟子正義』

たのであった。

焦家で出したこの家刻本は学者に歓迎された。その後、当時の学者の論文を精選した阮元《げんげん》（一七六四～一八四九）の『皇清経解』に収載され、「本」は流布の一途を辿った。この書は考証学者の高い評価を得て、日本でも幕末の儒者安井息軒《やすいそつけん》（一七九九～一八七六）がいち早く取り入れている。

この「本」は、多くの読者を得る為に、句読点を添えて、鉛印本として民国時代に世界書局から誕生し、その頃、新式の句読点や傍線を具えて校訂する校訂本（標点本）の企画が起こり、一九四〇年代、顧頡剛《こけつごう》の指導下、重慶の国立編訳館で儒家経典の大規模な校点整理が始まると、この『孟子正義』はその「経蔵」の一部として標点本が作られることとなった。任に当たったのが沈文倬《しんぶんしやく》であった。新式の標点は校勘・校点・分段・分章・提要、と所謂古籍整理の総体を実践する困難な工作であった。三二歳でこの業を終えた沈氏の気概は焦徴の憶いを慰めて余りがあったが、解放後、この大プロジェクトは御破算となった。

それから四〇年の歳月を数え、その稿本は顧頡剛の家に発見され、一九八七年中華書局から出版されたのであった〈図77〉。沈氏がその年月を強調しておられる姿は今も忘れることができない。かれこれ、「書」・「本」の誕生は一筋縄ではいかない背景を持っている。

### ◈書物と著者

書物が誕生するに際しては、著者がその生みの親であり、著者の無い書物は存在しない。ところが、この著者と書物の関係は、中国の古典籍にあっては非常に複雑である。書誌学が最も注意しなければならない要点の一つが、著者の問題なのである。

著者によって書かれた書物は弟子や子孫の手で編纂・改編されることがある。その後、校正を行う校字者、原稿を浄書する書写者、出版に際して版下を作る写字生など様々な人が絡んでくる。そうすると、改編者が著者になってしまうこともある。多種に亙る作品を集め編纂する叢書などはその例で、最も中国的な書物観を体現している。

**著者と注釈者**　更に、古典には注釈を付けるのが中国の伝統で、そうすると今度は注釈者が著者となる。前節で紹介した焦循の『孟子正義』は古代の思想家孟子《もうし》の著作に後漢の趙岐が注釈を付け、重ねて清の焦循が注釈を付けたものである。これを、宋代の代表的な書目である陳振孫《ちんしんそん》（一一八三〜一二六一？）『直斎書録解題』は、孟子の原著を『孟子十四巻　孟軻《もうか》撰』として、趙岐の注本を『孟子章句十四巻　後漢趙岐撰』と著録し、著者の区別をしている。そして、『中国古籍善本書目』では孟子でも趙岐でもなく『孟子正義三十巻　清焦循撰』と著録し、最早、今我々が読む孟子のテキストは焦循の著作ということになるのである。同じように、宋の朱熹が注釈した『孟子集注』は、『孟子十四巻　宋朱熹集注』と著録され、これは朱熹の著作ということになるのである。かように注釈を重んじる中国にあっては注釈者が原著者を凌駕する勢いで、著作権などというものがとやかくされないのもこうした伝統あってのことであろう。

**仮託という文化**　それから、仮託ということも中国書物の誕生の特徴的な事柄である。焦循と同じ書名の『孟子正義十四巻』に宋の孫奭《そんせき》が著したものがある。孫奭は龍図閣学士侍読で、学名高き人であった。そこで、福建省の邵武という地の学者が『孟子』に注釈を為し、孫奭の名を借り流布したものが本書であるといわれている。従って、『四庫全書総目』や『中国古籍善本書目』は、『孟子正義十四巻』の著者を「旧本題宋孫奭撰」また「題宋孫奭撰」と著録して仮託であることを明記している。そもそも仮託にどんな意味があったのかは分からぬが、著作を為す営為そのものに読書人の意気があったのであり、彼らは身を立て名を挙げることが本旨では無かったのであろう。書誌学はそうした人々の志を充分に汲み取らねばならない。後世、中国でも著作をめぐる争いや不祥事が絶えないが、それは伝統的な仮託の文化とは無縁なものである。

楊守敬が日本の書誌学者森立之《もりたつゆき》（一八〇七～八五）から得た善本の書影集を補充整備して『留真譜』という書物にまとめたのなども、書物への貢献であって、功名のための仕業でないことは、中国の書物文化を理解すれば、当然のことと思えるのである。

**蔵書目録の代撰者**　一体、中国には、著作に関わっても自らの名を出さない美学が存在するようである。私がそのことを知ったのは、『鉄琴銅剣楼蔵書目録』〈図78〉についてであった。蔵書主、瞿鏞が編纂したといわれるこの重要な目録であるが、上海図書館に部分的な原稿が所蔵されていた。枡目のある原稿箋に丁寧に書写された原稿には「清季錫疇《きしやくちゆう》撰」と書かれてあった。季錫疇は一七九一年生一八六二年没の江蘇省大倉の人。晩年、常熟の瞿氏の家に住み、蔵書目録を作成した。校勘の内容は実に精博で解題目録の範を為した。結局、『鉄琴銅剣楼蔵書目録』はこの人の著作ではないのかと考え、上海の老先生に伺ったところ、「瞿鏞撰」と題して自らの名を出さないのが彼らの学問であったと教えられた。書誌学を志した頃の私には驚きであった。しかし、その後、南京図書館にある丁丙《ていへい》の八千巻楼《はっせんがんろう》の蔵書志『善本書室蔵書志』〈図78〉も杭州の孫峻《そんしゅん》が代撰し、「丁丙撰」として出版していることを知った。それは丁丙蔵書の各書に孫峻が認めた解題の原稿箋が挿まれていることから知られるのである。張之洞《ちょうしどう》の有名な初学者のための参考書目『書目答問』も書誌学者繆荃孫《びゅうせんそん》（一八五四〜一九一九）の代撰であることも知らされた。

恐らくこうした例は枚挙に暇がないくらい存在するのであろう。大学者や大政治家の名は文化を代表する代名詞のようなもので、その名のもと読書人が著作を為し、名を著すこともなく永久

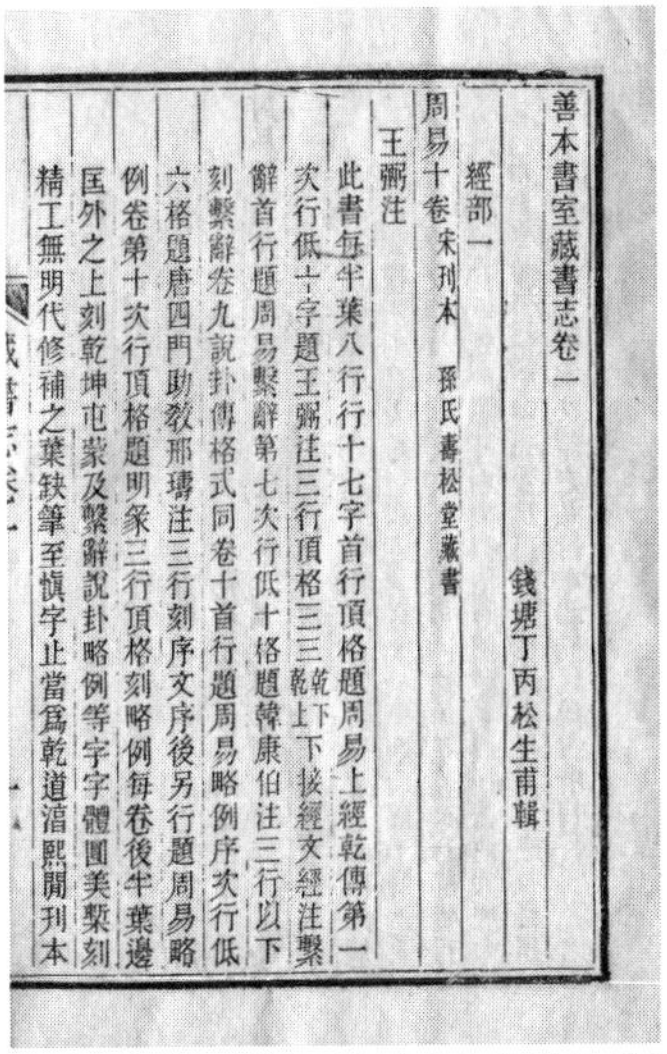
善本書室藏書志卷一　錢塘丁丙松生甫輯
經部一
周易十卷 宋刊本　孫氏壽松堂藏書
王弼注
此書每半葉八行行十七字首行頂格題周易上經乾傳第一次行低十字題王弼注三行頂格三三乾下乾上下接經文經注繫辭首行題周易繫辭第七次行低十格題韓康伯注三行以下刻繫辭卷九說卦傳格式同卷十首行題周易略例序次行低六格題唐四門助教邢璹注三行刻序文序後另行題周易略例卷第十次行頂格題明彖三行頂格刻略例每卷後半葉邊匡外之上刻乾坤屯蒙及繫辭說卦略例等字字體圓美槧刻精工無明代修補之葉鉄筆至慎字止當爲乾道淳熙開刊本

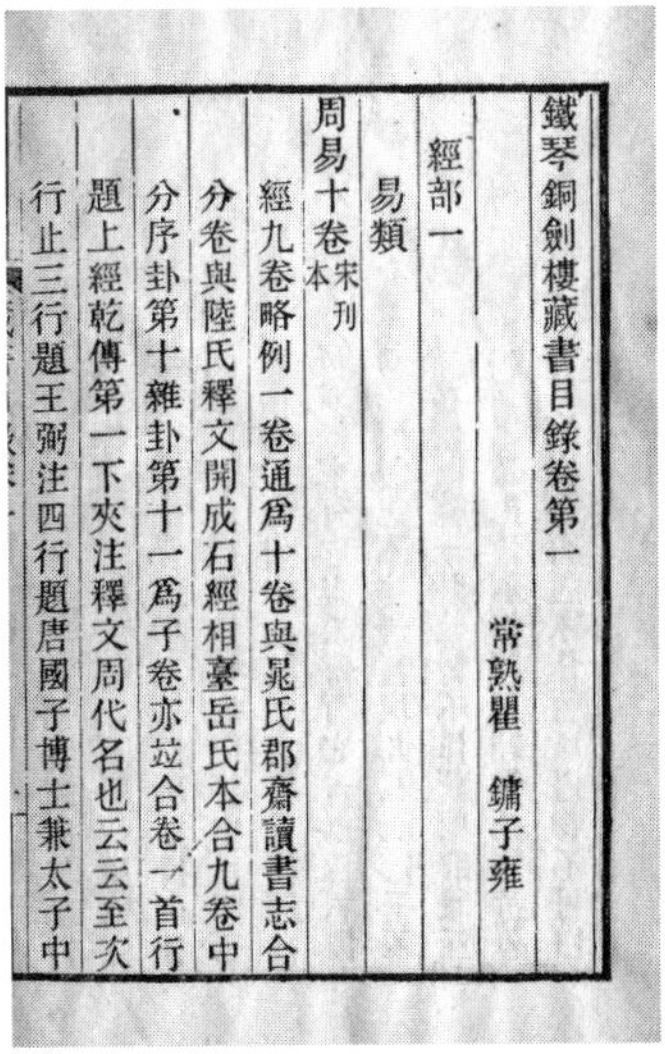
鐵琴銅劍樓藏書目錄卷第一　常熟瞿　鏞子雍
經部一
易類
周易十卷 宋刊本
經九卷略例一卷通爲十卷與晁氏郡齋讀書志合分卷與陸氏釋文開成石經相臺岳氏本合九卷中分序卦第十雜卦第十一爲子卷亦竝合卷一首行題上經乾傳第一下夾注釋文周代名也云云至次行止三行題王弼注四行題唐國子博士兼太子中

図78…『善本書室蔵書志』(上)・『鉄琴銅剣楼蔵書目録』(下)。丁丙・瞿鏞撰とある目録も代撰者がいた

にその学術価値を持ち続けることは、中国の書物文化ならではのことに違いない。日々汲々としている自分にとっては身の引き締まる思いがする。

書誌学は、著者や編者を書物の生みの親として見るだけでなく、その背後に労を積んだ多くの魂に思いを馳せなければならない。

## ◈書物と序文・題跋

さて、書物ができていよいよ上梓、世に現れようとすると、作者・編者・出版人らは、著名人や友人に序文をお願いする。書物に序文はつきものであって、序文は書物の前に付いているものという通念がある。しかし、中国古籍の世界では所謂序文も、また、書物の後ろに付いているという通念のある跋文も、後世、蔵書家や学人が書物に遊び紙を挿入してそこに自筆で識語や題跋や感得語を認めたものや、更に後の時代にその蔵書家や学人の手跋を写し取って移録したものも含めて、全て、同一線上にある序文の範疇とされるものである。従って、序文の類は必ずしも書物に付されている必要はない。題・題詞・題端・引・書後・縁起、様々な名称をもって序文は書かれ、書物に付されるよりは、序文の作者の個人文集に収められて伝わることの方が一般的である。出版文化が爛熟すると、序を冠する風習が定着し、より地位の高い人の序をもって善しとすることが流行となり、学者は、自らの序を巻頭に置くことに躊躇を覚え、謙虚にそれを控えて跋文を書後に付するをもって善しとする習わしとなった。書物の著者による自序も、本来、末尾に付されていたものであるが、後の本屋が見やすいように前に綴じ直すのであった。

**序文の伝統と変遷**　序はそもそも漢代の目録学家・劉　向《りゅうきょう》の『七略』という最古の目録に確立した、書物の学統・流伝次第をまとめた小文に始まる、中国目録学の最も伝統ある解説形態である。一書の内容だけではなく、その書の学術の源流を辿る、困難な作文である。「目」に対する「録」を指すものであったが、次第にその意義が失われ、時には抽象的な、時には卑近な些事に終始するものも序と称するようになったのである。ただ、書誌学ではその卑近な些事が、書物の成立や出版事情、作者の交友関係などを探る貴重な資料として重宝し、第Ⅰ部でも述べたことがあるが（四六ページ参照）、序文の年号をもって成立・出版の年月に当てることがしばしばあるくらいである。悪知恵を持つ書賈には、それを逆手にとり、序文を削り取り出版年月を偽る輩も現れる。宋版の『広韻』を康熙年間、精巧に覆刻したものに張士俊《ちょうししゅん》の澤存堂本があり、その張氏の康熙年間の序を除き、宋版と偽って売らんとした例もあり、こうした仕業を見ることは少なくない。

**『十三経注疏』の九人の序文**　序はまた、政治ともからんで書物の生涯を左右することもある。第Ⅰ部にも挙げた有名な明末毛晋の汲古閣で出版した『十三経注疏』（七二ページ参照）には銭謙益ほか、張国維《ちょうこくい》・張　鳳翮《ちょうほうかく》・任濬《じんえい》・盧世漼《ろせいかく》・陳函輝《ちんかんき》・蔣　文運《しょうぶんうん》・凌義渠《りょうぎきょ》〈図79〉・張　能鱗《ちょうのうりん》の九人が、崇禎一二年（一六三九）から一四年頃にかけて友人毛晋のために序を寄せた。目の醒めるような美しい現存の初印本には、このうちの八人乃至七人の序が入れ替わりに付されている。小石山房叢書の『汲古閣校刻書目』には、「十三経注疏共一万一千八百四十六葉外総序九篇約八十余葉」とあるから、九序揃いのものがあったのであろう。ところが、清朝の初期になって印刷された後刷り本は、次第にその序を減じて、五序、三序となって、銭謙益序のみを残し、遂に無序となってしまう。この頃には版木も相当痛み、補刻を加えること頻繁である。そして、乾隆期ころには版木が蘇州の席氏に渡り、嘉慶年間、覆刻されてもとの版木は亡んでいった。書物は長く命を保ったが、王朝の変化とともに前時代の序文が消えて行く例である。つまり、その過程が書物の生涯と重なるのであって、逆に、序の数によって、早印・後印の印刷の順序を定めることができるのである。

序は書物のいわば顔であるから、序を失った書物は魂の抜けた者のようになりかねない。そこに、再び意気を吹き込む題跋を記すのが蔵書家の本領であった。台湾の国立中央図書館（国家図書館）が民国七一年（一九八二）に編纂した『善本題跋真跡』は、こうした題跋の意義を顕揚した中国的な試みで、日本にはなかなかこうした編著の土壌が生まれない。

**顧炎武『音学五書』の序文**　変わった序文も存在する。顧炎武《こえんぶ》（一六一三〜八二）の名著『音学五書』は崇禎一六年（一六四三）曹学佺《そうがくせん》の序をもって上梓された。張 弨《ちょうしょう》らの書写稿を刻字した美しい所謂写刻本である。そこに添えられた顧氏の甥、徐乾学《じょけんがく》（一六三一〜九四）の序〈図80〉に、天下の善本を集めるために、有志に資料の提供を請うている珍しいものがある。徐氏は康熙九年（一六七〇）の探花（科挙及第第三名）、地位もさることながら、蔵書楼の伝是楼《でんぜろう》は清朝蔵書史の源流をなすものであった。書誌学的な「善本」の観念もこのへんから始まったものであろう。

かれこれ、序文は書物史の貴重な証人であることを知らなければならない。

## ◈「本」の生年月日と戸籍

書誌学の究極の目的が書物誕生の時代を定めることにある、といっても過言ではない、とは何度か言及したところである。「書」の誕生もさることながら、「本」の誕生を解くことはなお困難を極めることとも述べた。書物は再生を繰り返す生命体であるからだ。従って、書物に与えられた生

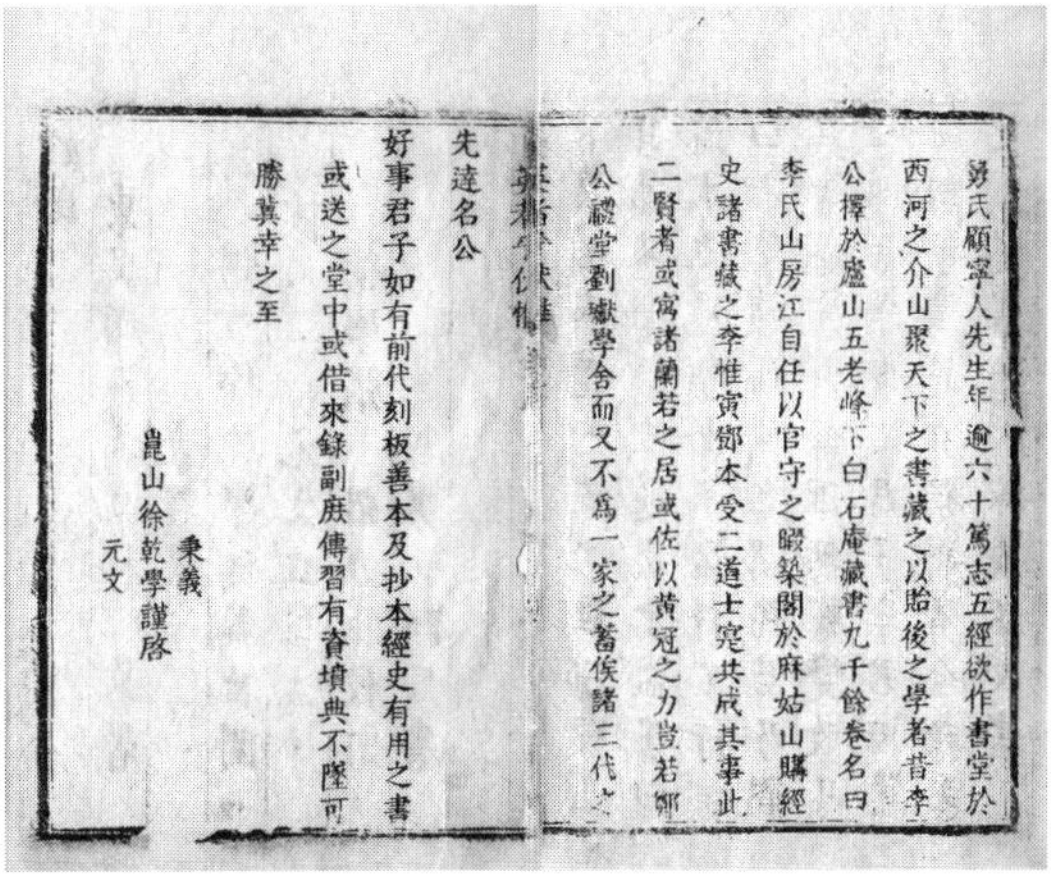

舅氏顧寧人先生年逾六十篤志五經欲作書堂於
西河之介山聚天下之書藏之以貽後之學者昔李
公擇於廬山五老峰下白石庵藏書九千餘卷名曰
李氏山房江自任以官守之暇築閣於麻姑山購經
史諸書藏之李惟寅鄧本受二道士寃共成其事此
二賢者或寓諸蘭若之居或佐以黄冠之力豈若鄉
公禮堂劉獻學舍而又不爲一家之蓄俟諸三代之

先達名公
好事君子如有前代刻板善本及抄本經史有用之書
或送之堂中或借來錄副庶傳習有資墳典不墜可
勝冀幸之至

崑山徐乾學謹啓
秉義
元文

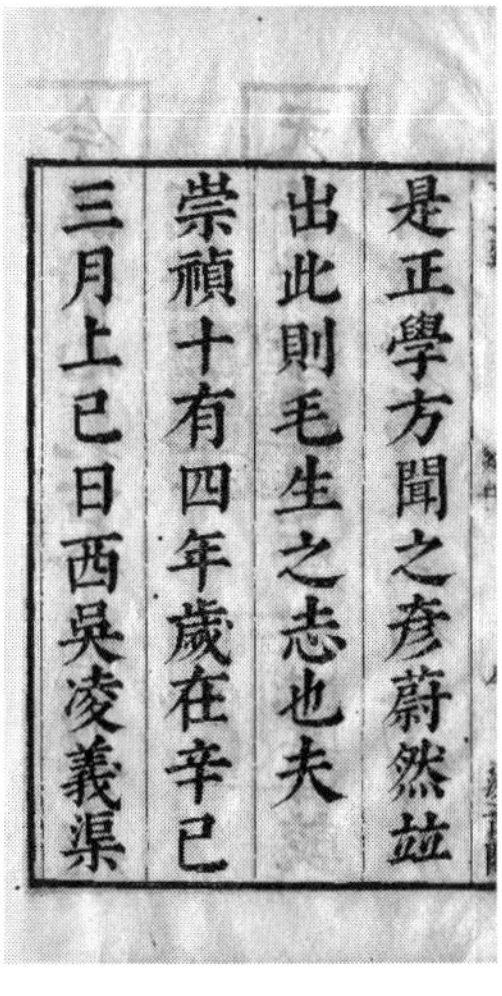

是正學方聞之彦蔚然並
出此則毛生之志也夫
崇禎十有四年歳在辛巳
三月上巳日西吳凌義渠

(上)図80…徐乾学の珍しい序文
(下)図79…毛晋に寄せた凌義渠の序文、伝存が少ない

年月日が正しいものであるか否かは、書物にとっても重要なことであるが、書誌学にとってもまた、忽せにはできない事柄なのである。

**刊記・奥書・牌記・奥付**　「本」の生年月日を記した箇所を、出版物の場合に「刊記《かんき》」、写本の場合に「奥書《おくがき》」と呼ぶが、中国では前者を「牌記《はいき》」と呼び、写本には年号が無いのが普通で、その呼び名は無い。「牌記」というのは、蓮の花の上に名を記す位牌のような形式が明代に流行ったこともあろうし〈図81〉、もともと仏典の布施者を記す形式に源流があったかも知れないが、囲みがあろうが無かろうが、「刊記」の同義語としての常用語となっている。「刊記」の語は中国では通じない。「牌記」は、表紙の裏の封面《ふうめん》(見返し)や目次の末、巻末などに置かれることが多く、ややもすると見逃してしまうこともある。書物の出生の鍵を握る要素であるから、書誌学ではこれを探し当てるのが第一の任務である。日本では本文に隣接している刊年を「刊記」と称し、本文と別頁になっている刊年を「奥付《おくづけ》」と呼んで区別し、本屋がすり替えやすい「奥付」を「刊記」よりも信憑性の低いものとして捉えている。中国では、清朝以前の古典籍にはこうした「奥付」は殆ど存在しないため、日本のような複雑な熟練は必要としない。封面の年号と「刊記」の年号と「奥付」の年号がそれぞれ異なる場合が江戸時代の版本には少なくなく、この事実に整合性のある説明を加えるには相当の経験が要る。従って、中国の方法と日本の方法を混合してしまうと、書物の戸籍は全く意味をなさないものになる。慎重に区別して取り扱うことが前提である。

**刊記・牌記の改ざん**　中国の「牌記」は、それを信じるのが始まりである。日本の「刊記」「奥付」は

図81…明代に流行した蓮に囲まれた牌記

図82…『論語』慶長一四年の刊記は偽作

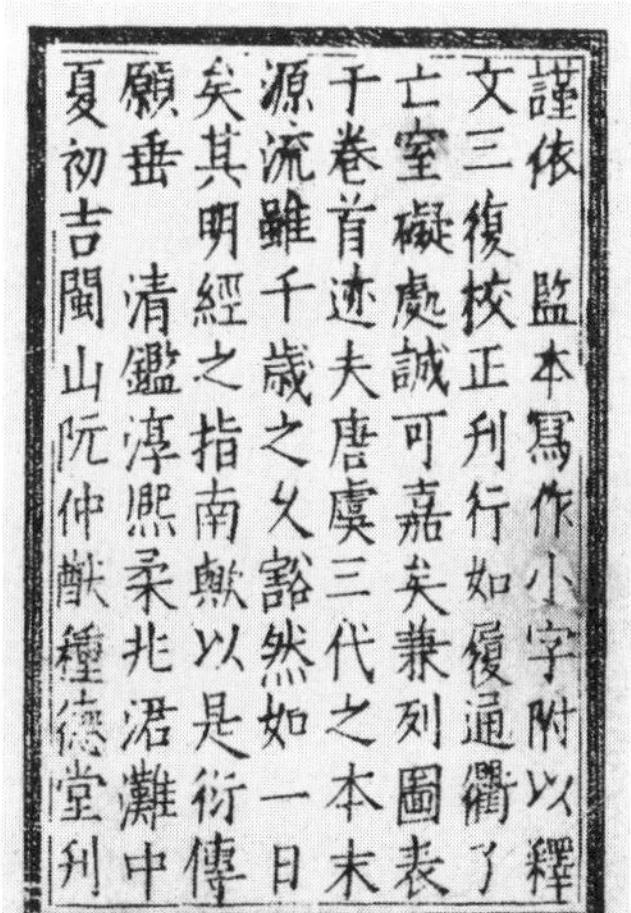

図83…『春秋経伝集解』の牌記、第一行「小」字は後補

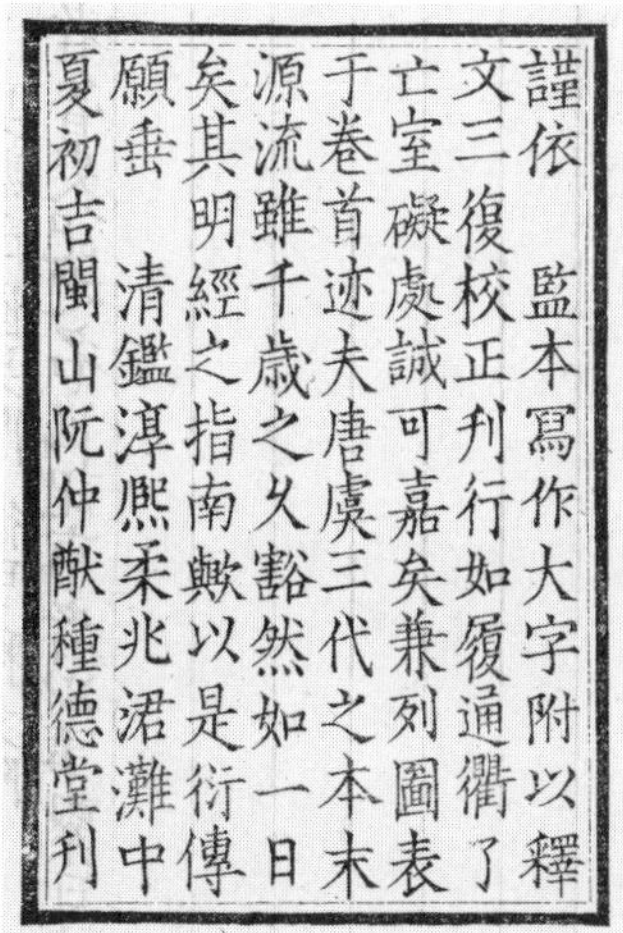

図84…『留真譜』収載の同じ牌記、第一行「大」に作る

それを疑ってかかるのが始まりである。図に示した『論語』〈図82〉は、慶長年間（一五九六～一六一四）に木活字で印刷された古活字版を、同じ頃に覆刻した整版本（版木を用いた印刷本）である。しかし、慶長一四年の「刊記」はもともと無く、これは近代の本屋がスタンプで偽造捺印したものである。三井家の旧蔵であったが、流石の三井家もこれには一杯食わされたらしい。では中国ではこんなひどいことは無いかというと、そうでもない。宋淳熙三年（一一七六・柔兆涒灘は丙申を表す古代語）種徳堂《しゅとくどう》が出版した『春秋経伝集解』に図の様な「牌記」がある〈図83・84〉。清の最も権威ある阮元の『十三経注疏』校勘記はこのテキストを用いて、「牌記」から「淳熙小字本」と名付けた。図83の「牌記」を見てそう名付けたのである。しかし、一行目の「小」字は後の本屋が手を加えて直したものである。確かにこの覆刻本は小字本である。もともと「大」とあったものを本屋が賢しらで変えたものである。さすがの阮氏も一杯食わされたのである。明治一三年来日した書誌学者楊守敬は、江戸幕府の旧蔵書のなかに、この種徳堂本を発見し、これは阮元の言う「淳熙小字本」に違いないと驚喜した。しかし、図84のように、楊氏が見た「牌記」は「大」字になっている。楊氏は首をひねって長考したが、これを終に宋刊淳熙小字本と断定した。とは言え、本屋が手を加えた一本が存在するとは夢にも思わなかった。それよりも、矛盾した「牌記」の内容を何とか後世に伝えねばならない。つくづく楊氏は図録の必要性を感じた。『留真譜』はこうした不可解な書物の誕生を如実に伝える恰好の方法であった。「真」とは真実という意味でなく、ありのままという意味である。この楊氏の一枚の図によって、この「牌記」のからくりが明らかとなったのである。さまざまな仕業によって、書誌学者は何杯も食わされるが、その仕業を葬り去らずそのままに残すことが、やがて真実に到達する書誌学の最善の道であることを楊氏は教える。

「牌記」の改ざんを発見した上海図書館の陳先行《ちんせんこう》氏は、書誌学の最大の武器は比較であると主張する。それは書物の戸籍を定めるうえで必須の道筋である。知識よりも目で感じること、数万語の説明よりも一枚の図が万般を語りかけることもあるのである。

### ◈写本の誕生

では、写本の場合について見てみよう。写本は中国では鈔本《しょうほん》・抄本という。勿論、写本とも称するが、中国で写本と称した場合、唐写本などのずば抜けた古いものを指すことが多い。宋代以降、出版技術の進化とともに、写本は刊本にその位置を譲ることになり、殆ど存在しなくなる。そして、明代以降、蔵書家が自らの蔵書を充実させるため、自家用箋を用いて写本を生産するようになって、再び写本の位置が復権する。従って、中国では、清代中期の乾隆嘉慶頃以前に蔵書家などによって書写された写本を、旧抄(鈔)本と呼び、貴重視している。なにしろ、書写年代は記さないのが通例であるから、鑑定には意見の分かれるものである。藍色の罫線を持つ藍格抄本は明代に多いとか、赤い罫線の紅格抄本は内府のものに多いとか、紙質・墨質など、判断には、特殊な見識を必要とする。

「抄」には他人の文章を一部抜き取ってくる意味もあり、また、「抄家」といえば、家宅捜索して没収する意味もあり、文革のいやなイメージも付きまとう。「鈔」は何故金偏なのかは中国でも説明はされない。習慣でそう読んでいるというのが答えである。おそらく、紙幣を鈔票ということもあり、何か取り交わしや契約に絡む文書的意義から派生したものかも知れない。中国では古い用例に「鈔」が多く、現代では専ら「抄」を用いている。

**影宋抄本の書物観**　明代以降、中国の抄本の真骨頂は、何といっても宋版を敷き写しにする影宋抄本である（「影」はなぞりうつす意味）。宋代以前の古典籍は、宋版に出発点があり、理屈なしに、宋版の書物史に占める位置は我々の想像を超える。その観念から見れば、彼らの影宋という行為は、貴重な典籍の複製を作り、普及をはかる現代の書物観とは次元を異にし、好書を手放すことができない、愛玩置く能わざる、という愛書家の心理が究極に達してなした技である〈図85～87〉。

そして、明末の毛晋による汲古閣の影宋抄本はその写しが芸術に昇華された例である。その方法も実に凝っている。上質の特殊な薄紙を用意し、それを宋版の上に乗せ、字が見えるようにする。そしてその上から丁寧にもとの字をなぞるのである。しかしそうすると墨がにじんで、もとの宋版を汚してしまう。それで、その薄紙にうっすらと蠟を塗るのである。これを研光《がこう》という。墨はにじまず、筆の細かい動きがスムーズになる。日本にはこうした抄本があまり現存しないので、この術を容易に確認することができないが、静嘉堂文庫の皕宋楼《ひよくそうろう》蔵書（陸心源《りくしんげん》〈一八三四～九四〉の旧蔵書）には少なくない。

宋版はこうして敷き写しの対象となり、甚だしい場合には、覆刻の際に宋版を頁ごとにばら

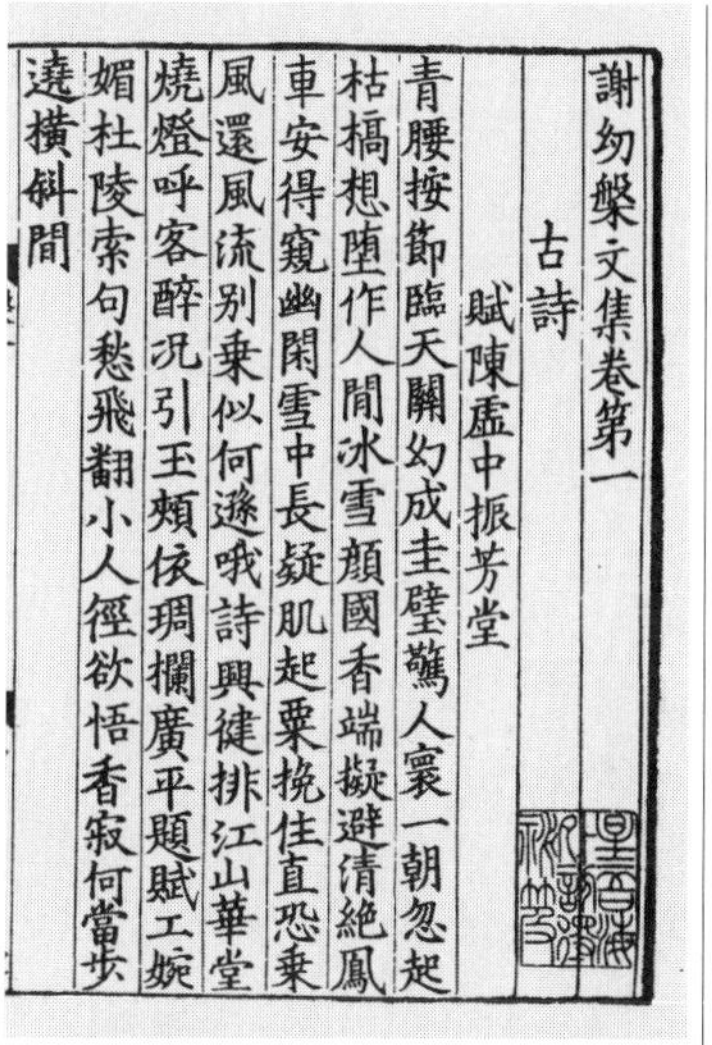
謝幼槃文集卷第一
古詩
賦陳盧中振芳堂
青腰按節臨天關幻成圭璧驚人寰一朝忽起
枯槁想墮作人間冰雪顏國香端凝避清絕鳳
車安得窺幽閑雪中長疑肌起粟挽住直恐乘
風還風流別乘似何遜哦詩興徤排江山華堂
燒燈呼客醉況引玉頰依琱欄廣平題賦工婉
媚杜陵索句愁飛翻小人徑欲悟香寂何當步
遶橫斜間

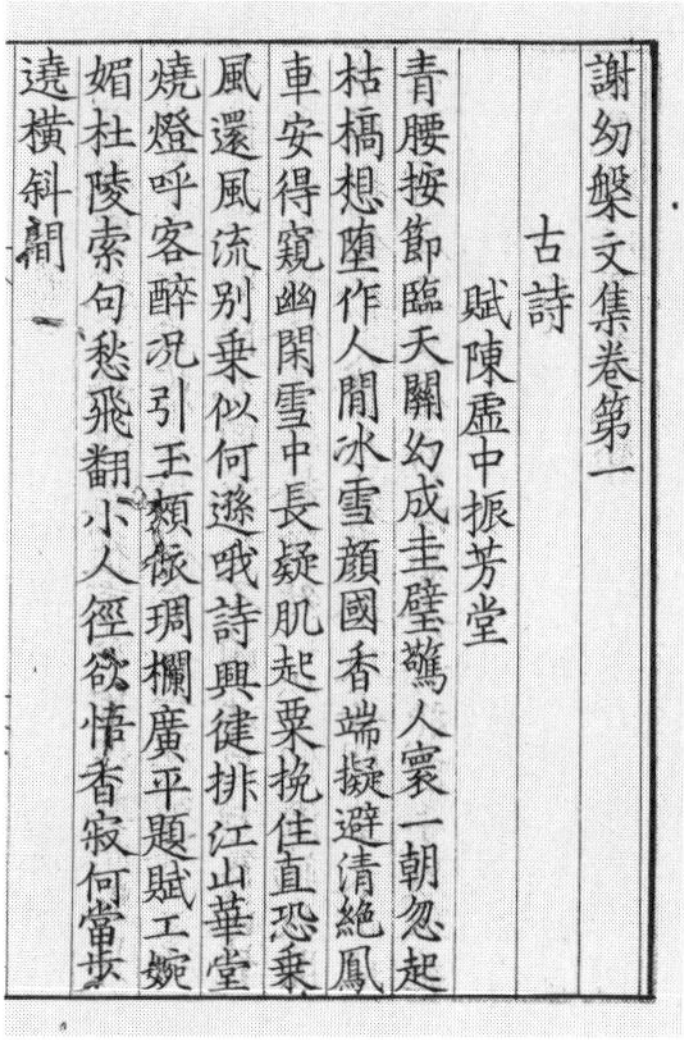
謝幼槃文集卷第一
古詩
賦陳盧中振芳堂
青腰按節臨天關幻成圭璧驚人寰一朝忽起
枯槁想墮作人間冰雪顏國香端凝避清絕鳳
車安得窺幽閑雪中長疑肌起粟挽住直恐乘
風還風流別乘似何遜哦詩興徤排江山華堂
燒燈呼客醉況引玉頰依琱欄廣平題賦工婉
媚杜陵索句愁飛翻小人徑欲悟香寂何當步
遶橫斜間

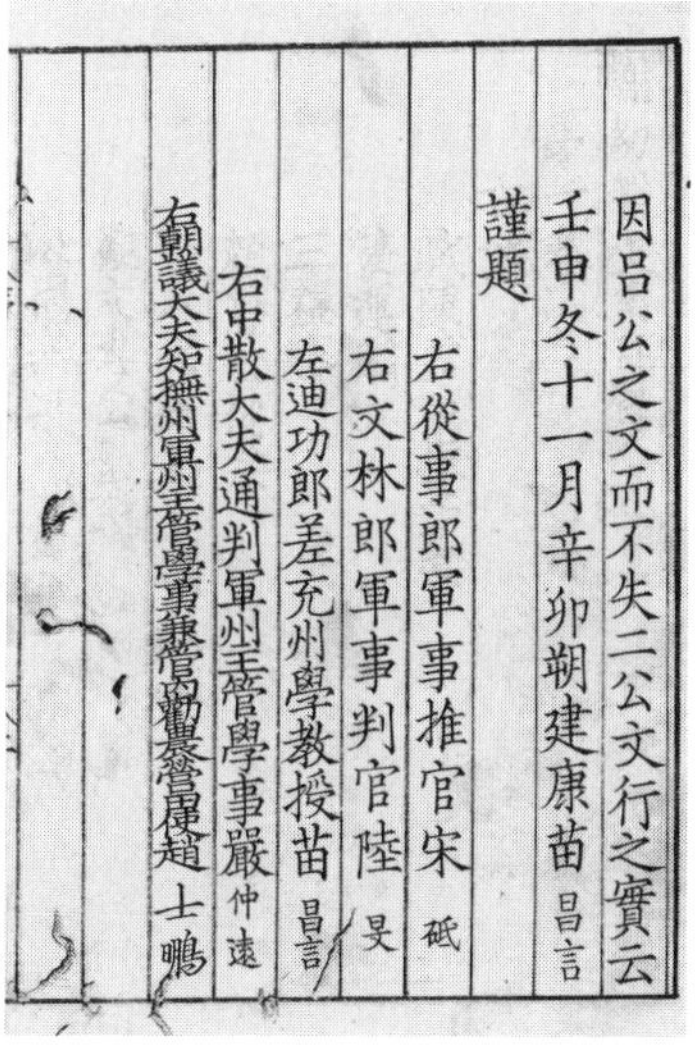
因呂公之文而不失二公文行之實云
壬申冬十一月辛卯朔建康苗 昌言
謹題
右從事郎軍事推官宋 砥
右文林郎軍事判官陸 旻
左迪功郎差充州學教授苗 昌言
右中散大夫通判軍州主管學事嚴 仲遠
右朝議大夫知撫州軍州主管學事兼管內勸農營田事趙 士鵬

(右上)図85…宋版『謝幼槃文集』(楊守敬が日本で購入、現在上海博物館蔵、『続古逸叢書』所収)
(左上)図86…楊守敬入手以前、日本の書誌学者による影宋抄本、毛鈔に引けをとらない
(右下)図87…影宋抄本の宋代刊語

し、版木に乗せ被せ、紙ごと彫刀で彫り去るともいわれ、終に、原本は紙屑となった。明代以降、宋版が少なくなるのはそのためだ、ともいわれる。しかし一説には、清代中期までは、今に比して相当数の宋版が存在していたとされ、実際には太平天国の乱で失われた宋版が最も多いという見方もある。数百年、数々の戦乱を経てきた書物にとって、清末の動乱ほど耐え難いものはなかったのである。こうして、はからずも、愛書家の技は、失われて行く運命にあった書物に再び誕生の機を与えたのであった。

**陸心源旧蔵『孟東野詩集』**　因みに、静嘉堂文庫に所蔵される陸心源旧蔵の『孟東野詩集十巻』を紹介しよう。本書は、まごうことなき汲古閣の影宋抄本で、中国で「毛鈔」と呼ばれる宝。汲古閣より散出後、清代中期の蔵書家汪士鐘《おうししょう》の手を経て、陸氏に帰したものである。唐の孟郊《もうこう》の詩集は楊氏海源閣旧蔵の北宋版が北京大学に所蔵されるが、これは江西省の刊本で、汲古閣が拠った宋版は、南宋の都杭州の書坊で出版された所謂「書棚本《しょほうぼん》」と呼ばれる、テキスト価値の高いもので、宋版孟郊集の双璧をなす。本書の末には、宋敏求《そうびんきゅう》（一〇一九～七九）の詩集編纂次第が附され、「臨安府棚前北睦親坊南陳宅経籍鋪印」というもとの刊記をも忠実に写していることによって本書の由来がわかるのである。既に、拠ったこの宋版は失われて伝わらないため、抄本と雖も宋版と同等の存在価値を有している。よく目を凝らして本書を見ると、紙面に艶が見え、前述のように、蠟を塗っているのに気が付く。更に、汲古閣が宋版を証するために使う「宋本」という楕円の印、「甲」という四角の小印を本書の劈頭に捺す。汲古閣主人毛晋の誇らしげな様子が眼前に浮かぶ。

同時に影宋抄本を好んで集めた陸氏の喜びも並々ではないことがよく伝わってくる。

## ◈日本の写本

日本に於ける写本の成り立ちについて述べておこう。「於ける」というのには意味がある。刊本も写本も「誕生」は戸籍であるから、貫籍が重要な要素である。例えば中国人が日本で書写したものは、往々日本の写本と称する。室町時代の写本には来日した大陸の学者による書写本もおそらくは少なくないことと思われる。

前にも述べたが、漢籍では、豊臣氏が滅んだ元和偃武(一六一五)頃を境にしてそれ以前の写本を古写本と呼び、江戸時代の写本と区別して貴重本としている(三一ページ参照)。江戸の漢文思想や文学に関する写本も勿論貴重ではあるが、しかし、学者の価値観ではなく、書物の立場からの価値観からすると、江戸時代の写本は広がりを持つ稿本が主で、室町以前の写本はより古いものに収縮していく校本が主であるから、「温故知新」、先ず古きをたずねることが大切な営為であることを、書誌学は認識しなければならないのである。

もう一度復習すると、「唐本《とうほん》」とは中国で出版されたテキスト、「摺本《しゅうほん》」「搨本《とうほん》」ともいう。「古刊本・旧刊本」は日本の中世の出版物、「和刻本」は江戸時代の出版物、「旧抄本」は主に、清朝中前期以前の毛筆本、「伝鈔本」は主に清朝中後期以降の毛筆本、「古写本」は室町以前の日本の毛筆本、単に「写本」といえば、江戸期の毛筆本を指すことが多いが、それを中国風に「伝鈔本」と呼ぶこともある。

**日本の古写本研究**　古く平安時代、学僧が大陸からもたらした平安写本は宋版以前の唐時代写本の姿を遺すとして貴ばれるが、片々寥々、これのみを追い求めて漢字書物文化は理解できない。室町時代の、学者学僧が蒐集して喧しく講説議論をなし、日常の精力を漢文書写に傾注した、圧迫感までをも覚える営為こそが、古写本の実態であり、書物文化の王道であり、これこそが中国の宋版に匹敵する日本の書物の王様である。しかしながら、明治以降、古写本は冷遇されて流出を重ね、その価値を最も知悉した清の楊守敬が大量に持ち帰ったことは前述した（一一〇ページ参照）。古写本研究は台北の故宮の蔵書なくしては成り立たないほどである。とはいえ、古写本の研究は中国・台湾の研究者にはなかなか難しい。鉄観音は余りにも美味しく日本茶は彼らの舌には合わないからである。やがて、古写本の散佚を憂慮する人も現れ、徳富蘇峰《とくとみそほう》は中世精神史の資料として古写本を蒐集、安田財閥二代善次郎《ぜんじろう》は系統的な蒐集で古写本の価値を高からしめた。明治の鉱山学者和田維四郎《わだつなしろう》が二大財閥の岩崎久弥《いわさきひさや》と久原房之助《くはらふさのすけ》とともに蒐集した漢籍古写本は、現在、日本所在本の核をなすものである。

**古写本の三特典**　古写本はその誕生から三つの特典を有している。一つは中国で滅んでしまったテキストの姿を留めていること。図88の『周易注疏』は室町時代後期の古写本で、唐の孔穎達《くようだつ》の『周易』注釈と魏の王弼《おうひつ》などの注釈とを合わせた所謂「注疏本」である。そしてこの「注疏本」は宋版に基づくと思われるが、現存の宋版とは異なるゆえに、基づいた宋版が如何なる宋版か辿る術

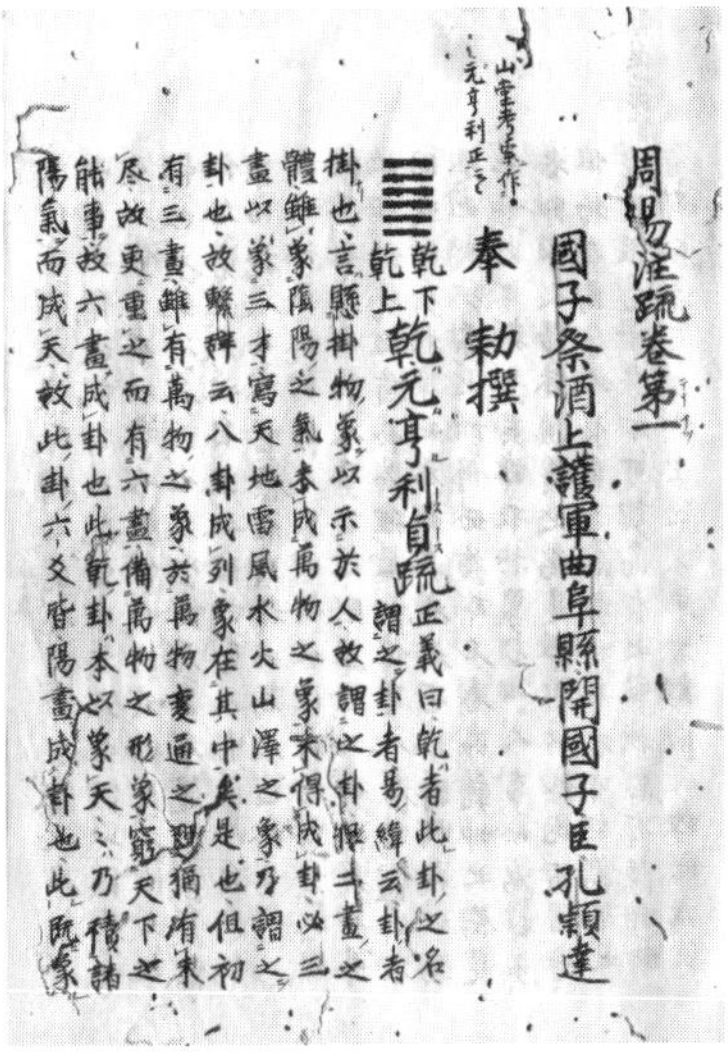

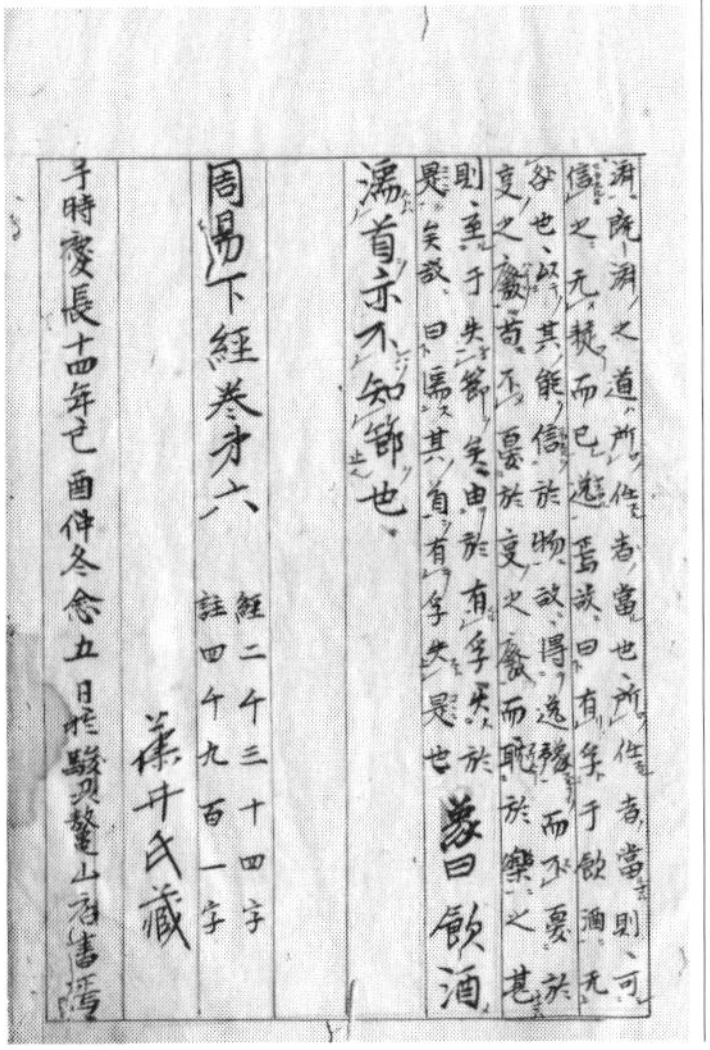

（右上）図88…室町時代古写本『周易注疏』
（左上）図89…古写本『韓愈集』
（右下）図90…慶長一四年写『周易注』

がない。また、他に、孔穎達の『周易』注釈の単行本テキストは、中国には宋版一点しか遺らないが日本の古写本には不思議と多数残存する。もう一つは図89のように明確に唐本を写したものとわかるもの。唐の韓愈《かんゆ》の文集で、宋の朱熹の注釈とともに読まれた同じ宋の魏仲挙《ぎちゆうきよ》が編纂した『新刊五百家註音辯昌黎先生文集』というテキストに基づいて誕生したものと考えられる。室町時代末期の写本であるが、日本の古写本はこのように拠るものがあっても、必ず手を加えてあるので注意を要する。こうした古写本は、当時どのようなテキストが受容されていたかという受容史研究の資料となる。「江雲渭樹」は林羅山《はやしらざん》の蔵印。旧内務省の浅草文庫から流出したものらしい。更にもう一つは、図90のように、当時の学人がひとえに校訂編纂をして成立した古写本で、中国や日本のそれまでの古いテキストを複数用いて、善を取り繁を去って書写したもの。慶長一四年(一六〇九)の書写であることが記される(これを奥書《おくがき》という)。慶長年間は木活字印刷による、所謂古活字版の隆盛期で、諸本の校訂を経た質の高い印刷テキストが流行していた。古写本もその背景を反映して精度の高いテキストとなっている。古写本もここまで発達すると、宋版・唐本といった中国のテキストとは独立した地位を確立するに至った。

勿論、室町時代古写本の性格に関する研究は殆どなされていないのが現状で、その成長過程を中国人に知っていただくまではなお相当の努力が要る。日本の書誌学が最も力を注がねばならないテーマである。

# 三――書物の終焉と再生

### ◈書物の年齢とは

人が齢を重ねるように書物も齢を重ね、寿命を持つ。しかし、書物は年齢が不詳であるところが最も扱いにくい点である。古いように見えても実は新しいこともあり、その逆もある。既に終焉を迎えているはずの書物が再生することもある。書誌学は常に書物の年齢を明らかにし、終焉・再生の理を念頭において書物に接することを大きな使命とする。

**周密「書物の厄」**　宋の周密《しゅうみつ》（一二三二〜九八）は山東省の人であったが、浙江の役人を務め、元に仕えず銭塘に隠居して、詩文を善くし、蔵書を蓄えたことで有名であった。宋代といえば、書物が最も華やかに文化を彩った時代である。文人達の書物に対する意識は、また、格別のものがあった。その著『斉東野語』（中華書局の唐宋史料筆記叢刊に標点本がある）には、「書籍の厄」と題して、書物の運命が詳しく述べられている。曰く、およそこの世の常として、聚まったものは必ず散じることになっているようだ。かつて、宋室が太平であった頃、邯鄲の李淑《りしゅく》は二万三〇〇〇巻、田鎬《でんこう》は三万巻を蔵し、晁公武《ちょうこうぶ》は二万四五〇〇巻を擁して『郡斎読書志』を著し、王仲至《おうちゅうし》は四万三〇〇〇巻、また、曾鞏《そうきょう》（一〇一九〜八三）、李常《りじょう》（李氏山房・一〇二七〜九〇）は一、二万巻を所蔵した。こうした天下の蔵書も兵火に遭って遺らない。私と同じ浙江呉興に住んだ葉夢得《しょうぼうとく》（一〇七七～一一四八）は蔵書一〇万巻にも達したが、湖州の莫君陳《ばくくんちん》、沈思《しんし》・偕《かい》父子、賀鋳《がちゅう》（一〇五二～一一二五）など往年の数万巻蔵書とともに散佚してしまった。近年、陳振孫は五万一〇〇〇巻を集め、晁氏に倣って『直斎書録解題』を完成した。李秀岩《りしゅうがん》・李東窗《りとうそう》・李鳳山《りほうざん》の三李、高氏・牟《ぼう》氏など四川人で浙江に活躍した蔵書家のものも多かったが、ともに散佚を免れなかった。わが周家でも三世に亘って蒐書を行い、四万二〇〇〇巻にものぼる書物を二つの倉に収め読書に努めたが、これも故あって保持することが叶わず、今は昔、流涕の思い出となってしまった。

**牛弘「書物の五厄」**　こうした運命について嘆き述べた人は周密以前にもいないわけではなかった。隋の牛弘《ぎゅうこう》が書物の五厄と題して聚散を上表したのがその最初である（『隋書』巻四十九牛弘伝）。隋の文帝《ぶんてい》はその議に従って、天下の書籍を博捜させた。唐の封演《ほうえん》は『封氏聞見記』（『雅雨堂蔵書』所収）を著し、史実として分析、前漢末王莽《おうもう》の乱、後漢末董卓《とうたく》の乱、北魏末爾朱《じしゅ》氏の乱、隋末唐初、武徳五年（六二二）、隋の図籍を長安に運ぶ途中、河南省陝県の黄河での遭難、など、唐代に至るまでの書籍散乱を概説した。更に、宋の洪邁《こうまい》（一一二三～一二〇二）は『容斎随筆』続筆第十五（上海古籍出版社・一九九六の標点本あり）に「書籍之厄」として、唐以後、安禄山《あんろくざん》・黄巣《こうそう》の乱に失い、名家の蔵書も今は聞かず、宋綬《そうじゅ》（九九〇～一〇四〇）の蔵書も宮中に優っていたが灰燼に帰し、ついに靖康の変に至った経緯を述懐した。こうしてみると、周密の時までに羽化登仙した図籍の数は想像を絶し、書物文化の広大さを改めて感じる。書物は、焚書坑儒など独裁政治の犠牲となるか、兵火や天災に遭うか、そして人為的な結末によるか、いずれにしてもその終焉は流転を繰り返して迎えるもので、長い歴史を鑑みれば、今に現存している古典籍は、殆ど奇跡の生存を遂げているといっても過言ではあるまい。このことについては後にまた述べる。

**周密『草窗韻語』の運命**　周密は、こうした運命を早くも察知した蔵書家であったが、その因縁はまた数奇なものであった。というのも、周密には『草窗韻語』と題する詩集があり、生前、宋末、咸淳年間の序を備えて出版されていたのであったが、よくこれを伝えるものがいなかった。幸い、内府に蔵されていた孤本一部が何時の日か流出し、転々、清代の蔵書家に珍蔵され、民国の大蔵書家蒋 汝藻《しょうじょそう》（一八七七〜一九五四）の有に帰したのであった〈図91〉。蒋氏は民国の塩政・鉄道の

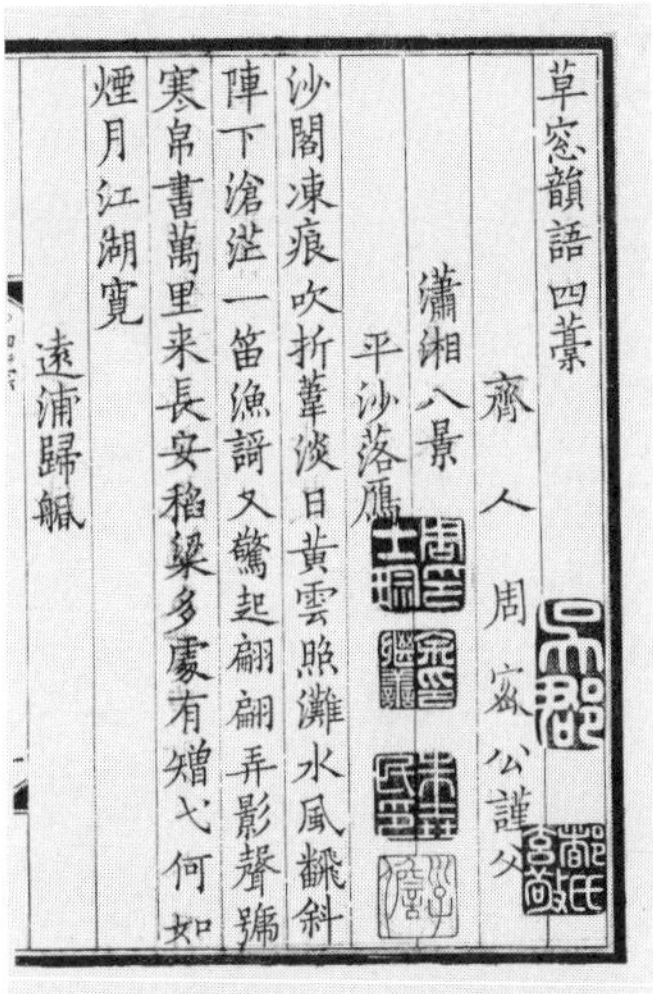
草窗韻語四藁　齊人周密公謹父
瀟湘八景
平沙落鴈
沙閣凍痕吹折葦淡日黃雲照灘水風翩斜
陣下滄浪一笛漁謌又驚起翩翩弄影聲鴞
寒帛書萬里来長安稻粱多處有矰弋何如
煙月江湖寛
遠浦歸帆

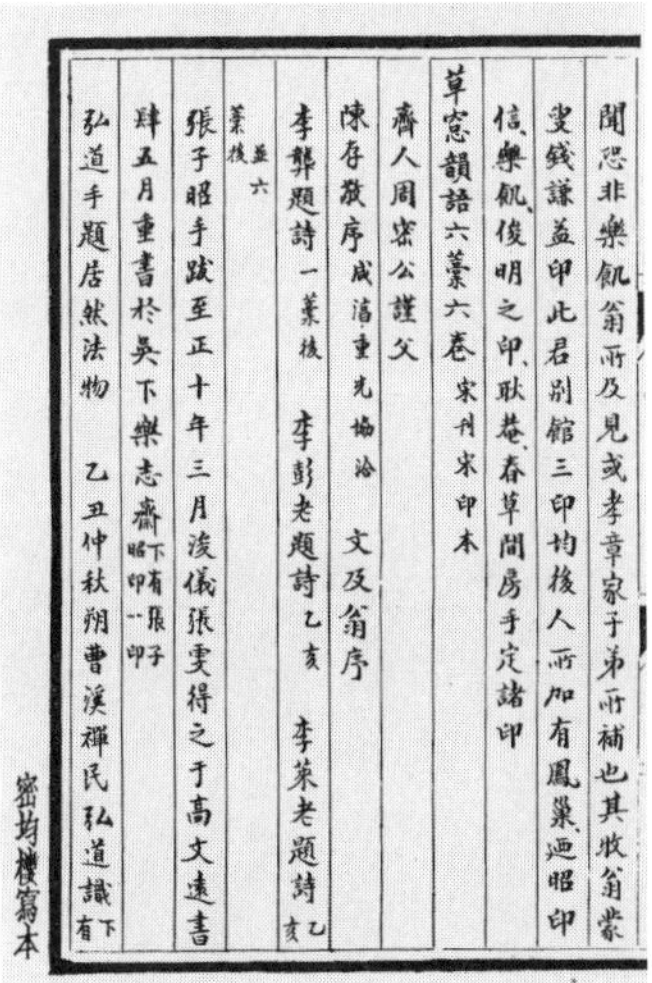
聞思非樂飢翁所及見或李章家子弟所補也其收翁崇
寔錢謙益印此君别館三印均後人所加有風巢酒昭印
信、樂飢、俊明之印、耿菴、春草閒房手定諸印
草窗韻語六藁六卷　宋刊宋印本
齊人周密公謹父
陳存欽序咸淳重光協洽　文及翁序
李彭題詩一藁後　李彭老題詩乙亥　李萊老題詩乙亥
藁後　每六
張子昭手跋至正十年三月浚儀張雯得之于高文遠書
肆五月重書於吳下樂志齋下有張子昭印一印
弘道手題居然法物　乙丑仲秋朔曹溪禪民弘道識下有
密均樓寫本

（上）図91…蒋汝藻が影刊した『草窗韻語』　（下）図92…王国維の稿本『伝書堂蔵善本書志』、『草窗韻語』の項

重鎮で、宋刊本八八部をはじめ善本二六〇〇部余を蔵し、王国維《おうこくい》（一八七七～一九二七）が解題目録『伝書堂蔵善本書志』を編纂したほどである〈図92〉。後、それらは商務印書館に帰し、日本の爆撃に遭うも生存したものは無事、北京図書館に収蔵された。

『草窗韻語』は宋刊宋印といわれ、稀書中の稀書で、民国一二年（一九二三）蔣氏によって影刊された。しかし、その後、この書は、ゆくりなくも杳として行方が知れなくなった。今はその影刊本によって面影を知ることができるのみである。生存しているのか終焉を迎えたのか、果たして周氏の言う運命に流されてしまったのであろうか。蔣氏は本書を愛する余り、自らの書斎に周密の「密」と本書の「韻」字を採って、「密韻楼」と名付けたのであった。既に述べたが、最近、『文苑英華』（八八ページ参照）といい『春秋経伝集解』（二八ページ参照）といい『東坡詩施顧注』（常熟翁氏、陳澄中旧蔵本が相次いで現れた）といい、宋版の大物が、終焉を迎えたかと思われていたところに、飄然と姿を現している。幻か、はたまた亡霊か。ひょっとすると、次は『草窗韻語』が、夏の夜の生ぬるい風とともに、市場で人を驚かせるのかも知れない。

### ◈書物ばらばら事業――類書の編纂

書物の終焉も再生も人為的にもたらされることもある。それは、中国の伝統的な書物に対する観念がもたらしたものであって、その是非については論じようがない。その観念とは、類似のものを集めて物事を整理する文化である。これは勿論、言語自体の成立とも関わることであって、書物の成り立ちに限ったことではない。辞書にせよ百科事典にしろ、類似の事項を集めて整理する観念は分類に通じ、中国の誇る目録学の原点となるものでもあるが、後の検索・索引に通じる、これも伝統的中国学の原点となるものである。「集める」・「分ける」これが中国の書物の歴史といってもいいくらいだ。終焉と再生もこうして捉えれば極めてわかりやすい。この一連の営為を中国の歴史家は、「類書」と呼んだ。五代後晋編纂の目録『旧唐書・経籍史』に「類事之書」、宋欧《おう》陽修《ようしゅう》編纂の『新唐書・藝文志』に、「類書」という名称が現れるのである。三国魏の劉劭《りゅうしょう》の『皇覧』が最も古いものと伝えられる。宋代には、『太平御覧』・『太平広記』・『文苑英華』など、豪華絢爛な大部の百科事典が成立したのである。もっとわかりやすくいえば、この成立過程において、恐るべき量の書物がばらばらにされて滅んでいったということである。膨大な書物を切り貼りして、天・地・人のあらゆるテーマに仕分けるのであるから、その作業は想像を絶する。それもそのはず、皇帝が一日に三巻を読めば、一年で読み終える一〇〇〇巻の『太平御覧』はまさに皇帝のために編纂した事典であった。それは、宋の太宗《たいそう》が即位後、直ちに勅命で作らせたものであったが、太祖《たいそ》趙匡胤《ちょうきょういん》に仕えた旧臣の、反発や不穏を除くために、知識人を館閣に集め、百科事典編纂に没頭せしめたというのである。太宗は太祖の弟で、父子世襲の伝統を楯に不満を持つ分子を抑えようとしたのである。そこに、皇帝の政治的意図を見逃すことはできないのである。

**明代『永楽大典』**　同じことは繰り返される。明の初頭、太祖朱元璋《しゅげんしょう》（一三六九〜一四一五）の後継として、太祖の子・朱標《しゅひょう》が病死したために皇太子を継いでいた朱標の子・朱允炆《しゅいんぶん》が皇帝位についた。

ところが、太祖の四子・朱棣《しゅたい》は一四〇二年都南京を攻め、皇帝位を奪った。靖難の変である。朱棣は一四〇三年を永楽元年として、同一八年（一四二〇）に北京に遷都した。これを大逆不道として反抗する知識人がいた。宋初と同様であった。この簒位に疑念を持つ重臣たちを懐柔するために、朱棣永楽帝《えいらくてい》〈図93〉は、解縉《かいしん》（一三六九～一四一五）、胡広《ここう》などに命じて、碩学二一六九人を召集、『永楽大典』〈図94〉を編纂させ、全国から能書家を召集して書写させたのである。允炆建文帝《けんぶんてい》が生き延びて、何処の寺に隠れていると聞いては、有力な学僧をもかりだして、懐柔につとめる周到さであった。こうして八〇〇〇種にも及ぶ典籍をばらし、新たに分類を加えて『洪武正韻』の韻目に従い二万二八七七巻、目録六〇巻、一万九五冊、約三億七〇〇〇万字の巨大類書が成立した。終焉を迎えた書物は数知れない。しかしながら、皇帝のために作られたもの故、勿論流通はしない。今に、永楽の書写本は影も形もない。清の翰林院に仕える学者にもこの正本を見た者はいないという。一六世紀、嘉靖・隆慶に書写した複本が残巻となって遺るのみである。

**清代『四庫全書』・『古今図書集成』** 清の乾隆帝は、乾隆三七年（一七七二）『永楽大典』がばらした本をもう一度復元しようと願った。それが『四庫全書』の編纂である。従って、これは類書ではなく叢書という分類になる。終焉した書物が再生したのである。皮肉なものである。『四庫全書』の編纂に与る翰林院はそこで自由に『大典』を借閲でき、結局書庫から持ち出されたまま紛失を繰り返し、またまた終焉に拍車をかけることとなったのである。『大典』・『四庫全書』の悲劇はこれだけではない。咸豊一〇年（一八六〇）、英仏軍による円明園の焼き討ち、故宮の略奪、光緒二六年（一九〇〇）英・米など八カ国の北京侵攻でずたずたにされてしまった。書物の運命とはかかるものなのであろうか。

乾隆帝の一大再生事業も終了すると、再び『古今図書集成』という書物ばらばら事業が興っている。これは中国文化の習性である。そして、滅んでしまった書物を再現しようという輯佚の学も伝統的学問として重視される。書物が散佚し失われていくのは時代の流れで致し方のないものだと思われがちであるが、中国の書物の歴史では、人為的要因が大きな位置を占めることを知らなければならない。民国時代、書物の復元に最大の功績を残した張元済《ちょうげんさい》の影印事業も、逆にそれによって終焉してしまった書物もないわけではない。書誌学は常に両刃の剣である。ここま

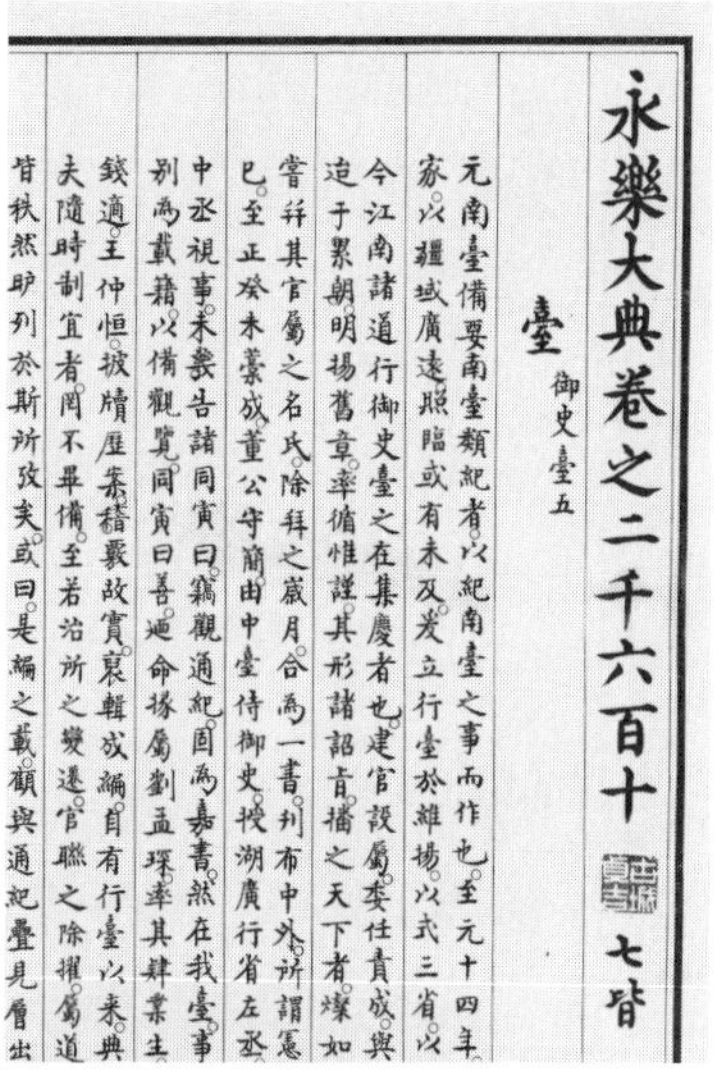
永樂大典卷之二千六百十　七皆
臺　御史臺五
元南臺備要南臺類紀者以紀南臺之事而作也至元十四年
冡以疆域廣遠照臨或有未及爰立行臺於維揚以式三省以
今江南諸道行御史臺之在集慶者也建官設屬委任責成與
迨于累朝明揚舊章率循惟謹其形諸詔旨播之天下者燦如
嘗并其官屬之名氏除拜之歲月合為一書刊布中外所謂憲
已至正癸未纂成董公守簡由中臺侍御史授湖廣行省左丞
中丞視事未幾告諸同寅曰竊觀通紀固為嘉書然在我臺事
別為載籍以備觀覽同寅曰善迺命掾屬劉孟琛等其肄業生
錢適王仲恒披牘歷案稽覈故實裒輯成編自有行臺以來典
夫隨時制宜者罔不畢備至若治所之變遷官職之除擢屬道
皆秩然明列於斯所致矣或曰是編之載顧與通紀疊見層出

（上）図94…『永楽大典』全冊手書きである
（下）図93…永楽帝

で、中国の書誌学が復興して発展した経緯を述べたが、その本質はまさにこの「再生」を求めてのことであったことをもう一度強調しておきたい。

## ◈書物のデータ保存——版木

宋代以来、版木に刻字して大量の書物を生産してきた中国では、版木を大切に保存して後世まで印刷を繰り返そうとする習慣を確立した。すなわち版木は現代のデータ処理に相当し、データさえ保存できれば紙ものはいつでも作れるという考え方も実はそんなに新しいものではない。ただ、版木は紙の何十倍?もの厚さがあり保存は容易でない。裏表両面を使うので順番を整えておくことも困難で、燃えやすく、虫にも食われやすい。虫は墨の付かない木の内側を食うので、版木を出してきて墨を塗りその上に紙をあててばれんで押そうとしたら、版木が粉々に崩れたという話を実際に聞いたことがある。版木は戦乱や大火災で消滅したというのが一般的な説明で、そうなのかも知れない。しかし、虫害による消滅もけして少なくはなかった。

**版木の継承と修理**　北宋汴京(開封)の国子監には一〇〇種を越える監本の版木が貯蔵されていたが、金の襲来によりその大半を失い、南宋臨安(杭州)で新たに版を興し、地方の機関で興された版木を蒐集したりして監本の再充実を図った。宋が滅びると、元は都大都(北京)に興文署《こうぶんしょ》という出版所を設ける傍ら、杭州の旧国子監を西湖書院《せいこしょいん》と改め、旧国子監の版木をそのまま保存した。こ更に、明になると太祖は南京に国子監を再建し、元の西湖書院の版木を南京に移し保存した。

うして南宋以来の版木が伝えられ、明の初期にその版木を使って大量に印刷を行った。この風潮から、現在遺る宋元版の多くは版木が遺って明初に刷られたものが殆どであるという考え方が一般化している。実際にそれを裏付けるべく、明代の公文書の反故紙の裏に印刷した所謂公文書印本が存在することも常識化されてきた。宋版や元版にしても初刷りや、まして原装（宋代や元代の装訂をそのまま伝えるもの）などといったら如何に貴重であるかはこうした歴史が背景にあるからである。

宋代から明代といえば数百年の時を経るのであって、版木の破損は想像以上で〈図95〉、部分的に痛んだ版木を修理するのが国子監の義務であった。つまり三朝に亘るので、明・南京の国子監

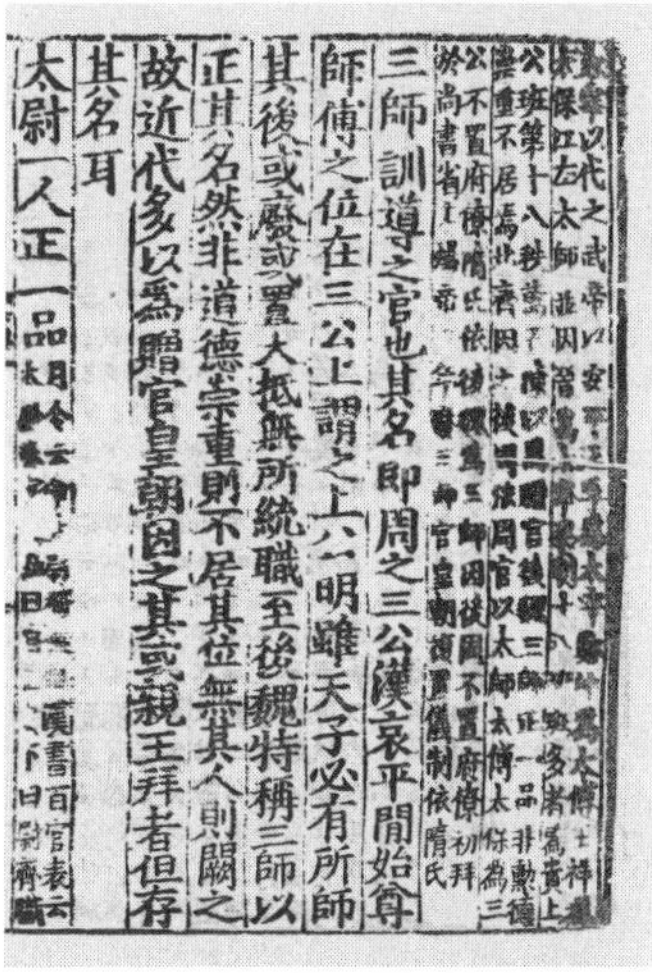
三師訓導之官也其名即周之三公漢哀平閒始尊
師傅之位在三公上謂之上公明雖天子必有所師
其後或廢或置大抵無所統職至後魏特稱三師以
正其名然非道德崇重則不居其位無其人則闕之
故近代多以爲贈官皇朝因之其或親王拜者但存
其名耳
太尉一人正一品

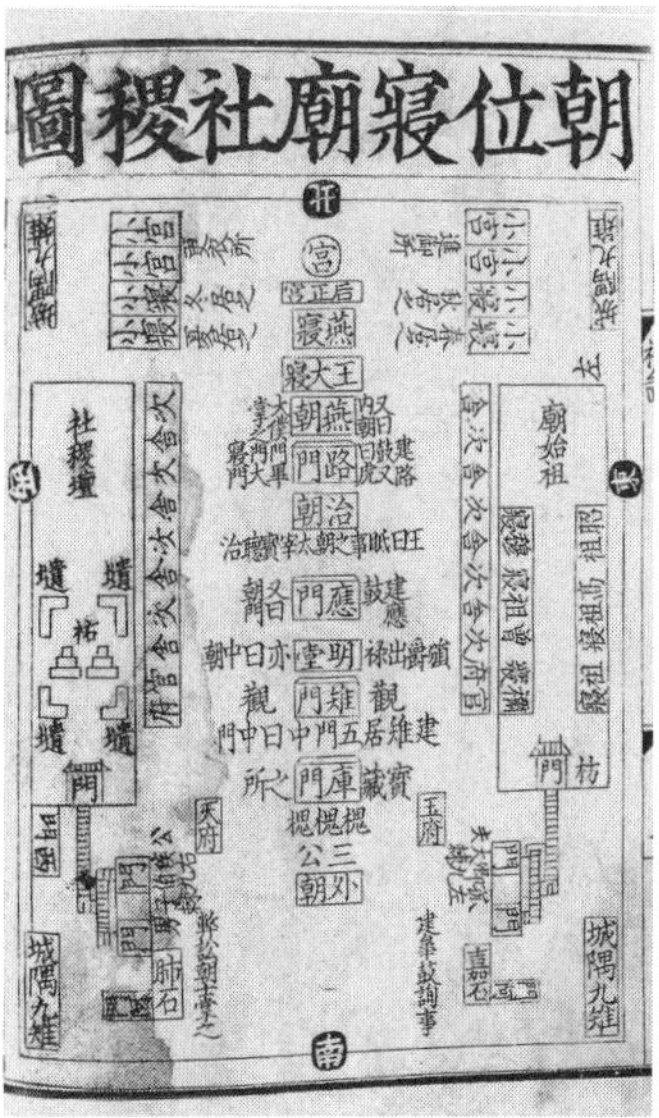


（上）図95…宋版『大唐六典』の版木が痛んだ部分（古逸叢書三編）　（下）図96…宋版『周礼』の部分的補写

で刷られたものを三朝本といい、版木の修理を経ていることから、三朝逓修本ともいう。しかし、南京の国子監は版木の管理が杜撰で、成化〜嘉靖年間には相当の版木が盗まれ、何度も欠けた版木を再生していた。その部分的な再生を補刻といい、もとの版木か補刻の版木かを印刷面から推定するのが版本学の重要な研究項目となっている。

**版木の終焉**　やがて南京の国子監所蔵の版木は明末に火災に遭い、江寧藩の蔵に移され、清代嘉慶年間には焼失したといわれる。結局、遺るのは紙ものということである。今日風にいえば、データは失われ印字物のみが遺ったのである。さて再びデータ入力しなければ再生産できない。同様にかつては版木を再び作り直して再生産に備えた。これを覆刻といい、遺った紙ものを版木に載せ（あるいは敷き写しにした模写本を載せ）そっくりに彫り直すのである。従って覆刻という複製行為は、偽物を作る唐三彩の土産物や昨今中国市場にお馴染みの贋物売買とは根本的に異なるものである。明代、嘉靖時代ころには、ほぼ宋代の版木は失われ、宋に帰るには遺された紙ものを模倣して新たに版を興すしかなかった。嘉靖時代の版本が宋版の書風によく似ているのはこのためである。宋代の書物文化を再生させる原動力となる版木が保存されていないことが嘉靖の人々には殊更に悔しく、懐古の念を一層かき立てたのであろう。蔵書家も次第に宋版の紙ものを大切にし出したのである。失われることは残念であるが、それによって遺されたものの大切さが身にしみるのは古今東西の道理であろうか。なにしろ、版木の終焉が新たな書物の再生を促していったことは、中国の書物の発展の柱であった。

**補鈔による再生**　そして、その唯一遺された紙ものも失われそうになったとすれば、もはや断崖絶壁に立たされるようなもので、絶命寸前ということになる。となると版木を興している場合ではない。その紙ものを再生させねばならない。それは手書きしかない。消滅しそうになった紙ものの部分を手書きで補い再生を図る。この行為を補鈔（補写）という。破損の紙葉、欠葉部分などを原本と同じように手写して補うのである。図版に見る宋版『周礼』〈図96〉は、破れたページ右側の大部分を丁寧に補写している。民国の大蔵書家袁克文の妻（劉楠《りゅうなん》・字梅真《ばいしん》）の藝術的補写である。補刻も補写も原本と見間違うほど精巧を期する、これが本当の意味での書物の再生というものである。真の再生と似て非なる再生をよく見極めねばならない。

### ◈版木による研究

前節で、版木の歴史と書物の歴史を重ね合わせてその運命を述べたが、そうこうするうちに、不思議な版木の運命に出会った。そもそも第Ⅱ部は台湾の故宮博物院をめぐって、書物の数奇な運命を紹介することに始まった。折しも二〇〇五年一〇月、故宮は創立八〇周年を迎え、大展覧会を催し、それを期に『芸術新潮』（二〇〇七年一月）が文物の由来を懇切に特集した。気運は時期を選んで忘れられかけた事実を呼び覚ます。しかし、故宮の書物は皇帝の御蔵もさることながら、清末の学者楊守敬の蒐集にかかるものが大きな特徴となっていることには意外と触れられない。このことは既に述べたが（一一〇ページ参照）、楊氏が日本で購得した宋・元版、古鈔本の類は、書物の歴史を一括概覧できるほど端倪すべからざる量と質を誇っていた。更に、楊氏は蒐集に止めず、黎庶昌《れいしょしょう》とともに日本でそれらの覆刻事業を興し、『古逸叢書』として版木を作り上質の美濃紙で印刷した。日本の古鈔本九種、五山版三種、宋版九種、元版三種、他二種の計二六種の覆刻であった。皆、中国に亡んで日本にのみ遺ったテキストである。現在では、覆刻に用いた原本が失われているものもあり、『古逸叢書』の価値は高くなる一方である。テキスト自体の価値、覆刻という作業の不思議、更に校訂の経過、など、近代蔵書出版文化にとって、かけがえのない遺産なのである。刻工は日本の名工・木《き》村《むら》嘉《か》平《へい》、宋版の覆刻は宋版と見間違えるほどであった。しかし、その美しさに見惚れているだけで、我々はその先の研究へと突破できないのが実情であった。

**中国の『古逸叢書』研究**　版木に言及すると、版木は人を呼ぶのであろうか。上海復旦大学の陳正《ちんせい》宏《こう》教授は最近、異様なまでに版本研究に情熱を燃やしている学者であるが〈図97〉、陳教授の紹介で、中国揚州でその『古逸叢書』の版木に出会うことができたのである。版木とひとことにいっても何か机上の空論を振り回しているように聞こえるかも知れない。しかし、書誌学は版木を追い求めなければならない、つくづくそう思った。紙に印刷された印面を穴があくほど凝視して、印刷に込められた書物の歴史を遥かに思い描く集中した書物への執念は、その印刷物のもとである版木を見た瞬間、重荷がおりたような、安心感に襲われる。こんな感覚を強調するのは狂気じみているかもしれない。木村嘉平の素早い刀裁きが蘇るようである。陳教授によれば、中国の刀工の裁きとは性格を異にするという。木の削り方が違っても、彫られた字様は宋版と全く同じである。宋版の版木を見てみたいものである。木村氏が用いたのは、桜の木らしい。表裏両面に本文を彫り込む。版木の左右に添えられた受け木など、製作に寸分のくるいもない。様々な疑問に答えを見出すことができる。書物の実体という感じである。詳細な報告がいずれ、陳教授からなされることであろう。

**日本に残された版木**　書物が旅をするように、版木も旅をする。楊氏は『古逸叢書』だけではなく、数多の日本刻版の版木を持ち帰ったことであろう。それらの版木は或いは文字に修訂を加え、或いは日本の訓点を取り去って再印された。書物文化の交流、まさにここにあり、である。時代の

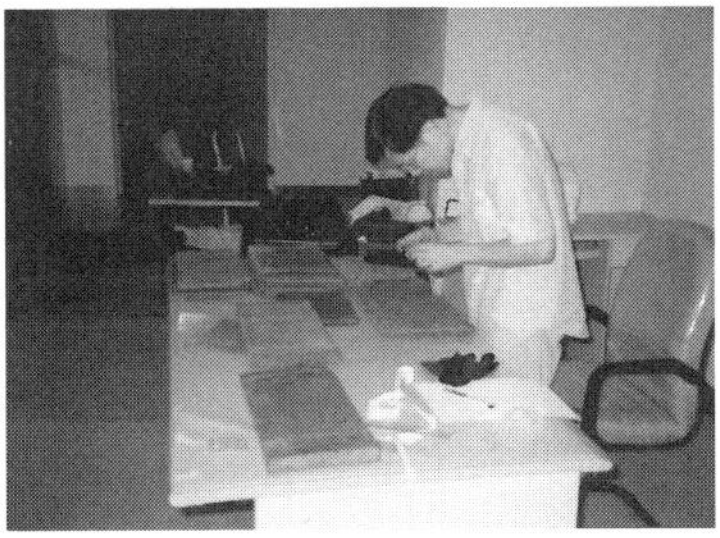

図97…版木を調査する陳正宏教授

古い版木は既に存在しないことも前節で述べた。けれども、日本には室町や南北朝という恐るべき古い版木が現存する。版木の研究にも歴史がある。正平一九年(一三六四)日本で初めての外典『正平版論語』が開板された。その後、正平版は、室町時代に覆刻を繰り返し、巻末の二種類の跋文をそのまま覆刻した双跋本、一種類の跋だけを覆刻した単跋本、跋の無い無跋本がでた。単跋本と無跋本の先後は、江戸時代以降、様々な憶測がなされて来た。なにぶん、比較調査など自由にできる時代ではない。しかし、その後、江戸時代後期、書誌学が発達し、狩谷《かりや》棭斎《えきさい》(一七七四〜一八三五)、市野《いちの》迷庵《めいあん》(一七六五〜一八二六)等は考証学を極めた。ある日、棭斎は市中で版木を見つけ、それが『正平版論語』の版木であることに気付き驚喜した。巻末には跋が無かった。要するに無跋本の版木であることが分かった。ところが彼らの炯眼は見逃さなかった。巻末に跋が無いが、版木に跋文の削り取られた跡がある。すなわち、棭斎は単跋本と無跋本は同じ版木で、跋文のみを削り去ったのが無跋本であると断定した。版木による考証である。その後、版木は東京国立博物館に収蔵されたが、今は惜しくも巻末は朽ちて痕跡は見えない。無跋本が先ではないかとも考えられたが、現在では詳細な研究の結果、棭斎等の説が正しく、無跋本は単跋本の跋文を削去したものであると結論付けられている。版木が滅びなければどれだけの難題が氷解するか。歴史的に見ても版木は書物文化の指標である。明代中期、宋代の版木がほぼ消滅したと述べた。版木の変わり目は書物文化の転換点でもあるわけだ。

### ◈書物の変身

書物は亡んでも、形を変えて生き残り、つまり再生というよりは変身してゆく場合があることは、書誌学にとって最も興味深い事実なのである。とりわけ、日本の古い漢学受容者達は漢籍を自在に取り入れることに成功し、その結果、不思議なテキストが数多く遺ることとなったのである。

『論語義疏』という『論語』の注釈書はその最も顕著な書物の一つである。そもそも古代、『論語』には異なるテキストが存在したようで、注釈者も少なくはなかった。しかし、今、完全な形で見ることができるのは、魏の何晏が纏めた『論語集解』が最も古く、それより古い漢の鄭玄《じょうげん》（一二七～二〇〇）等が注釈するものは断簡として遺るのみである。勿論、我々に親しみのある宋の邢昺の『論語注疏解経』や朱熹注する『論語集注』も『集解』本によってなされたものであった。従って、唐以前の古い『集解』本以外の注釈書は、ほぼ宋代以降は亡んでしまったと考えられているのである。梁代の学者皇侃の注した『論語義疏』もそれに漏れず、中国では全く伝本を失ってしまったのである。やはり、宋以降の出版文化によって淘汰されたのであろうか。

**日本で変身した『論語義疏』**　ところが、その『論語義疏』が日本では古くから写本でたくさん読まれていたのであった。現存する写本だけでも数十に達しているほどで、その流行のほどが窺える。しかしながら、その写本には不可思議な現象が見られる。『論語義疏』という書物でありながら、邢昺の『論語注疏解経』の注釈が入り混じっているのである〈図98〉。つまり、皇侃注の純粋なテキストに何者かが後出の注釈を挿入した新たなテキストを作りだし、それが転写を繰り返し、流布を遂げたのである。それは日本の南北朝時代であったか、鎌倉時代であったか、定かではないが日本人の仕業によるものであろうと考えられる。

勉学の為に読みやすく、より多くの有益な注解を集めて一書にしようとしたのであろう。『論語義疏』は中国に亡んで日本にのみ伝わった古逸書として清朝以来有名となったが、その実体は、亡んだかに見えて変身を遂げた書物の姿であった。

では、邢昺の注釈が挿入されていない元々の姿の皇侃注テキストは存在したのであろうか。室町時代に『論語義疏』を頻繁に講読した関東の足利学校の校長であった九華《きゆうか》（一五〇〇～七八）は、かつて京都の東福寺で岐陽方秀《きようほうしゆう》（一三六一～一四二四）が講義に用いた邢昺の注釈の無い純粋な『論語義疏』のテキストを実見したというのである。原姿を伝えるものが確かに存在したのであろう。日本の漢籍受容はまことに畏るべきものがある。しかしながら、書物は変身して遺されてゆくものなのである。

その後、この『論語義疏』は『論語集解』にも変身の手を差し伸べた〈図99〉。およそ中国では、宋代以降、邢昺本や朱熹本の流行によって『集解』本の単行本は殆ど無く、日本で古写本によって数多く遺されているのは異常な現象であろう。その意味では日本の『論語集解』も亡んだものが再生した書物の一つといえる。そして、再生した『論語集解』の相当数のテキストが、『論語義疏』の分身となり、純粋な『集解』本が変身を遂げたのである。要するに、『集解』本を用いていた中世の学僧が、便宜の為に『論語』各章の意義を総括した『義疏』の一句を『集解』本に混入させたのである。その結果、歴史上存在しなかった新しい『論語集解』のテキストが誕生したのである。

**日本中世の知識欲と書物**　実は、こうした変身の背景には日本の中世期の様々な学問の情勢が絡んでいる。足利学校を中心とする講義講読の勉学形態が確立し、より教科書的で幅広い知識を身につける学問が定着し、京都の博士家による字句解釈の精密な講読の学問と平行していた形勢。『論語』と同時によく読まれた『孟子』のテキストに漢の趙岐注本が日本に伝わり、それが、各章の総括文を備えていて注釈書の形式として完璧なことから歓迎され、同じような『論語』の注釈

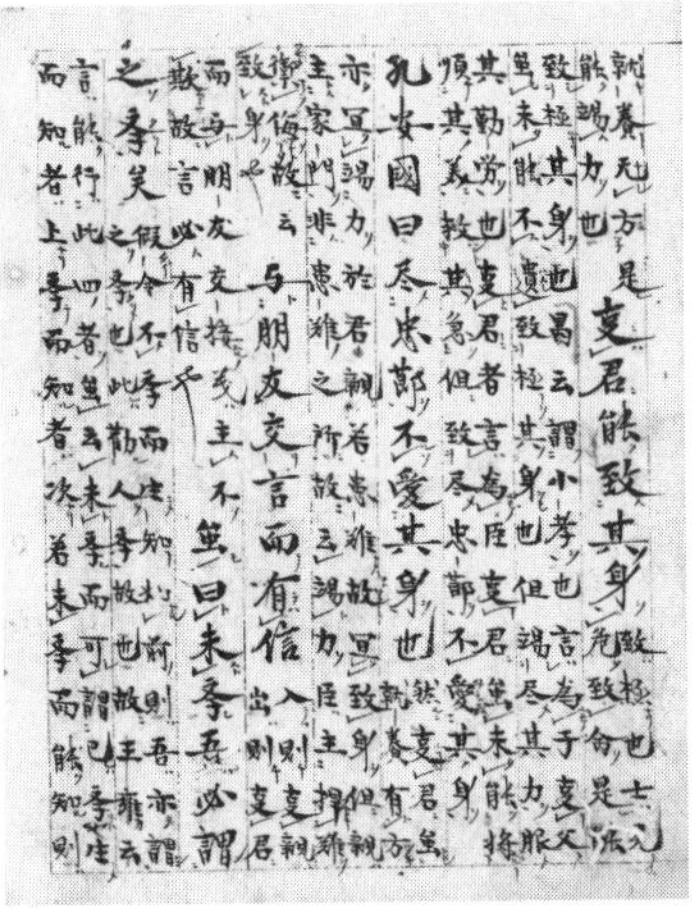

図98…『論語義疏』の写本。二行目「昺云」と見えるのが挿入された邢昺の注釈。

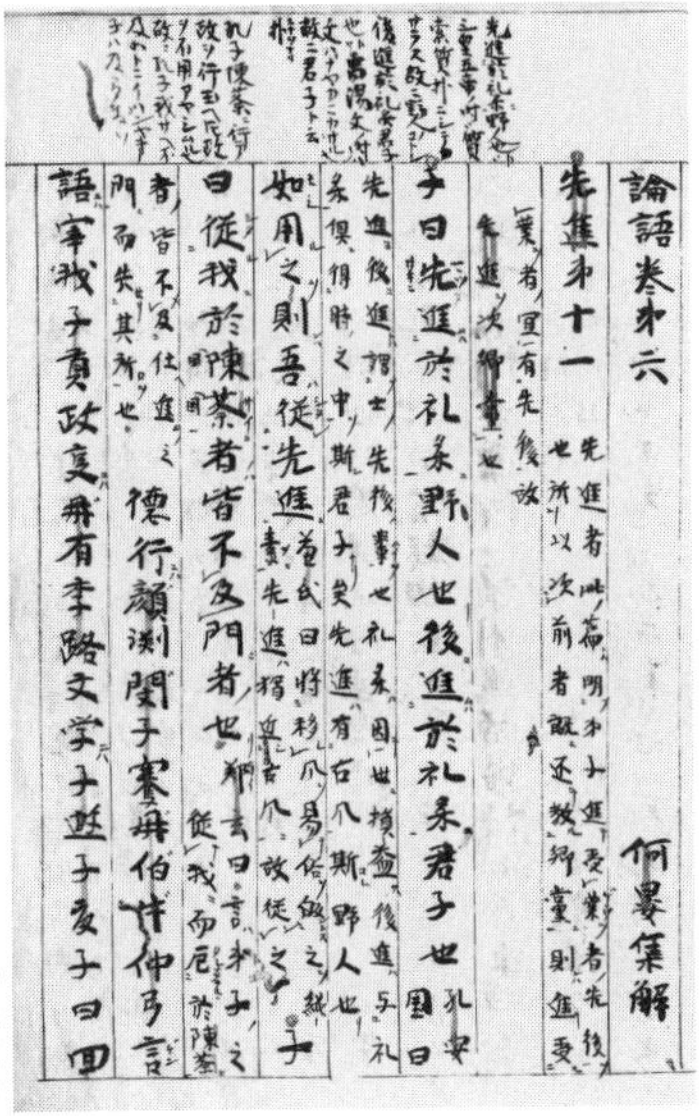

図99…『論語義疏』が混入した『論語集解』本、巻首の「先進者…」（二行目）が『義疏』の注。

書が求められたこと。宋代に「纂図互注」・「音注」・「重言重意」などと書名の上に冠し、参考図や語句索引のような注釈などを盛り込んだテキストが流行し、邦人も独自にそれを真似て講義用テキストを作ろうと努力したこと。とにかく、こうしたいろいろな趣向が中世の旺盛な知識欲を動かしていた。その荒波を鑑みれば、書物の変身などは氷山の一角に過ぎない。

書誌学は、その一角を足がかりに、巨大な氷山を崩してゆく、とてつもない学問なのである。

# 四——再造と鑑定

### ◈「再造」は複製か、偽物か

現在、中国で、中華再造善本という大型の影印叢書が陸続と出版されていることは既述した（一四ページ参照）。一本しか残らない孤本をデジタル撮影と高度な印刷技術による精巧な複製によって後世に分身を遺そうというものである。複製が再造という言葉に置き換えられつつある。しかしながら、覆刻や複製が、数百年の後に原本との見分けがつかなくなる実情を現実に体験する者としては、こうした再造の営為もやがて数百年の後に、今と同様の鑑定が必要になるのではないかと危惧されるのである。原本か複製か、この問題は中国の古典籍が永久に我々に問いかける難問であるようだ。

#### 雷峰塔陀羅尼経の複製

一九二四年、民国一三年、即ち大正一三年に杭州の名勝古跡、雷峰塔が倒れ、壁から印刷された陀羅尼経《だらにきょう》が多数発見された。この塔は、唐滅亡後、五代十国が乱立した時期の十国の一、呉越国王銭俶《せんしゅく》（九二九〜八八）が発願し、八万四〇〇〇の毛穴から仏法が人の魂にしみこんでゆくたとえから、この経を八万四〇〇〇巻刻し印刷、この塔に施入したというのである。その年が、宋開宝八年（九七五）にあたり、まさに五代末北宋の印刷にあたるものとして、印刷術が普及し出した北宋時代の現存最古の遺品として、丁度、日本の百万塔陀羅尼経（こちらは七七〇年の印刷）のように、中国では珍重されている。

周知のように、印刷技術を発明した中国は、印刷史への思い入れは殊更に強く、古代印刷品の遺物は紙片までをもないがしろにはしない習慣がある。しかしながら、唐代には発展していたと推定されるその遺物も現在では僅かに、英国に所蔵される咸通九年（八六八）の『金剛般若波羅蜜《こんごうはんにゃはらみつ》経《きょう》』を遺すのみで、繁栄の実態を探る手だてがない。北宋の初め、九八三年に完成された大蔵経（蜀版一切経《いっさいきょう》）も僅かに片鱗を遺すのみである。従って、雷峰塔から発見された陀羅尼経は、これらの唐と北宋の印刷遺品の中間を結ぶ、技術の継続性を物語る貴重な存在なのである。

ところで、民国一三年の発掘時、噂を聞きつけて駆けつけた専門家や骨董家は数知れず、国家の文物保護下になる以前にこの経は、相当流出した模様で、即刻複製が量産されたのであった。敦煌の発掘時もそうだったのかもしれない。中国の複製造りは我々の想像を絶するものがある。前述の書誌学の大家・顧廷龍《こていりゅう》先生（四ページ参照）は次のように述べている。「余経眼石下数十巻、有真有偽」（私も現地で数十巻を目にしたが、既に偽物が混入していた）。先生もその時駆けつけた一人であった。既にその時、五代のものとは思われない偽物が混入していたというのである。現在見られるものの殆どが、民国の二〇年代頃の翻刻品であるが、しかし、なかには、かなり時代も古そうで古代の趣を醸し出している逸品もある。ただ、百万塔陀羅尼経のように、版が幾つかあったものとは違い、これは一種類の経典を一版で刷ったもののようであるが、真偽を見極める

図 100…五代北宋刊

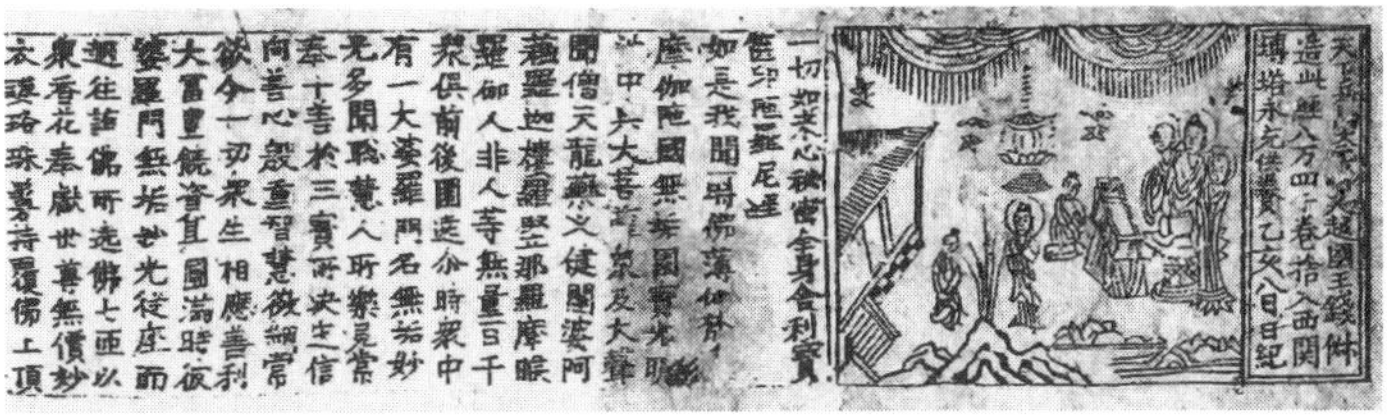

図 101…覆刻（翻刻）

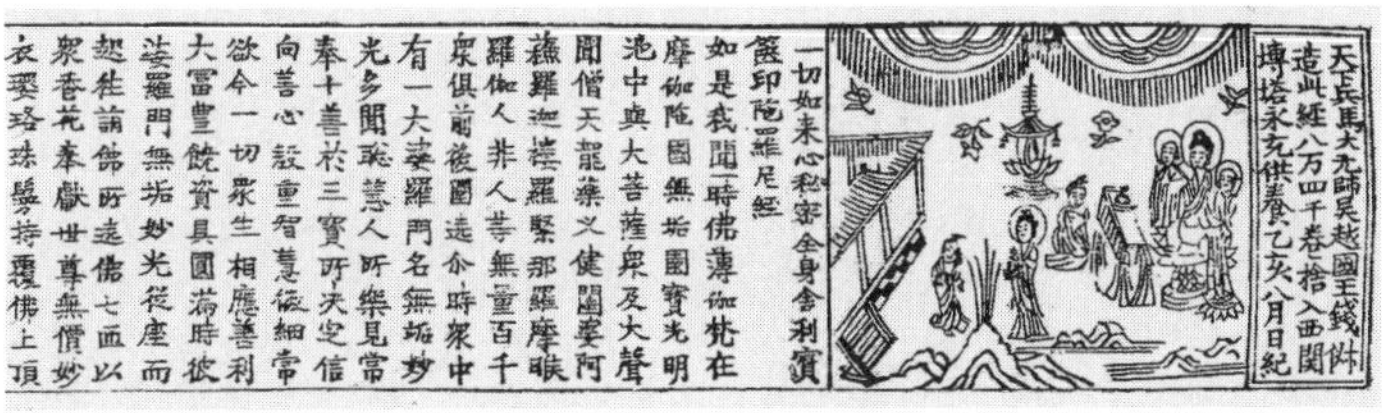

図 102…民国頃の翻刻

のはなかなかやっかいである。

**鑑定の〝眼力〟** とはいえ、その鑑別をする眼は、眼力というしか表現方法のない力を備えなければ、容易に真実を掘り当てることはできないことも事実なのである。

図100は、かなり破損があり、特に前図の様子がはっきりしない。既に裏打ちを施し、紙質も原色に変化を来たしている。が、その文字の刻法は精善で北宋以前の趣を呈しているといわれるとなるほどという感じがする。これは顧先生が本物と認定したものである。対して図101は図100ほど写刻の味わいがなく、刻法にも伸びがない。精巧な覆刻ではあるが、図100の奥ゆかしさには及ぶべくもない。この版には後刷りとでもいうべきやや疲れた印面のものもある。五代の刊刻とは審定されないものである。図102に至っては、前図の輪郭も稚拙で、字様も整然と整い過ぎ、一見して模倣の域を出ないものと判断される。これこそは民国時代の翻刻版である。目録にはこの版を旧刻と著録するものもあるが、比較の材料も無ければ、いたし方のない鑑定である。鑑定に初心の者は、皆同じに見えて疑わないが、眼力が備わると、匡郭や行間の不自然な恣意的な安排を見逃さないのである。

中国では、しかし、偽物を製作したその技術を称賛することはあっても、にせもの造りの行為を安易に非難したりはしない。それを見破る鑑識者も鬼の首を取ったような批評はしない。極めて謙虚である。すなわち中国には再造という特殊な意識が温存され、それが書物の生涯を裏付けているのである。更には、そこに鑑定という特殊な学問が静かに、体系的に確立されている背景を見て取ることができるのである。

### ◈融和する「再造」と「鑑定」

前節のような例は枚挙に暇がないといってもよいくらいである。再造とは倣真ということで、真に迫るのが目的であり、その意味では鑑定眼をもって分別されるほどのものであってはじめて再造の目的が達せられたというべきなのかも知れない。かつて汲古閣毛晋による宋版の写し・影鈔(抄)宋本は神業をもってなされ、毛鈔の名で尊ばれた。清末の蔵書家陸心源はその毛鈔『寒山詩』を手に入れ、『皕宋楼蔵書志』に影宋抄本(影鈔宋本と同じ意味)と著録したが、日本に渡って、『静嘉堂秘籍志』はこれを影宋刊本と改めた。それほどにも精巧な書写なのだが、結局、『静嘉堂漢籍目録』では影宋抄本と再び改めた。仔細にみると毛筆のかすれなどから、写本と断定されるものである。

**古逸叢書『周易程頤伝』** 書誌学の阿部《あべ》隆一《りゅういち》先生は、一九八二年当時の北京図書館で、かねてより所望していた、『古逸叢書』に影刻されている元・至正九年積徳書堂本『周易程頤《ていい》伝』を調査した〈図103〉。『北京図書館善本書目』に「元至正九年積徳堂刊本」と著録されているからである。しかし、先生は一見してこれに疑念を抱き、遂に本書は『古逸叢書』そのもので、元刊本ではないことを発見した。楊守敬は確かに元版を得て覆刻したのである。しかし、その元版は伝わらず、書商が古逸叢書本を古めかして元版に偽ったのである。覆刻の技術が優れているとの見方、それを何故、炯眼は見破らなかったのかとの見方、書商は真実を覆い隠す悪事を演ずるとの見方、見方は様々だが、しかしながら、この全てが書誌学なのではないだろうか。阿部先生によれば、東洋文庫にも宋刊『儀礼』といわれて実は、清の黄丕《こうひ》烈《れつ》が精巧に覆刻した『黄氏士礼居叢書』を胡《こ》蝶装《ちょうそう》(宋代特有の装訂法、各頁を字面が内側にくるよう半折して背をのり付けするので各頁が蝶の羽のように見えることからこの称がある)に仕立て、宋代の原装に見せかけたものがあるという。

**本物と再造物の存在意義**　真実の再生を極めるのは書物の場合、孤本が亡逸してしまうことを恐れ、書物の寿命を長くしようとしてのことである。その為に技術を磨き、孤本の蒐集に努めるのである。してみれば、偽物にしても倣真にしても皆原本の分身であり、書物の生涯の一部分である。再造も鑑定も相向き合うものではなく、共生融和するべき学問なのであろう。

再造という言葉は、最近北京で流行りだした言葉である。鑑定という言葉も、ここ十年ほどの間に中国の書誌学で流行りだした言葉である。鑑定はもともと文物一般、書画古器物などの研究に用いられるものであったが、典籍が文物の重要な部分を占めることを中国は強調しようとしているのである。その中心的な書誌学者の一人である李《り》致忠《ちちゅう》氏(中国国家図書館)は『古書版本鑑定』(文物出版社・一九九七)などの著書で次代の文献学者を養成している。氏は最近各所で「再造」を唱え、『中華再造善本』の出版意義を説いている。再造と鑑定という概念は氏の努力によって今や書誌学常用語として定着してきた。願わくは、この『中華再造善本』が『周易程頤伝』のような運命を辿って欲しくはない。二〇〇七年、一一月に、台北の故宮博物院で、「再造と衍義」と題する国際シンポジウムが開かれた。私は、『古逸叢書』をもって再造の最高地点に達した楊守敬の旧蔵書が眠る故宮の地で、今こうした検討が行われるのは奇縁に思えてならない。数百年後、デジタル化の再造産物が、宋版と見間違われることはないだろうか。私は愚問を発したが、それはあり得ないという諸先生のご意見に安堵した。それは、本物と再造物の存在意義を書物の生涯からきちんと理解できる文献学者を次世代・次次世代・次次次……に亘って着実に育て、絶やさぬように連綿と受け継いで行く環境を充分に整えているのである、という自信に満ちた意見であると私には思えたからである。

**書物の運命と生涯**

「書誌学のすすめ」と題してはいるものの、書誌学はけしてすすめられるよう

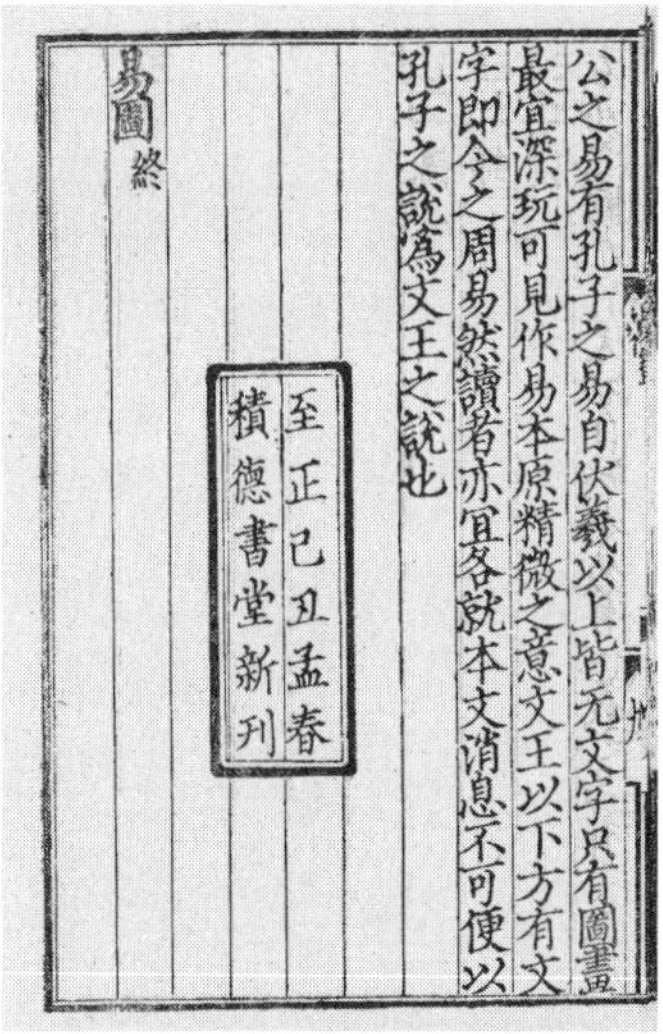
公之易有孔子之易自伏羲以上皆无文字只有圖畫
最宜深玩可見作易本原精微之意文王以下方有文
字即今之周易然讀者亦宜各就本文消息不可便以
孔子之說為文王之說也
至正己丑孟春
積德書堂新刊
易圖 終

周易上經巻第一　程頤傳
乾元亨利貞
初九潛龍勿用
九二見龍在田利見大人
九三君子終日乾乾夕惕若厲无咎

図103…『古逸叢書』・覆刻元刊本。元刊本そのものに見える。

なものではない。書物に接して何かの感触が心の琴線に触れたとき自ら学んでみたいと思うのがその出発点だからである。価値を定める鑑定人はたくさんいる必要はない。ただ、その鑑定に至る学問の経緯を理解できる人はいればいるほどよい。書物にとってそれは何よりの大きな味方となるからだ。

書誌学には理路整然とした教育課程があり、順を経て学ぶことにより、誰しもがこれを身につけることができるのである。大切なことは、中国で生まれた書物は中国人の感覚で捉えなければならないことであり、それが日本に渡って来たら、日本人の感覚で捉えなければならないということである。書物の運命と生涯である。これを考え続けて行くときに古籍はそれにまつわる事跡・人物などさまざまな過去を語り続けてくれるのである。

書物の側に立った書誌学、私がすすめたいと思うのは書物の下に自らを置く、そんな書誌学である。

# 第Ⅲ部

# 書誌学の未来

北京師範大学図書館前身

## 一――楊守敬の購書

### ◈楊守敬と根本通明との交流

根本通明《ねもとつうめい》という漢学者の名前を知っている人は意外と少ないかも知れない〈図104・105〉。文政五年（一八二二）出羽の国刈羽野《かりわの》（秋田県大仙市刈羽野）に生まれ、秋田藩の漢学をもって明治六年（一八七三）、当時の漢学界の巨匠安井息軒《やすいそっけん》（一七九九〜一八七六）らに出会いその実力を認められた。その後東京帝国大学の教授となり、自分が死ねば日本の漢学は滅びるだろうと学生に豪語していたという。最後の漢学者をもって自認し、書物と刀剣を最も愛した易学の学者であった。明治三九年（一九〇六）没す。顔真卿《がんしんけい》（七〇九〜八五）の書体を学び、その手蹟による蔵書の綿密な書き入れは、和服佩刀の勇姿とともに見る者を圧倒する。蔵書は現在秋田県立図書館に所蔵される。その一つに、清・劉宝楠《りゅうほうなん》（一七九一〜一八五五）の『論語正義』同治五年刊本がある〈図106〉。清朝の『論語』の注釈書として名著の誉れが高い。帙に「惺吾自贈／根本先生」と楊守敬《ようしゅけい》（図107・一八三九〜一九一五）の題簽《だいせん》がある。楊守敬は前述のように光緒六年（一八八〇、明治一三）清国駐日公使の随員として

図104…根本通明

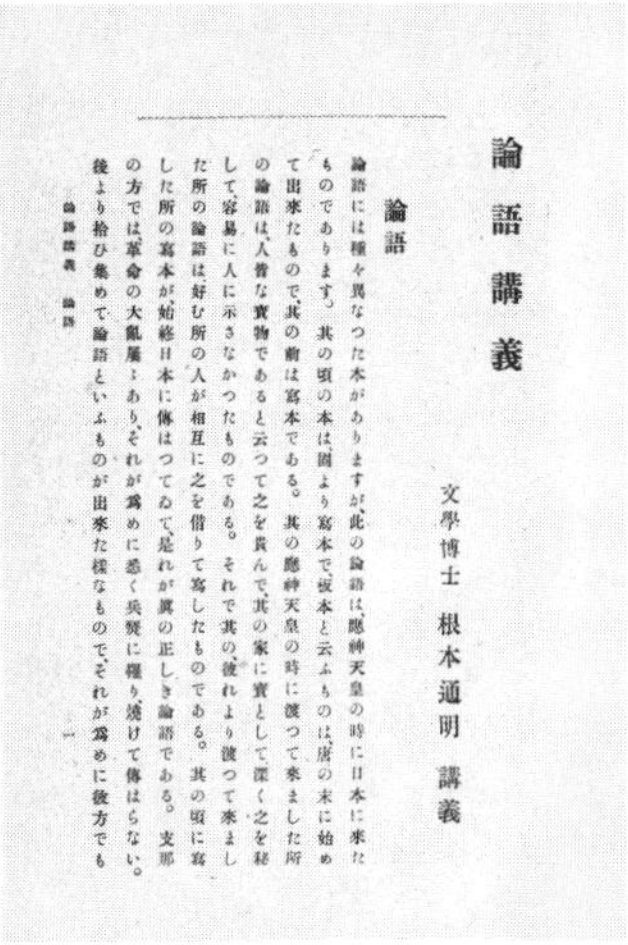

# 論語講義

文學博士　根本通明　講義

論語

論語には種々異なつた本がありますが、此の論語は、應神天皇の時に日本に來たものであります。其の頃の本は固より寫本で、板本と云ふものは、唐の末に始めて出來たもので、其の前は寫本である。其の應神天皇の時に渡つて來ました所の論語は、人皆な實物であると云つて之を貴んで、其の家に寶として深く之を秘して、容易に人に示さなかつたものである。それで其の、彼れより渡つて來ました所の論語は、好む所の人が相互に之を借りて寫したものである。其の頃に寫した所の寫本が、始終日本に傳はつてゐて、是れが眞の正しき論語である。支那の方では、革命の大亂屢〻あり、それが爲めに悉く兵燹に罹り、燒けて傳はらない。後より拾ひ集めて論語といふものが出來た樣なもので、それが爲めに後方でも

論語講義　論語　一

図105…根本通明の『論語講義』

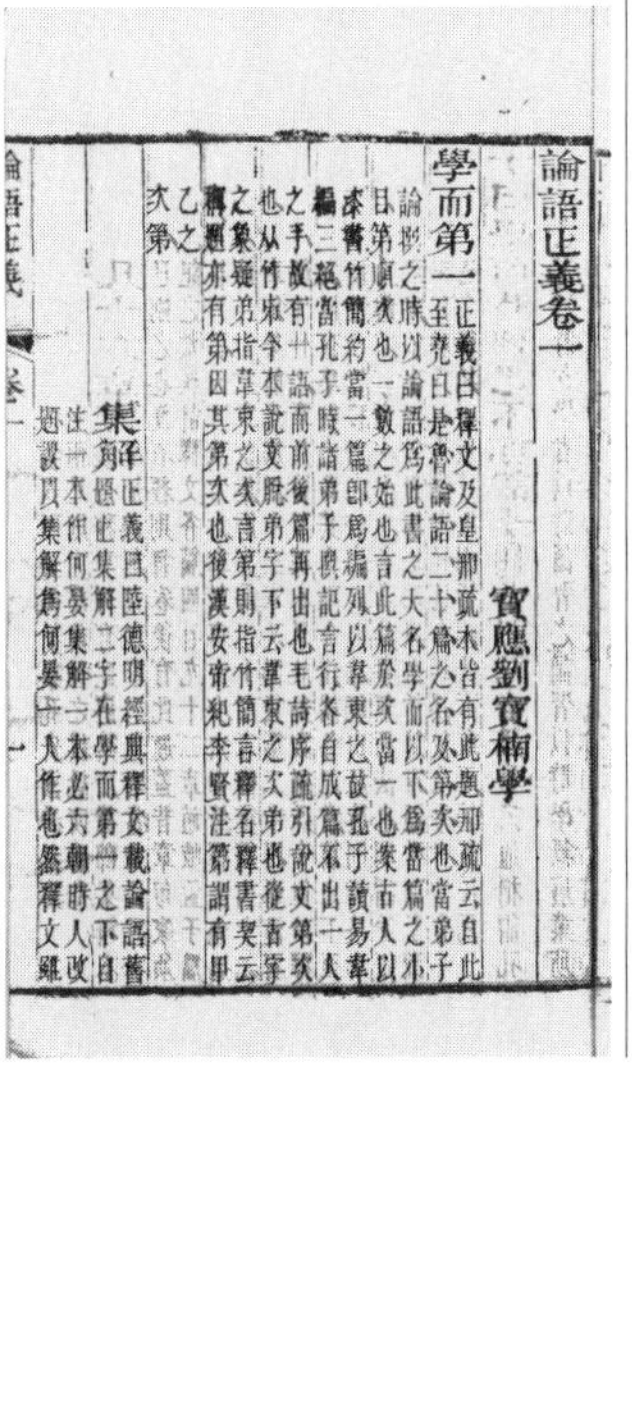

論語正義卷一

寶應劉寶楠學

學而第一　正義曰釋文及皇邢疏本皆有此題邢疏云自此至堯曰是魯論語二十篇之名及第次也當弟子論撰之時以論語爲此書之大名學而以下爲當篇之小目第順次也一數之始也言此篇於次當一也案古人以竹簡約當一篇即爲編列以韋束之故孔子讀易韋編三絕當孔子時諸弟子撰記言行各自成篇不出一人之手故有廿語而前後篇再出也毛詩序疏引說文第次也从竹弟今本說文脫第字下云韋束之次弟也從古字之象疑弟指韋束之次言第則指竹簡言釋名釋書契云簡亦有第因其第次也後漢安帝紀李賢注第謂有甲乙之次第

集解　正義曰陸德明經典釋文載論語舊題此集解二字在學而第一之下自注一本作何晏集解亡本必六朝時人改題誤以集解爲何晏一人作也然釋文雖

図106…劉宝楠の『論語正義』

図107…楊守敬七〇歳の肖像、大切にした日本の古写本などに添付した。

来日した(一一〇ページ参照)。在日四年の間に、膨大な古典籍を買い集め船に満載して帰国した。光緒四年根本通明は公使何如璋《かじょしょう》を訪問して以来、その漢学は大いに清国人を刺激した。『論語』研究に力を用いていた根本氏はまだ見ることを得なかった『論語正義』を楊氏が所持していると知り、所望して止まなかった。本書はその後長沙の王先謙《おうせんけん》の編になる叢書『皇清経解続編』(光緒一四年刊)に収載されて容易に見られるようになるが、それまでは家刻の単行本に拠るよりほかなかったのである。楊氏と懇意であった書家の巌谷《いわや》一六《いちろく》(一八三六〜一九〇五)を通じて楊氏にこの書を求めた。楊氏はこれを、劉宝楠の子恭冕《きょうべん》より贈られていたこともあって常に身辺に携えて愛読していた。帰国が迫り舶載する書物の整理も終わって木箱に釘を打ち厳重に梱包して安心していると、根本氏の懇請は続く。楊氏はどうしてもというならば、清の徐鼒《じょさい》著『詩広詁』と交換なら釘を抜いても良いと巌谷氏に伝えた。これも流布していない稀書である。根本氏はそれを聞いて躊躇した。考慮の末自ら書写して複本を作り楊氏に与えることに決めた。楊氏は三〇巻の手写を厭わぬこの熱意に感得し、篋底から『論語正義』を取り出して巌谷氏に託した。

こうしたやりとりが楊氏の筆で本書の余白に書き記されている(跋文)。書物好きにとって交換は何よりの得策である。待望の書を得た根本氏は様々なテキストと校勘し、多くのメモを書き入れて本書を読破している。

**楊氏舶載古書の実体**　この一連の情景を思い浮かべるとき、釘を打ち終えた時の楊氏の充実感は如何ほどであったかと想像したくなるのは私だけではないだろう。楊氏の跋文の原文には「会余帰期迫、已貯入行箱釘封、不易出」（帰国が迫り荷物の梱包が終えたので根本氏懇望の書は容易に取り出せない）と書かれてある。この一文に私は異常なほどの興味が沸いてくるのである。いったい何箱あったのだろうか。どのくらいの大きさの箱なのだろうか。どんな分類で収拾入箱したのだろうか。リストはあったのだろうか。一点一点の書物ごとに紙でくるんだりしたのだろうか。

楊氏が舶載した古書は中国大陸に既に失われて日本に古く伝わった古典籍の古刊本や古写本である。それらの古籍がいかなる価値を有するかの具体的な研究は未だに総合的に行われてはいない。私は一部分、拙著『室町時代古鈔本「論語集解」の研究』（汲古書院・二〇〇八）のなかで触れたことがある。楊氏の書は帰国後、湖北の黄州（黄岡市）、上海、北京などに転居したが、蔵書は最終的に北京に運ばれ、民国四年（一九一五）一月九日長逝してよりは民国政府に買い上げられ、松坡図書館・故宮に分蔵され、後、前述のように、故宮の分は台北に運ばれ松坡の分は北京図書館に引き継がれたということになっている（一一一ページ参照）。楊氏の書といえば観海堂《かんかいどう》の蔵書ということで台北故宮博物院を思い出すのが文献学の基礎知識である。

しかしながら、私の異常なる興味はこうした知識と根本氏の為に梱包を解く時の、容易周到な準備を為した時の、帰国間際の箱の総体とが交錯して、どうしても知識として完了することができないのである。実際、既に相当の文献専門家が気付いているように、楊氏が舶載した古典籍の実体はそう単純なものではなさそうなのである。何千巻もある仏典大蔵経を数セットも持ち帰っているという話だけでも、普通に考えるような購書ではないことが想像される。

私はその実体をどうしても自分なりに把握したいと願い大陸の主要な蔵書に狙いを定めてみたのである。

## 二――典籍の聚散（一）　焚書から『四庫全書』の受難まで

### ◈焚書から黄巣の乱まで

そもそも、中国の典籍の歴史は聚散の歴史ともいえる。書物が編纂され、収蔵され、散佚し、また復元され、再びそれを繰り返す。この歴史を述べた名著に民国一七年（一九二八）の鄭鶴声《ていかくせい》・鄭鶴春《かくしゅん》著『中国文献学概要』、民国二一年（一九三二）の陳登原《ちんとうげん》著『古今典籍聚散考』、二〇〇二年の向斯《しょうし》『歴朝皇宮宝籍』（中国文史出版社）等があるが、特に『聚散考』は書物の聚散の歴史を政治・兵《へい》燹《せん》（戦災）・蔵棄（所蔵）・人事の項目から整理していて全体がよく見える構成となっている。

**秦から魏まで**　孔子《こうし》の修書以来、儒学を中心とした典籍が増え、秦の統一後、それらは明堂《めいどう》・金《きん》匱《き》・石室《せきしつ》という書庫に蓄えられたが、始皇帝《しこうてい》（在位前二二一～前二一〇）の焚書の令により、経典の勢いは衰えた。

漢代に劉向《りゅうきょう》（前七七～前六）父子が典籍の整理を行い大いに蔵書の充実をみたが、これも王莽《おうもう》（前四五～二三）政権末年の混乱と赤眉の乱によって都長安の図書は灰燼に帰したという。後漢の洛陽では石室・蘭台《らんだい》・東観《とうかん》という蔵書処が栄えたが、やはり漢末董卓《とうたく》（?～一九二）の乱によって衰退した。

魏の時代になると秘書郎鄭黙《ていもく》が図書の大整理を行い、『中経』という目録を作製、更に晋の秘書監荀勖《じゅんきょく》が『中経新簿』を作り、ここに四部分類の基礎が現れ、目録学は大いに進歩した。しかし、恵帝《けいてい》（在位二九〇～三〇六）の時、内乱八王の乱が起こり、懐帝《かいてい》（在位三〇六～一三）の時、匈奴部族の劉聡《りゅうそう》に都洛陽を襲われ（永嘉の乱）、文籍はまたしても灰燼に帰した。

**南北朝時代**　その後、建康（南京）を都とした東晋の初め、李充《りじゅう》が図書を整理、目録を作製したが、存するものは三〇〇〇巻あまりに過ぎなかった。東晋を承けた宋の武帝劉裕《ぶていりゅうゆう》（在位四二〇～二二）も収書に努め、宋末、王倹《おうけん》が目録『七志』を作製した時には、仏教書の増加もあって、一万五〇〇〇巻にも達した。しかし斉末の兵火によってまた経籍は多く散佚した。

梁・武帝（在位五〇二～四九）は右文政策をとり、文徳殿《ぶんとくでん》などに復元した図籍は二万数千巻を数え、阮孝緒《げんこうしょ》がまとめた目録『七録』は江左の文献の隆盛を物語った。しかし、侯景《こうけい》の反乱（武帝崩御後、侯景が簡文帝《かんぶんてい》を殺害して漢王を称するも元帝《げんてい》に鎮圧される、五五一年）によって梁の経籍はこれまた兵火に荒らされた。梁の元帝（在位五五二～五五）はかろうじて都の図書の一部を荊州に運んだといわれるが、異族の資となることを懼れ、北方の周兵の攻めくるや、古今の図書一四万巻を焼き尽くしたという。

北朝にあっても、北魏の孝文帝《こうぶんてい》（元氏・在位四七一～九九）が洛邑に都を定め（四九三）、斉国から借書して図籍の充実をはかったが、武将、爾朱《じしゅ》氏の乱（孝明帝《こうめいてい》・孝荘帝《こうそうてい》との抗争）により皇室は散乱した。鄴（河北省邯鄲）に定都した北斉は再び典籍の校写を続け万巻に達したという。

**隋・唐代の蒐書**　隋に至り、開皇三年(五八三)秘書監牛弘《ぎゅうこう》の表請により懸賞を与えて天下の典籍を献納せしめ、その量は増大した。煬帝《ようだい》(在位六〇四〜一八)の時には秘書省《ひしょしょう》に一二〇人の官員をつけて諸書の修撰を行い、洛陽に修文殿《しゅうぶんでん》・観文殿《かんぶんでん》を設けて書画を蓄えた。当時存在した三七万巻の図籍について、重複猥雑を整理して三万七〇〇〇巻とし、優れたものは複本を作製し、上中下の三品に分類した。その区別は軸の素材により、紅の琉璃、紺の琉璃、漆をそれぞれ上中下に充てた。無論、この大整理の際、統治に不都合な書籍は焼き払ったといわれ、文運は隆盛と衰退を同時にはらむものであることも認識されなければいけない。唐の高祖《こうそ》武徳五年(六二二)には、隋の典籍を尽く没収し、司農小卿宋遵貴《そうじゅんき》が船に舶載して都に向かったが、途中水没したものは八〜九割にも達したという。

兎に角こうした聚散を繰り返し、唐初、魏徴《ぎちょう》(五八〇〜六四三)らによる『隋書経籍志』が編纂され〈図108〉、おおよそ九万巻の典籍を四部(経・史・子・集)に分かち、以後の目録形態の準拠となったのである。この間の聚散も『経籍志』のなかに述べられている。

この頃、すなわち、太宗《たいそう》の貞観年間(六二七〜四九)から玄宗《げんそう》の天宝年間(七四二〜五六)までは書物の黄金時代といわれる時代を迎えた。民間から書を集め、書写、校訂を大規模に行い、内庫に納める。昭文館《しょうぶんかん》・崇文館《すうぶんかん》・集賢書院《しゅうけんしょいん》など皆当時の聚書のセンターであった。四川の麻紙・河北の墨・筆をふんだんに用いて書写本を作製、四つの庫に分けて複本も作った。乾元殿《けんげんでん》の広大な書庫風景は驚くべきものであった。巻子本の巻軸は色分けし、書名を記す籤も経部紅・史部緑・子部碧・集部白にして四部を区別できるようにした。今、これが存在したら、世界中で最も美しい美術品として誰しもが息をのむことであろう。

**安史の乱による壊滅**　しかし、五万巻とも七万巻とも一二万巻ともいわれるこの大蒐集も安史の乱（七五五～六二）で「両都覆滅、乾元旧籍、亡散殆尽」（『旧唐書』経籍志）となった。陳登原は、『経籍志』のこのくだりを読むと「巻を掩うにたえず、愴然となり」「蒐集の辛苦を思うと思わず書物を撫でて三嘆してしまう」と感慨を述べている。

その後も無論復元がなされ、文宗《ぶんそう》（在位八二七～四〇）の開成年間には四庫の書、五万余巻となったが、僖宗《きそう》の広明一年（八八〇）、黄巣《こうそう》の乱（黄巣は斉王を称して長安を蹂躙した）によって内庫はまた焼かれてしまう。これより宋・太祖《たいそ》（在位九六〇～七六）の時に至るまで騒乱の時代が到来する。

気が遠くなるような構築と凄まじい破壊とが幾度となく繰り返されるのである。

後晋の劉昫《りゅうく》『旧唐書経籍志』、宋・欧陽修《おうようしゅう》『新唐書藝文志』、元・馬端臨《ばたんりん》『文献通考経籍考総叙』にこの歴史は詳しく書かれている。

### ◈宋・元・明代

今しばらく典籍の興亡を見てみよう。五代の戦乱を経て建隆一年（九六〇）太祖の宋建国時、崇《すう》文院《ぶんいん》に置かれた典籍は万巻余りに過ぎなかった。この頃、既に印刷技術が本格化し、書写の労を厭う風もあったという。隋や唐の隆盛には比すべくもなかったようである。太宗真宗《しんそう》も蒐書に努め、龍図閣《りゅうとかく》、太清楼《たいせいろう》、玉宸殿《ぎょくしんでん》、四門殿《しもんでん》にはそれぞれ万巻の書が蓄えられた。仁宗《じんそう》（在位一〇二三〜六三）の慶暦年間、唐の開元四部録に倣って『崇文総目』を編纂した。収書三万六〇〇〇巻。徽《き》宗《そう》（在位一一〇〇〜二五）もまた『秘書総目』を編纂せしめ、ここに太祖以来百数十年にして訪求遺書は全盛を迎える。

**靖康の変から金代**　北宋末、宣和七年（一一二五）北方の女真族金が攻め入り、翌靖康一年都汴京を占領し、更に翌年徽宗・欽宗《きんそう》を拉致し大量の典籍を持ち去った。世にいう靖康の変である。宋は道教仏教の経版、崇文院の図書、国子監《こくしかん》の経版などを金に与えざるをえなかったのである。高《こう》

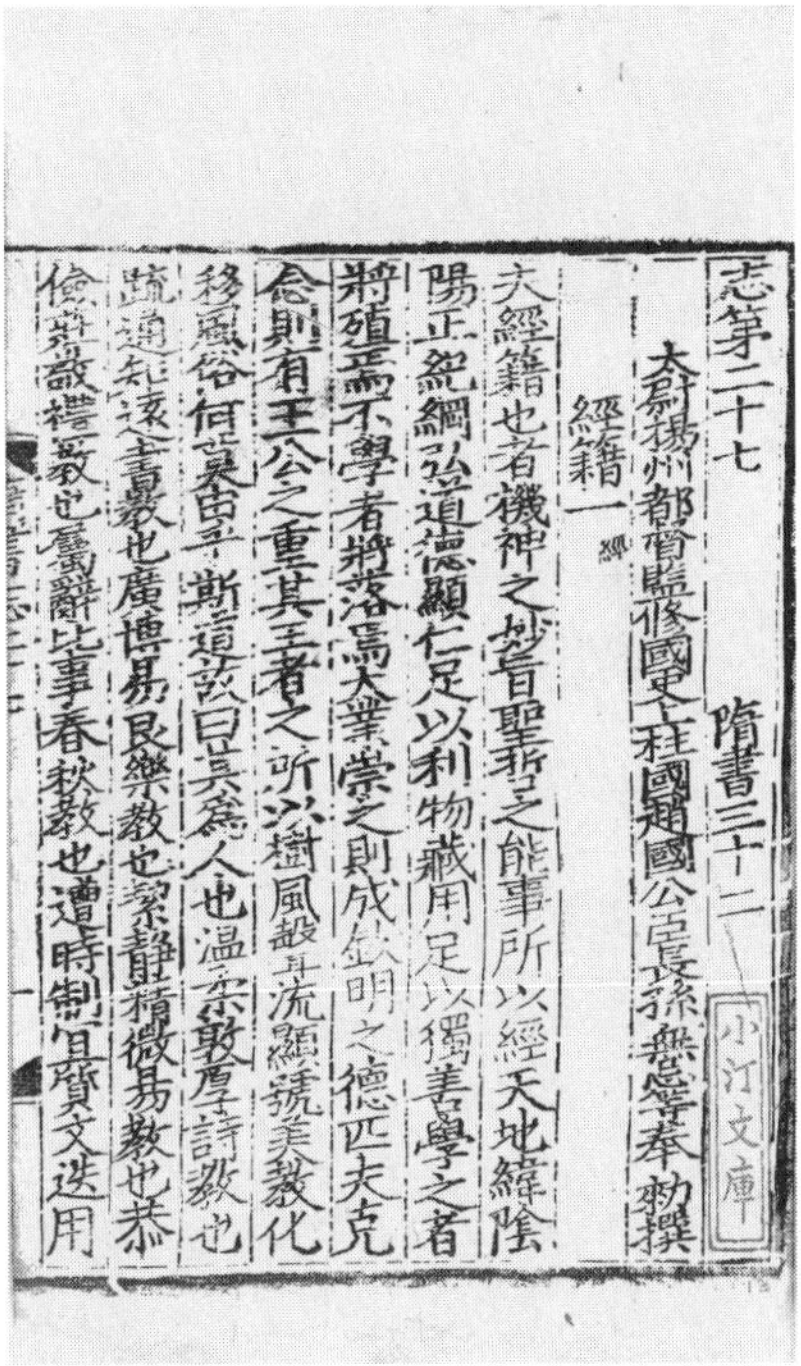
志第二十七　隋書三十二
太尉揚州都督監修國史上柱國趙國公臣長孫無忌等奉　勅撰
經籍一　經
夫經籍也者機神之妙旨聖哲之能事所以經天地緯陰
陽正紀綱弘道德顯仁足以利物藏用足以獨善學之者
將殖焉不學者將落焉大業崇之則成欽明之德匹夫克
念則有王公之重其王者之所以樹風聲流顯號美教化
移風俗何莫由乎斯道故曰其爲人也溫柔敦厚詩教也
疏通知遠書教也廣博易良樂教也絜靜精微易教也恭
儉莊敬禮教也屬辭比事春秋教也遭時制宜質文迭用


図108…『隋書』経籍志
唐時代初め頃の書物の状況が明らかにされている。

宗《そう》（在位一一二七〜六二）は南渡して紹興八年（一一三八）都を杭州（臨安）に定めたが、南渡後、南京・揚州にあって直ちに民間より蒐書を始めていた。紹煕〜嘉定（一一九〇〜一二二四）年間には中《ちゅう》興館閣《こうかんかく》蔵書も四万五〇〇〇巻を数え、新たな著書も増加し、失われた書籍の八割方は復興した。

しかし、この頃には金の勢力もようやく衰え、蒙古の台頭が顕著となり北方の図籍は戦乱の災いを逃れることはできなかった。

金に仕えた詩人元好問《げんこうもん》（一一九〇〜一二五七）は金・元・南宋の戦に巻き込まれた典型的な蔵書家で、山西・山東・河南などを転々とするうちにどれだけの善本を失ったかを『故物譜』という文章に綴っている。「我が家の蔵書は宋の元祐年間（一〇八六〜九四）以前のものである。しかるに金の貞祐四年（一二一六）蒙古の襲来により蔵書を壁の間に隠して難を逃れたが、危急存亡の時とみてこれを太原の旧家に託し、先人の手写本春秋・三史・荘子・文選等を車に載せて南に逃げた。既に蒙古は潼関（西安の西）を破る勢いで壊滅状態であった。かつて、親類諸兄と話題典籍に及ぶと、あの本は何処で買って誰に伝え何年所蔵したか、など備《つぶさ》に話してくれ、喜んでメモしたものだ。今、散佚してしまったが、あの装訂や題簽、蔵印など夢に現れるようだ」。

**元・明代**　一二三四年金は亡ぶが、無論、元も耶律楚材《やりつそざい》の進言により経籍処《けいせきしょ》を平陽に建て、至元一三年（一二七六）南宋の都臨安を占領した後も、宋の秘書省・国子監の図書を都大都（北京）に運ぶなど図書事業は旺盛であった。秘書監《ひしょかん》・興文署《こうぶんしょ》・国子監などが蔵書の中心地であったが、一九九〇年代上海古籍出版社が影印した『宋蜀刻本唐人集叢刊』に収載される幾つかの宋版（例えば

『皇甫持正集』）に捺される「翰林国史院官書」という大印〈図109〉はまさに元代の官府蔵書の隆盛を物語るものである。

元末紅巾軍など農民反乱による混乱はこうした蔵書文化に打撃を与えた。北方に退却した元が北京に遺した典籍は明初将軍徐達《じょたつ》（一三三二～八五）によって接収されたが、明の太祖（在位一三六八～九八）は洪武一年（一三六八）開封を都に定め、同一一年（一三七八）には南京を京師とした。更に永楽帝《えいらくてい》の永楽一九年（一四二一）には再び北京に都が定められる、という具合で、典籍の移動による散佚は想像に難くない。その間、太祖は南京に文淵閣《ぶんえんかく》を建てたが、それも正統一四年（一四

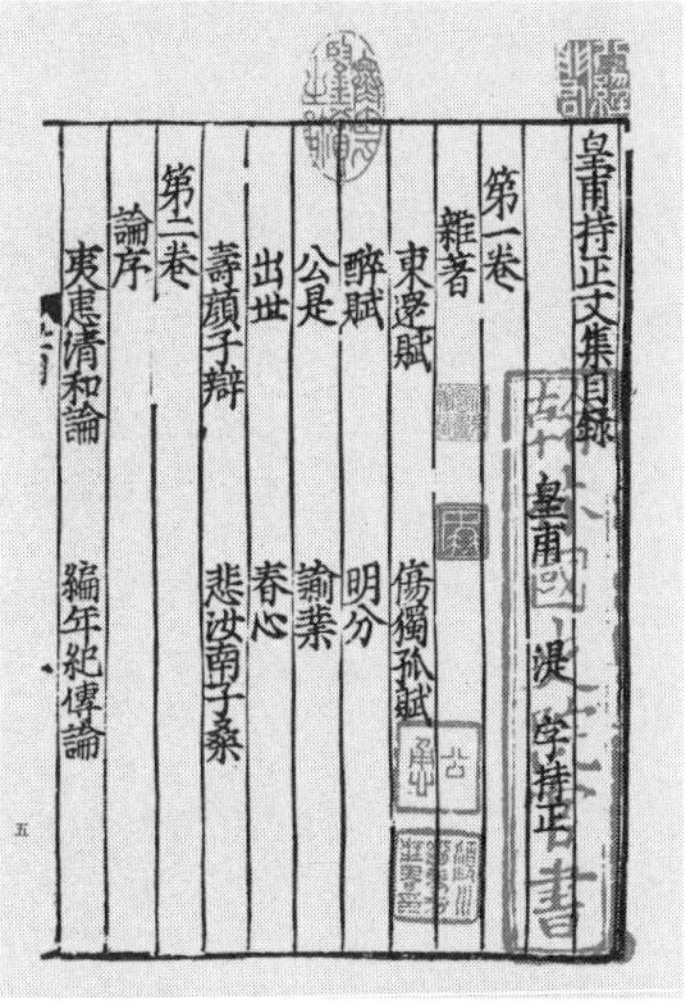

皇甫持正文集目錄　皇甫湜字持正
第一卷
雜著
東還賦　傷獨孤賦
醉賦　明分
公是　諭業
出世　春心
壽顔子辯　悲汝南子桑
第二卷
論序
東晋元魏正閏論　編年紀傳論

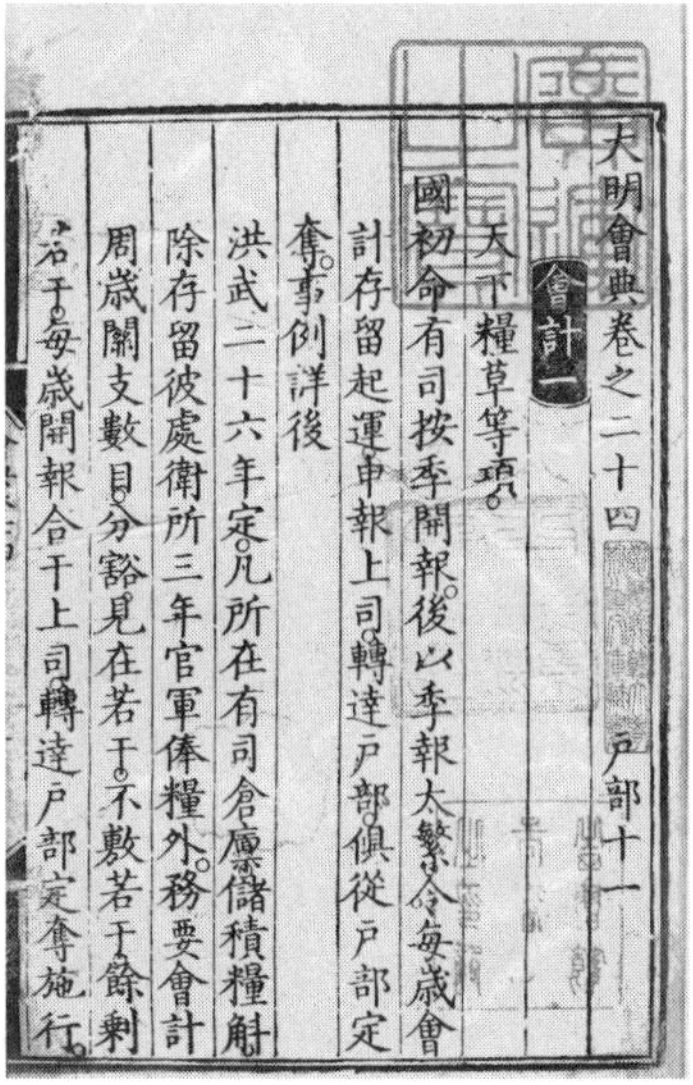

大明會典卷之二十四　戶部十一
會計一
天下糧草等項
國初令有司按季開報。後以季報太繁。令每歲會
計存留起運申報上司。轉達戶部。俱從戶部定
奪。事例詳後
洪武二十六年定。凡所在有司倉廩儲積糧斛
除存留彼處衛所三年官軍俸糧外。務要會計
周歲關支數目。分豁見在若干。不敷若干。餘剩
若干。每歲開報合干上司。轉達戶部。定奪施行。

（上）図109…宋版『皇甫持正集』に捺された「翰林国史院蔵書」印、元代の印といわれる。（下）図110…明正徳刊『大明会典』に捺された「広運之宝」印。

四九)祝融《しゆくゆう》に遭って甚大な損失を受けた。永楽年間に北京に移動していた精品は正統六年(一四四一)の北京文淵閣建設と同時に、楊士奇《ようしき》による『文淵閣書目』(正統六年)も編纂され、「広運之宝」という大印を捺して保管された〈図110〉。この書目はおよそ七〇〇〇種四万冊、版本の詳細を記さないが、宋元の旧刻旧鈔が殆どであることは容易に察せられる。

**宮室の火災と書庫**　宮室の度重なる火災は戦よりも甚だしく、明政府は防火第一を掲げ、古代の石室金匱に倣って木を用いない書庫を考案、嘉靖年間に皇史宬《こうしせい》(今も故宮の東に遺る)を建て、歴代の『実録』を蔵した。南京から運んだ『永楽大典』もはじめ文楼に納めたが、嘉靖年間の火災で危うく難を逃れ、同四一年(一五六二)全く同じ複本を作製、穆宗《ぼくそう》の隆慶一年(一五六七)正本を文淵閣に、複本を皇史宬に保管した。

既に、第Ⅱ部で述べたように(一四八ページ参照)、永楽の初め、解縉《かいしん》(一三六九〜一四一五)が一四七人の学者を集めて開始した百科事典編纂大事業は、『文献大成』として完成したが、更に二一六九人を用い重修、永楽六年(一四〇八)『永楽大典』〈図111・112〉と命名、二万二八七七巻目録六〇巻一一〇九五冊という巨冊であった。これも清の乾隆時代四庫全書編修時には、故宮の南にある翰《かん》林院《りんいん》(今、長安街を挟んだ南、公安局のあたり。巻末の附図〈清末北京城〉参照)に移されていたものは二四二二巻に過ぎなかったという。

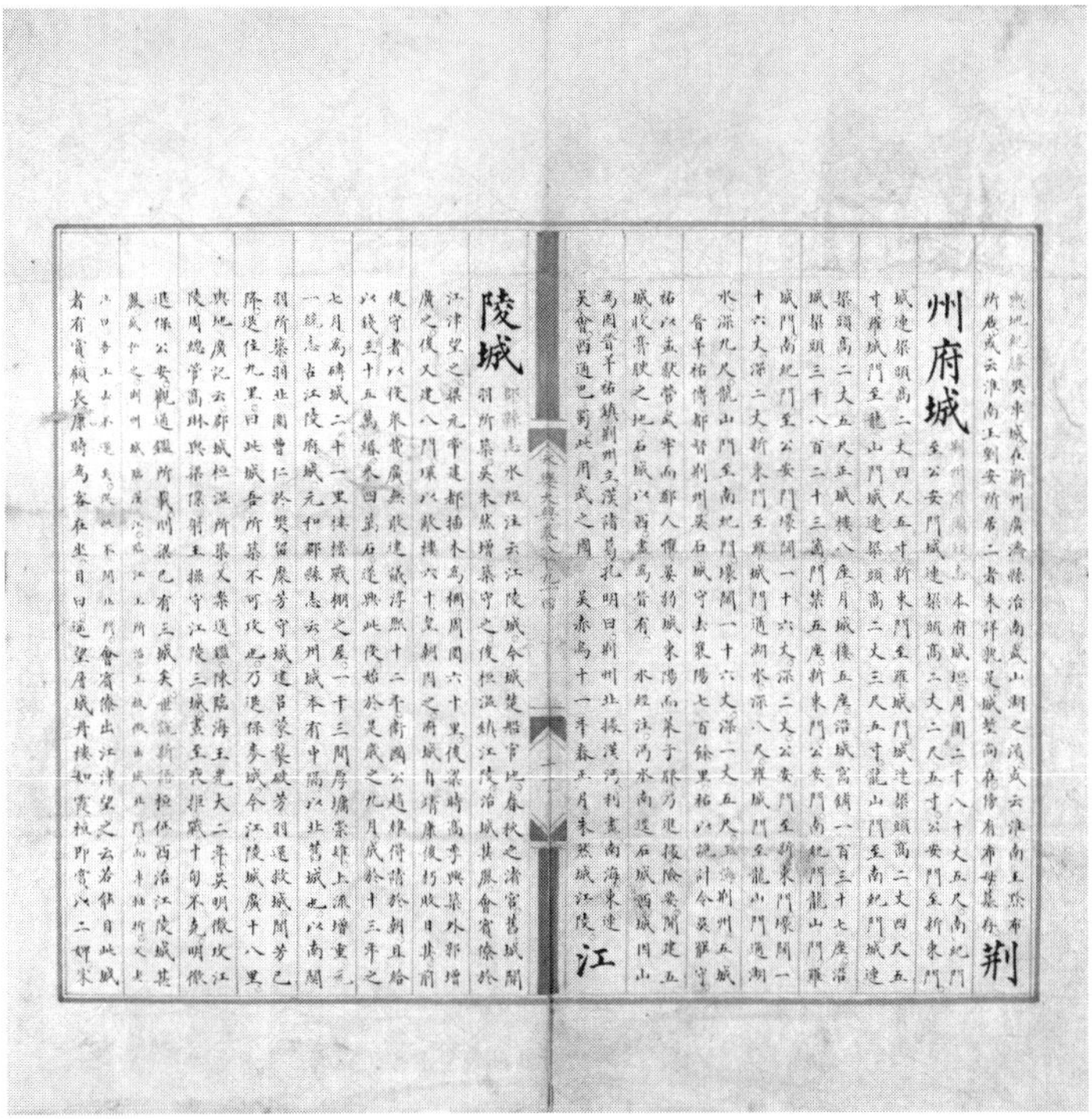

荊州府城

江陵城

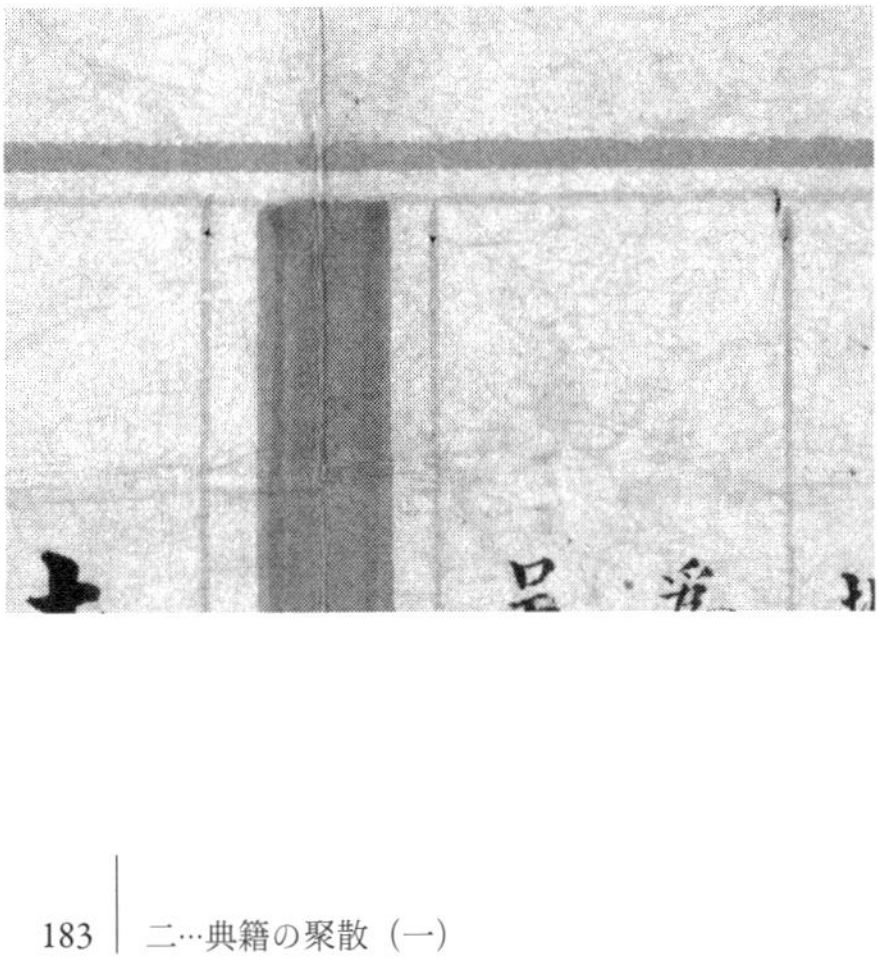

(上)図111…『永楽大典』の一頁を開いた様子。用紙の大きさは縦約五〇センチメートルもある(第II部一四七～一四八ページも参照)。
(下)図112…罫線は朱色の書写で、上下に針穴(罫線上方に見える)を空け、糸を引いて筆が曲がらぬようにする。

## ◈『永楽大典』と明代蔵書の受難

『永楽大典』は、文淵閣のものは焼けたといわれる。そして雍正年間に皇史宬のものが翰林院に移された。一説には、嘉靖間の複本作製の時に二部複本を作製して原本は再び南京に戻したという。その二部は一部を文淵閣に、一部を皇史宬に、そして南京と皇史宬のものは焼け滅び、文淵閣本が今に遺るものだという説である。いずれにしても現存の残本は複本で、原本は遺らないが、その流伝は不思議なほど不明である。張 忱石《ちょうしんせき》『永楽大典史話』(中華書局・一九八六)に経緯は詳しく記されている。

光緒一年(一八七五)五〇〇〇冊、同二〇年には八〇〇冊と減っていく。役人が翰林院に入る時外套を包んだ包みを持参する。出る時、外套を纏い、包みには『大典』二冊を忍ばせる。門衛は気付かない。これを外国の大使館に持って行くと銀一〇両を得たという。

**義和団事件による強奪**

光緒二六年(一九〇〇)義和団事変を機に八カ国連合軍(米英法独伊日奥露)が北京を制圧しようとした。宮城の南東粛親王府と向かいの翰林院は戦場となり、『大典』は無惨にも焼かれ、石畳の代用となり、また多くが強奪された。八月一五日慈禧太后《じきたいこう》は光緒帝《こうしょてい》を連れて故宮から出宮。連合軍は管理委員会と称し、主人のいない宮廷を荒らした。翌年、売国といわれる辛丑条約を余儀なくされたのである。この時の文物散乱の実状を考証したものに『流転　清朝秘宝』(冨田昇《とみたのぼる》著・日本放送出版協会・二〇〇二)がある。近代の中国では、太平天国の乱とこの八国連軍の擾乱が最も大きな書物の災厄であったと考えられている。

成立事情はともかくも、『永楽大典』は民族の共有の宝となり、残巻蒐集は国家の一大事業となりソ連・ドイツなどの返還もあって、大陸では一六〇冊余り、台湾に六〇冊を復元することができた。世界に四〇〇冊余の現存を確認している。二〇〇二年、北京図書館出版社が一六三冊を現物同様に影印出版した。『大典』の興亡は典籍の運命を最もよく示しているといえよう。

**内府本の充実と散逸**　『大典』は極めて特殊な写本であるが、明代の特筆すべき収蔵には、内府で独自に出版された一連の図書があり、宮中の典籍の量がこれによって急増した。司礼監が司り、工房は経廠《けいしょう》、この出版物を内府本《ないふぼん》または経廠本といった。字が大きく、元代の趙孟頫《ちょうもうふ》体の字様を持ち、白綿紙に「広運之宝」を捺す、大型の本である。工房の職人は千数百人といわれ、百数十種の典籍を刊印した。

また南京・北京の国子監（南雍《なんよう》・北雍《ほくよう》）もそれぞれ『十三経注疏』など大部の書を刊印した。こうして充実した内府の蔵書も明代の末には官吏の杜撰な管理によって次第に質量を減じてゆく。宋人の詩文集の九割は宋版であったといわれるが庫内に火気を持ち込む風が蔓延して虫火の災厄は後を絶たず、甲申の乱（崇禎一七・一六四四）思宗《しそう》の殉国後、ここに図籍は反乱軍の火に大きな打撃を受けることとなる。陳登原の指摘によれば、この頃の著名な文人蔵書家である銭謙益《せんけんえき》（一五八二〜一六六四）は、「甲申の乱は図書の歴史上最大の災難」といい、その所蔵する『列女伝』の跋に自分が丙戌（一六四六）の年に都の廃殿に見つけたもので、乱を逃れた遺物であり、内閣の旧蔵書であることを誌しているのを見ても、当時の書物の散佚の様子が想像される、という。まさに目を覆いたくなるような、ため息を禁じ得ない光景である。

**私人の蔵書活動の被害**　民間の私人による蔵書活動も兵乱の被害に遭うこともまたしばしばであった。項元汴《こうげんべん》（一五二五～九〇）、陳第《ちんだい》（一五四一～一六一七）、顧炎武《こえんぶ》（一六一三～八二）、朱彝尊《しゅいそん》（一六二九～一七〇九）、焦竑《しょうこう》（一五四〇～一六二〇）、謝肇淛《しゃちょうせい》（一五六七～一六二四）などの著名な収蔵家も例外でなく、例えば先年、台北故宮博物院で展覧された項氏の遺品展にその富が伝えられた項氏の蔵書は、甲申（一六四四）・乙酉（一六四五）の大兵が浙江嘉興に押し寄せた時、汪六水《おうろくすい》という人物に尽く略奪されたという。清の収蔵家梁清標《りょうせいひょう》（一六二〇～九一）はその復元に努め、今日の遺品がある。『世善堂蔵書目録』に著録される陳第の蔵書も兵燹に亡んだ。曝書亭《ばくしょてい》の名で有名な朱彝尊の蔵書もその富は伝えられるが遺物を見ることは殆どない。家蔵の旧本も清初の兵乱に散佚していたようである。『国史経籍志』の焦竑は南京最大の蔵書家であったが、今にその姿を問う術はない。『五雑組』で有名な謝肇淛の蔵書も、その没後人手に渡り、明末の兵燹に烏有と化した。ただ、謝氏の蔵書の一部が内閣文庫（国立公文書館）に散見されるのは散乱の貴重な痕跡といえる。

国内の兵燹もさることながら、嘉靖年間、とりわけ三一年から三五年（一五五二～五六）にかけて激しかった倭寇の侵略による受難も無視できない、と范鳳書《はんほうしょ》『中国私家蔵書史』（大象出版社・二〇〇一）にはいう。顧炎武の「鈔書自序」（『亭林文集』巻二）に「我が家は代々儒家であり、高祖が給事中となった正徳の末年（一五二〇年頃）にはまだ世には四書五経の類が流布するくらいであったが、それでも家には七〇〇〇巻ほども蔵書があった。嘉靖間にも書は受け継がれていたが、その後の倭寇の侵入で蔵書も書庫も皆燃えてしまった」と述べられているのから、そうした状況が察せられるのである。

### ◈『古今図書集成』と『四庫全書』

清の政治が定まると康熙帝《こうきてい》（在位一六六一～一七二二）の時に新たな編纂事業が興る。『古今図書集成』である。三二典六一〇九部に分かち、全て一万巻五〇〇余函五〇〇〇冊目録二〇冊であった。量では『永楽大典』ほどではないが、このために銅製の活字を鋳造し、白っぽい開化紙《かいかし》と呼ばれる紙とやや黄味を帯びた太史連紙《たいしれんし》と二種類の紙を用いて六四部のみ印刷した、印刷史上空前の大事業であった。著名な蔵書楼寧波の天一閣《てんいつかく》に所蔵されるものは、乾隆時代に献書の褒美に下賜されたものであるが、毛装《もうそう》（表紙のない仮綴じ）である故に、雍正時代、刷り上がったときに、未装訂の刷りおきが少部数あったのであろうと想像される。現在、完全なものは、内外に数部しか遺らない。

**陳夢雷『文献彙編』**　本書は、はじめ、陳夢雷《ちんぼうらい》（一六五〇～一七四一）が康熙三九年（一七〇〇）に編纂を開始、康熙四五年（一七〇六）に『文献彙編』と名付け、後一〇年増訂を加え、康熙帝よりこの書名を命名されたものである。雍正帝《ようせいてい》（在位一七二二～三五）の初年、陳夢雷は康熙前半、三藩の乱の耿精忠《こうせいちゅう》に関与した疑いを再び問われ、黒龍江に追われた。その後本書は帝の命を受け、蔣廷《しょうてい》錫《しゃく》等が重編、雍正四年（一七二六）御製序を賜り完成、同六年印に附された。

陳夢雷は康熙帝の第三子誠親王允祉《せいしんのういんし》の侍読として、自らの蔵書に加え親王の協一堂《きょういつどう》蔵書一万五〇〇〇巻を用い、この百科事典を作製したのであった。第四子である弟雍親王《ようしんのう》が帝位に就く（雍正帝）と誠親王は爵位を剥奪され、平安里の王府（現存せず）から景山の永安亭（景山公園内）に幽閉され、雍正一〇年（一七三二）薨去する（五六歳）。陳氏はその後も辺境に生き、乾隆六年（一七四一）九〇歳で死去した。

『永楽大典』は、永楽帝が甥の建文帝《けんぶんてい》を攻略して帝位を簒奪したことを不義とする老臣や知識人の不満を封じるための大事業であったという説もあることは既に述べた（一四七〜一四八ページ参照）。『古今図書集成』も同様、典籍の編纂はその後の流伝とともに、政治や人事の流れと常に無縁ではない。

**『四庫全書』の編纂**　次に、乾隆帝《けんりゅうてい》（在位一七三五〜九六）は天下に散在するあらゆる書物を一堂に会する『四庫全書』を編纂した。編纂の意図は、前代に勝る大事業を完遂すること、前明朝より優れた統治を示すこと、文字の獄などへの反満感情を和らげるため、など様々にいわれるが、唐代の『藝文類聚』以来の有益な大事典を遙かに超える空前の書物結集事業であったことは明らかである。乾隆三八年（一七七三）に開館した編纂所四庫全書館《しこぜんしょかん》には、同四七年第一部が完成するまでに三六二人もの著名な学者が任に当たり、総裁には後に質親王《しつしんのう》となる乾隆第六子永瑢《えいよう》らの皇子や奸臣和珅《わこん》、事業賛成派于敏中《うびんちゅう》（同四二年没）、反対派劉統勛《りゅうとうくん》（同三八年没）など左右ともに任用する周到さであった。副総裁には、後に内府の蔵書目録『天禄琳琅書目』を再編する彭元瑞《ほうげんずい》、実務を統括した金簡《きんかん》(『武英殿聚珍版程式』を編纂、出版を主宰)などがいた。館員の学者には紀昀《きいん》(一七二四～一八〇五)、戴震《たいしん》、翁方綱《おうぼうこう》、朱筠《しゅいん》など著名な学者が校勘に当たり、『永楽大典』・『古今図書集成』に引かれる原典を確認し、全国から集まる典籍を複製、校勘し、定本を作製して解題(提要)を完成する作業に従事した。とりわけ紀昀は総纂官として、全体の体裁を司り、提要を集めた『四庫全書総目』を編纂し、乾隆帝の最も信頼ある館員であった。

**『四庫全書薈要』**　乾隆四四年(一七七九)その精なるもの四四六種を先に選び、精写本『四庫全書薈《わい》要《よう》』一万二〇〇〇冊を作製、故宮の御花園摛藻堂《ちそうどう》に置いた。後に(同四七年)もう一部作製して別荘の円明園東の長春園含経堂《がんけいどう》に備えた。『四庫全書』本体は乾隆四七年に第一部が完成、その後、同五三年までに未完成ながら正本七部を鈔写し、複本一部を翰林院に貯蔵したといわれる。鈔写は嘉慶初年まで続いたようであるが、順次、寧波天一閣を模した書庫を新築し分蔵した。故宮の文淵閣、円明園文源閣《ぶんげんかく》、承徳避暑山荘文津閣《ぶんしんかく》〈図113〉、瀋陽(奉天)文溯閣《ぶんそかく》〈図114〉、南方の揚州大観堂文匯閣《ぶんわいかく》、鎮江金山寺文宗閣《ぶんそうかく》、杭州文瀾閣《ぶんらんかく》に分蔵し、前者四閣を北(内廷)四閣、後者三閣を南(江浙)三閣と呼び区別した。

北閣本は南閣本に比して大振りである。紙質は、北閣本が白い開化紙でやや厚手(開化榜《かいかぼう》)、南閣本はやはり白い連史紙《れんしし》を用いている。全てで三四〇〇余種、七万九〇〇〇余巻、三万六〇〇〇余冊、書目解題のみで写本を作製しなかったもの(存目)が、約六八〇〇種、約九万四〇〇〇巻、それらは絹の表紙で覆われ、表紙で背をくるむ包背装《ほうはいそう》になっている。春夏秋冬を象り、四庫(四部）は経部が緑、史部が赤、子部が青、集部が茶色の絹を用いている。約六〇〇〇の木箱に収められ、一部の鈔写には三万金を要したというから想像を絶する規模である。数冊を上下に板で挟み、天地に絹の紐でしばり金具で止めて木箱（楠木《なんぼく》）に収める。

### ◈『四庫全書』の災難

『四庫全書』の研究は、民国一七年（一九二八）の任松如《じんしょうじょ》『四庫全書答問』、同二五年（一九三六）の郭伯恭《かくはくきょう》『四庫全書纂修考』、一九九一年の呉哲夫《ごてつぷ》『四庫全書纂修之研究』（台北故宮博物院）などがあり、また第一歴史檔案館編の『纂修四庫全書檔案』（上海古籍出版社・一九九七）に事の経過を示す文書が詳細である。

**文淵閣本・文溯閣本・文津閣本**　第一本の文淵閣本は、故宮南の午門を入って右奥、文華殿の後方に位置する文淵閣（明代の文淵閣とは異なる）に貯蔵されたが、民国になって、清室善後委員会（九八ページ参照）が管理、三〇巻を欠いていたというが、清末の外国軍による混乱をよく逃れ、完全な形で台北に運ばれて、今は台北外双渓の書庫に安置される。影印本の大きさが正しければ文津閣本よりやや小振りである。「文淵閣宝」・「乾隆御覧之宝」の印を捺す。大臣や翰林のみが許可を得てみることができた。摛藻堂にあった『四庫全書薈要』も難を逃れ、同様に台北に運ばれている。

瀋陽故宮内の文溯閣にあったものは、『古今図書集成』とともに、民国後、袁世凱《えんせいがい》（一八五九〜一九一六）政府によって一旦北京に運ばれ内務部の保管となったが、再び瀋陽（奉天）に戻り、東北図書館（遼寧省図書館）の館蔵となり、現在では蘭州の甘粛省図書館に所蔵されている。承徳の避暑山荘文津閣本は現在北京白石橋の国家図書館古籍部が保管する。避暑山荘は乾隆帝の生誕地とする噂もあるほどで、六〇年の在位中に四九回も行幸した行宮であった。貯蔵の書籍も四〇〇〇部

図113…承徳の避暑山荘にある文津閣の建物

文津閣

文溯閣

図114…瀋陽の故宮にある文溯閣の建物

一六万巻を超え、園内の文津閣には『古今図書集成』も備えていた。北京・瀋陽のものと同様に大臣などの特別な官員以外は参観できない。「文津閣宝」〈図115〉・「避暑山荘」・「太上皇帝之宝」（一七九六年嘉慶帝《かけいてい》に禅譲、乾隆帝は太上皇帝となる）〈図116〉の印を捺す。

**円明園の破壊と文源閣本**　内廷の一、円明園の文源閣は、咸豊一〇年（一八六〇）、イギリスフランスの連合軍が円明園を破壊した時に灰燼に帰した。今は跡形も遺らない。円明園は、西洋建築の庭園の石柱など現在も生々しく残骸を留めるが、一体どんな機械を用いてどんな力を用いるとこんな破壊になるのか、これも想像を絶する災難である。数万冊の書籍が燃える火とは一体どんな規模の火災なのか、およそ考えが及ばない。従って、文源閣本の実体は窺うべくもない。焼け残りの零本に「円明園宝」印記〈図117〉を捺すものが少々伝わっているくらいである。含経堂の『四庫全書薈要』一万二〇〇〇冊も烏有に帰した。わずか一〇〇年足らずの命であった。作製に込められた魂は何処に行ったたか。

翰林院にあった複本も、イギリスフランス軍の北京侵略時や前述の八カ国連合軍（一八四ページ参照）が光緒二六年（一九〇〇）北京を狼藉した際に、焼かれ、奪われ現地から散失してしまった。この複本は南閣とともに、許可を得た学者が閲覧できたので、今でも市場に出回る『四庫全書』の鈔本は、或いはこうした様々な機会を得た伝鈔本なのかもしれない。

**太平天国軍の乱入と文瀾閣本**　南閣本はといえば、文瀾閣が丁氏の尽力によって太平天国の長髪族乱入から逃れ、失ったものは更に復元補写して今日に至ることは前述した（三六ページ参照）。現在

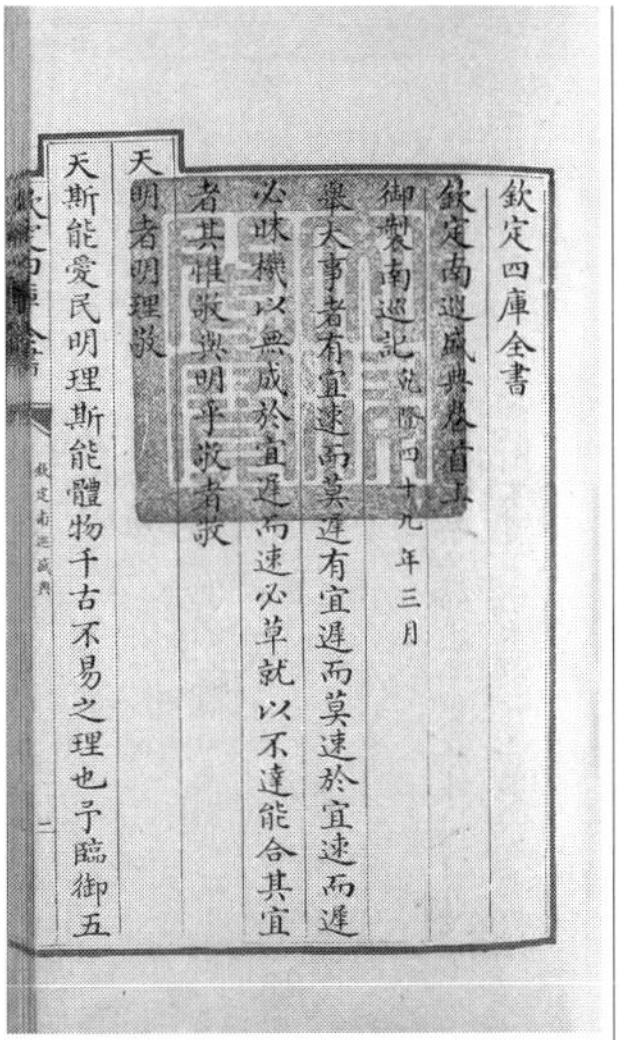

欽定四庫全書
欽定南巡盛典卷首上
御製南巡記乾隆四十九年三月
舉大事者有宜速而莫遅有宜遅而莫速於宜速而遅
必昧機以無成於宜遅而速必草就以不達能合其宜
者其惟敬與明乎敬者敬
天明者明理敬
天斯能愛民明理斯能體物千古不易之理也予臨御五

図115…『四庫全書』に捺された「文津閣宝」の印記

御製詩章令士子恭和以昭雅化於
薪槱棫樸而
作人至治直與雲漢昭回矣

図117…文源閣本の「円明園宝」の印記

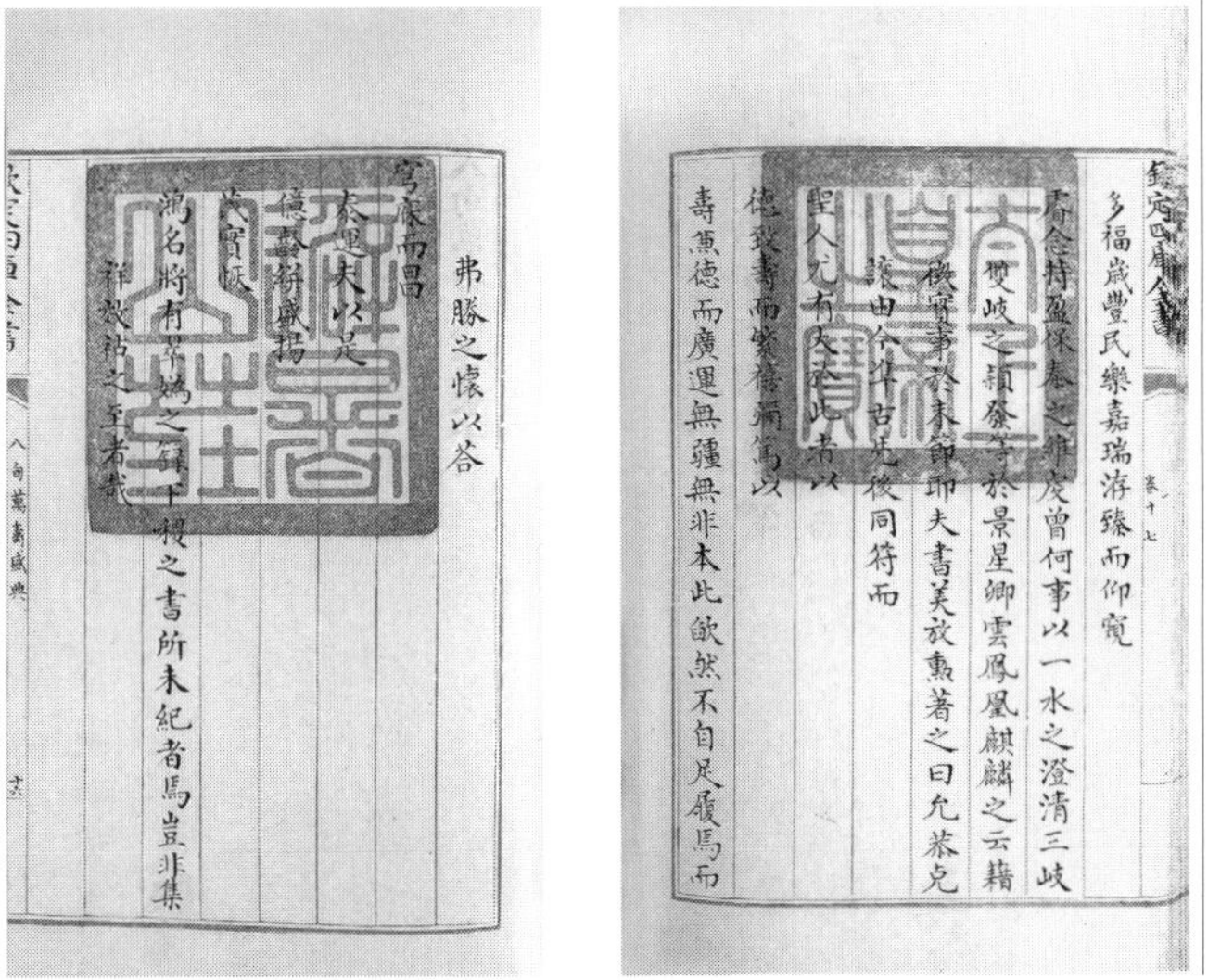

図116…『四庫全書』に捺された「太上皇帝之宝」（右）「避暑山荘」（左）の印記

浙江省図書館古籍部の保管に係る。「古稀天子之宝」・「乾隆御覧之宝」の印を捺す。揚州の文匯閣、鎮江金山寺の文宗閣はともに太平天国の兵火の犠牲となった。道光三〇年（一八五〇）広西に発した乱は、咸豊の二〜三年には江蘇に押し寄せた。もともとこの二閣は両淮塩運使の管理下にあり、有志が避難を勧めたが聞き入れられなかったという。金山寺の僧らも仏典などを運び出していたが、役人は僧の力を借り得ず、賊の投じる火にただ悲嘆の声をあげるばかりであった。しかし、南三閣は閲覧借鈔が可能であったために、民間に貸し出されて遺ったものもあるかもしれない、ともいわれる。が実際、この二閣の遺物は全く消息がない。建造物ともども跡形もなく燃え尽きるというのは驚きである。焼け跡になにがしかのものは遺っていたのではと想像する度に、ため息が出てくる。

『四庫全書』本文の書写はいずれも毎半葉八行二一字で匡郭は朱色で印刷されている。本文は手書きで北閣本と南閣本では書写の風格も異なる。版心の書名や丁数の書き方などは各本共通である。

繰り返すようだが、書物の生涯や運命や歴史を考えていて、これほど短命に終わった権威ある典籍は他に見あたらない。七閣のうち、全滅した三閣には永く記念の塚を盛って弔うべきであろう。

### ◈禁中の失火——「天禄琳琅」など

このように、戦火とは恐ろしいものである。しかし、不審火による失火はもっと悔やまれる。

明代、南京北京の禁中に於ける失火は既に述べたが（一八二ページ参照）、私家の蔵書楼にあってもその厄を懼れる名家は少なくなかった。

明の王鏊《おうごう》（一四五〇〜一五二四）は蘇州の名家、武英殿《ぶえいでん》大学士となった人でその長子王延喆《おうえんてつ》は『史記』の出版で知られるが、伝世の家蔵本は数箇所に分蔵して火災に備えた。寧波の天一閣では夜の入庫を禁じ煙草も禁止して慎重に保管、今日に至っている。

明の胡応麟《こおうりん》（一五五一〜一六〇二）『少室山房筆叢』巻三にはこんな話もある。張文潜《ちょうぶんせん》の『柯山集』鈔本一六帙を杭州で見つけ、これは大変な発見と思ったが一銭も持ちあわせがなかった。その場で交渉したが埒があかない。翌日を約して帰るが一睡もできず、朝駆けつけると夜半、隣の火が延焼して書肆ともども焼け跡となっていたと。

その無念は察するに余りがある。

**「天禄琳琅」の焼失**　清朝になり、故宮にあって、乾隆四一年（一七七六）に完成した新たな文淵閣が戦火を逃れたのは不幸中の幸いであったが、乾清宮《けんせいきゅう》の嘉慶二年（一七九七）の失火は、東隣の昭仁殿《しょうじんでん》に及び、「天禄琳琅」と称していた宋元の善本のうち、最も大切にしていた宋版『五経』などが焼け亡んだのである。宮廷の蔵書は歴代の遺産である版本と新たに編纂された百科叢書からなるが、この天禄琳琅は前者の極上なるものである。

故宮を南の午門から中央を北へ歩いて行くと太和殿《たいわでん》・保和殿《ほわでん》があり、更に乾清門をくぐると乾清宮がある。順治帝《じゅんちてい》（在位一六四三〜六一）御筆の「正大光明」の大きな扁額が掲げられている殿である。康熙朝まで明清の皇帝一六代の居住所であった。その西側には大きな養心殿《ようしんでん》がある。雍正帝以下八代の皇帝が用いた居住殿で、順治・乾隆・同治帝《どうちてい》はここで崩御した。乾隆帝の三希堂《さんきどう》もここにあった。西太后が同治・光緒帝の背後で政治を執ったのもここである。最後の皇帝溥儀《ふぎ》が一九一二年二月一二日退位したのもここであった。政治と書物は常に一体なのだ。

**乾隆帝「五経萃室」の失火**　乾隆帝は乾隆九年（一七四四）歴代蒐集の宋元明版を一所に集め、康熙帝の寝所であった昭仁殿にこれを架蔵した。「五福五代堂古稀天子之宝」以下三大印、「天禄継鑑」「乾隆御覧之宝」を巻頭に捺す、様々な図録でお馴染みのものである〈図118・119〉。文淵閣の『四庫』、摛藻堂の『薈要』、昭仁殿の宋元版は、後に嘉慶帝の時に阮元《げんげん》（一七六四〜一八四九）により進呈された、『四庫』に入らなかった未収書の全集『宛委別蔵』（養心殿収蔵）とともに宮内蔵書の粋であった。なかでも相台岳氏《そうだいがくし》の刊刻になる宋刊（今は元刊とされる）『五経』は乾隆帝の擱く能わざる最愛の書で、特にこの本のために昭仁殿に「五経萃室《ごきょうすいしつ》」を設け、乾隆四八年（一七八三）「五経萃室記」を御製し、同時にこの宋版の覆刻本を武英殿にて出版せしめたほどである。

しかし、嘉慶二年（一七九七）一〇月二一日、太監（宦官）の不用意による失火で『五経』をはじめ、多くの宋版が灰となった。帝の悲憤は如何ばかりであったか、太監らに下した罪は軽いものではなかった。

**溥儀の出宮と善本の流失**　乾隆四〇年（一七七五）編纂の『天禄琳琅書目』（前編）には四百数十部を著録、失火後、それでも乾清宮を再建、宋元版を再蒐集して『後編』を編んだ時、六百数十部に達したから、その皇帝蔵書の富は驚くべきものがある。とはいえ、前編に載せられている宋版の質には比肩することができない。それから一〇〇年余りを過ぎて、前述した最後の皇帝溥儀の出宮によるこれらの善本の流失があった（二七ページ参照）。六〇〇部は、民国一三年（一九二四）から始まった清室善後委員会の実見調査で、半減していたことが判明した。

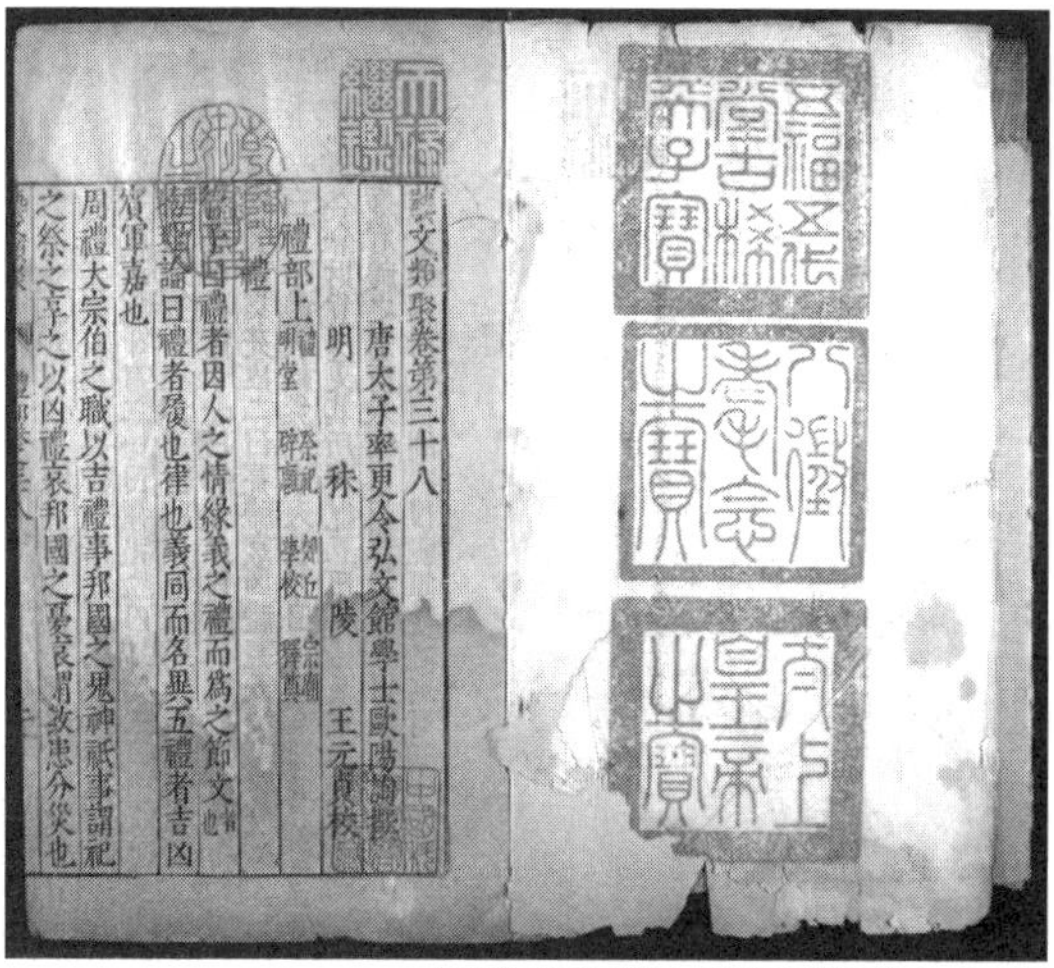

（上）図118…「五福五代堂古稀天子之宝」等、天禄琳琅の印記（第Ⅰ部二九ページも参照）
（下）図119…「天禄継鑑」・「乾隆御覧之宝」印記

火は恐ろしいが、それもまた戦火と同じ人の業である。こうした官の蔵書を官蔵と称するが、民間の個人蔵は私家蔵書と呼ばれ、官に匹敵するものも少なくないが、被災の歴史を辿ると、それは官蔵の災難と異ならない。

宋時代以来、私人の蔵書が増えたことは、蔵書目録の増加によって容易に窺うことができる。官蔵、皇家蔵に比すればその規模は小さいが、明時代後期や清代になると、特色ある蔵書家は少なくない。写本による複製、独自の校訂本の製作、宋元版の蒐集、地方文献の蒐集など質・量ばかりではなく、内容上の意味あるコレクションが出現し、書物に息吹を与えた。その歴史は、最近の研究では、『中国私家蔵書』(貴州人民出版社・二〇〇九)などが読みやすい。しかし、私家蔵書の結末は散佚が常であって書物にとってみれば、最適の主人を得た反面、悲喜交々といった感じである。

## ◈私家の災厄――絳雲楼など

私家の災厄中、その筆頭に挙げられるのが明末の文人銭謙益の蔵書楼である絳雲楼《こううんろう》の失火であった。絳雲楼は、毛晋《もうしん》(一五九九～一六五九)の汲古閣《きゅうこかく》や清の瞿氏鉄琴銅剣楼《てっきんどうけんろう》など著名な江南の蔵書家が集まっていた常熟に位置していた。明代の後期、ようやく宋版や元版などの善本を貴重なものとして珍蔵する風が確立される頃、銭氏と毛氏の二家が卓越した富を誇っていた。中国に於ける善本の流れはここから始まるといって過言ではない。

この二家の蔵書は後に族孫の銭曾《せんそう》（一六二九〜一七〇一）、毛扆《もうい》に受け継がれ、季振宜《きしんぎ》（一六三〇〜?）、徐乾学《じょけんがく》（一六三一〜九四）といった大蔵書家に吸収されてゆく。そしてこれらが散じて内府に集められ天禄琳琅の中心を為してゆくのであるから、汲古閣はいうまでもなく、絳雲楼の果たした典籍流通の功績は誇張し過ぎるということはない。禁中と双璧を為した怡親王《いしんのう》府の蔵書（雍正帝の弟允祥《いんしょう》の第七子弘暁《こうぎょう》による蒐集・明善堂《めいぜんどう》、安楽堂《あんらくどう》、楽善堂《らくぜんどう》）の核となるものもまた、この二家に源流がある。

こうした蔵書の主要な流れは、拙論「古籍流通の意義」（『中国古籍流通学の確立』所収・中国古籍文化研究所編・雄山閣・二〇〇七）を参照されたい。

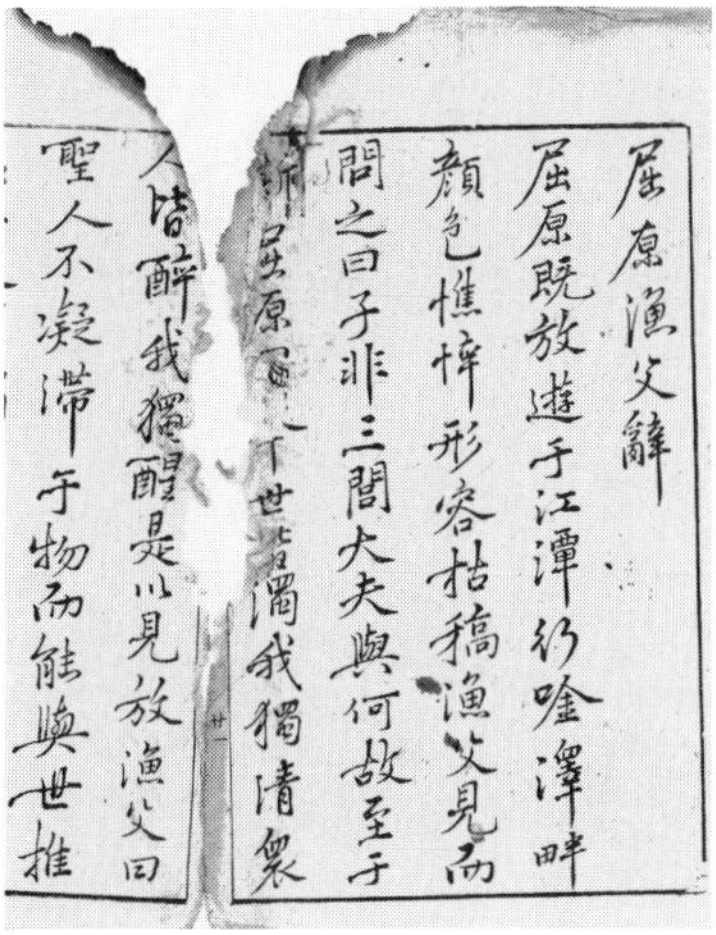


図120…東京大学図書館火災時の焼け残り残葉という。『十竹斎書画譜』清刊本の一部

**絳雲楼の失火**　その絳雲楼は、順治七年（一六五〇、銭謙益六九歳）、家人の不注意によって蝋燭の火が楼上で引火して大厄となってしまった。

これについて銭氏は、明末の甲申の乱（一六四四）は最大の災難であったが、我が家の火は江南図書史の、それに次ぐ災難であると述懐している。それほどの質を誇っていたのであろう。その後、銭氏は遭難後の記憶も合わせて『絳雲楼書目』を編纂、そこに蔵書の大要を記した。しかし、それも旧来の全貌の三割であるという。これによって明末最大の蔵書家たる面目をよく窺い知ることができる。

勿論、焼け跡から遺ったものを拾い出すことはある。図に見るように、大正の関東大震災で焼けた東京大学図書館の焼け跡から拾い集めたという残葉も痛々しい〈図120〉。清中期の大蔵書家黄《こう》丕烈《ひれつ》（一七六三～一八二五）はかつて目睹した顧応昌《こおうしょう》なる蔵書家所蔵の宋版『白氏文集』が、「破書一束」、「巻中焼痕尚在」と記すが、これこそ「絳雲遺烬」だと伝えられ、嘆息した。「ひとたば」（装訂もボロボロな感じ）「やけあと」という言葉に強烈な響きを感じるのである。

**災厄を逃れた銭氏の蔵書**　銭氏蔵書の富は、また災難の前に銭氏の元を離れた善本も少なくないことにも窺える。逆にいえば、それらは難を逃れたといえなくもないわけである。後に天禄琳琅に収蔵された宋版『漢書』・『後漢書』はその著名なものである。

銭氏は反清活動を行ったために『天禄琳琅書目』の解題では「人品称するに足らず」と記されるが、天禄琳琅の所蔵には、元版『大広益会玉篇』や、現存の明刊本『韋蘇州集』（台北故宮博物院蔵）

など他にも絳雲楼旧蔵のものがあったことが知られている。おそらく殊更に銭謙益の旧蔵と強調しないものが天禄琳琅中には間々見うけられたのではなかろうか。

この両『漢書』は元時代の書家趙孟頫(一二五四〜一三二二)の旧蔵、明の大家王世貞《おうせいてい》(一五二六〜一五九〇)が所蔵して諸本の冠と誇り、銭氏もまた宋刊本の冠として一二〇〇金を投じて購入したものであったが、故あって崇禎の末年に人手に売り渡してしまった。その時の書斎の殺風景、虚しさはそれまでに経験したことのないものであったという。災難後の順治一五年(一六五八)再び本書に巡り会った時に、大切に所蔵されている様子を見て感歎する。天禄琳琅入蔵後、乾隆帝も、本書を繙くと墨香が漂い、まさに古今の至宝は神仏の護持あってのものだと感動していた。息を呑んで本書を見入っている皇帝の姿が目に浮かぶようである。

とはいえ、惜しいかな、これも嘉慶の大火で消滅してしまう。かつて銭氏の友人が言った。この宋版を自分が所蔵していたら、毎日、お香を焚いて礼拝し、死ぬ時はきっと一緒に埋葬してもらうだろう、と。銭氏はこれを聞いて慚愧の念にかられたという。

災いはこうした様々な思いを全て封じ込めてしまう恐ろしいものである。

そして、清朝の後期から王朝を取り巻く環境は風雲急を告げ、民国時代に至るまで、書物の聚散は更に紆余曲折を繰り返し、来るべき書誌学の復興によって典籍の復活が遂げられるまでにはなお幾多の難所が立ちはだかっていたのである。

# 三――典籍の聚散(二)　日本に渡った典籍の帰郷

## ◈幸運と帰郷

すなわち、こうした災難をくぐり抜けて今日に存在する古典籍であってみれば、その得難い幸運は言葉には言い尽くせない。歴史を駆け下りてきた書物の運命にはもう一つ、「書物と旅」の節でも述べたように(一一七ページ参照)、早くに本国を後にして日本に流伝し、異国の戦乱を生き延びた幸運もある。

平安時代の公家社会において既に大陸から渡来した宋版を珍重していたことは平清盛《たいらのきよもり》が宋版『太平御覧』を高倉天皇《たかくらてんのう》に献上したことなどで有名であるが、鎌倉時代には俊芿《しゅんじょう》(一一六六~一二二七)ら入宋僧によって大量の宋版が輸入され、それらの複製事業も開始され、後に五山版と称される宋版の覆刻版隆盛の基礎を築いたことも特筆される。また、北条実時《ほうじょうさねとき》(一二二四~七六)が創設した金沢文庫は宋版の蒐集が特色であった。本国の災禍を横目に日本の戦乱を無事に越えて今日に至っている。

室町時代には上杉憲実《うえすぎのりざね》(一四一〇~六六)、憲忠《のりただ》父子が栃木県の足利で強大な学問勢力を持つことになる足利学校に宋版『五経』を寄進、中国では亡んだ宋版を今に伝える。こうした武士の文化事業だけでなく、「書物と旅」に前述の如く、有力な禅宗寺院では、留学僧の持ち帰ったものや日宋貿易による購入品で中国の古い刊本を貯えていた。周防大内氏の貿易によって、領内の香山国清寺には優れた宋版が多く収蔵されていた。

こうした特殊な機関や、寺院に保管された書物は戦火を免れた例が多く、大陸の散佚とはだいぶ様子が違っていた。江戸時代になると輸入されるのは明代・清代のものが主で、宋元の古刊本は来日しない。従って、明治維新までに日本に生き延びていた宋元の善本は、その殆どが室町時代以前に渡来した古い軌跡を持つものであった。江戸時代はどちらかといえば日本人の著作による漢文全盛の時代で、漢文も明時代の影響が強く宋元の古物はひっそりと時を待っていた。幕末、狩谷《かりや》棭斎《えきさい》（一七七四〜一八三五）や森立之《もりたつゆき》（一八〇七〜八五）らの書誌学者によってそれらは再び息を吹き返す。しかし維新の時勢は数百年の得難い典籍保存の歴史には冷たく、評価することもなかった。

**楊守敬による古刊本の収集**　その時に来日したのが楊守敬であってみれば、これほど時機を得た偶然は奇跡的で、書物が彼を待っていたのか、歴史がそれを望んでいたのか、いずれ、書物の大きな運命の転換の一齣であったことは間違いがない。楊氏は思うがままに買い集めた。惜しむ人は誰もいない。数百年異国にあった中国の古刊本は一気に帰国を始めた。

ただ楊氏は、来日した時、中国に亡んだ典籍を日本に求める企図が、既にあったのではないかとも推測される。図版に見える南宋嘉熙三年（一二三九）蘇州の磧砂延聖院刊刻磧砂版大蔵経の一部『仁王護国般若波羅蜜経』に「楊星吾日本訪書之記」の印があり、更に「遵義黎氏拙尊園珍蔵」の印がある〈図121〉。黎庶昌《れいしょしょう》（一八三七～九七）は一八八一～八四年、八七～九〇年来日した駐日公使。楊氏は黎氏より一足先に来日しているが、これは楊氏・黎氏が来日の際、交換対象として持参したものではないかとも想像したくなるが、真相は定かでない。

**帰国した大陸の宋元版**　楊氏が日本から持ち帰ったものは日本の古写本や古刊本であり、楊氏自身が最も蒐集に精力を費やしたのもそれら日本伝承の漢籍であるが、実は、中国に失われた日本流伝の宋元版もそれに劣らず多くを占めていたと想像されるのである。しかし、帰国後、何故か宋元の善本は売り渡しているものが多いようである。それは著名な蔵書家に移り、現在では各所に点在して遺るものとなっている。故にその一つ一つの所在を捜索、全体像を究めるのは大変な困難に属するのである。

しかし、それを究めること、そこに書誌学の未来があると私には思えるのである。

第II部にも述べた宋・謝邁《しやか》の文集『謝幼槃文集《しやようはん》』（一三七ページ参照）には最良の善本南宋紹興二二年（一一五二）撫州刊本があるが、大陸では疾うに亡んでいた。この南宋初年の貴重な文献が日本に当時のまま遺っていた。狩谷棭斎が早くに発見して所蔵していた。もともと何処かの寺院に伝わっていたものであろう。森立之を介して楊守敬はこれを入手した。帰国に際しての行箱に梱包されたことはいうまでもない。だがその後本版は蔵書家滂喜《ぼうき》斎潘祖蔭《さいはんそいん》（一八三〇～九〇）の手に渡り、現在は上海博物館に珍蔵される。後、一九三五年上海商務印書館によって影印出版された

(『続古逸叢書』)。この影印が無ければ楊氏の入手も人の知るところではない。こうしてみると大陸の一級善本の中には楊氏の手によって帰国したものが少なくないのではないか、と思えてくるのである。何せ、島田《しまだ》翰《かん》(一八七九〜一九一五)によれば、楊氏が来日して漢籍善本を買い集め、為に都市一空というのであるから、わが数百年の蓄積はすっからかんとなったわけである。

## ◈楊氏から名家へ(一)——李盛鐸蔵書

無論、日本に於いて生命を保っていた典籍を大量に持ち帰ったのは楊守敬だけではない。やや

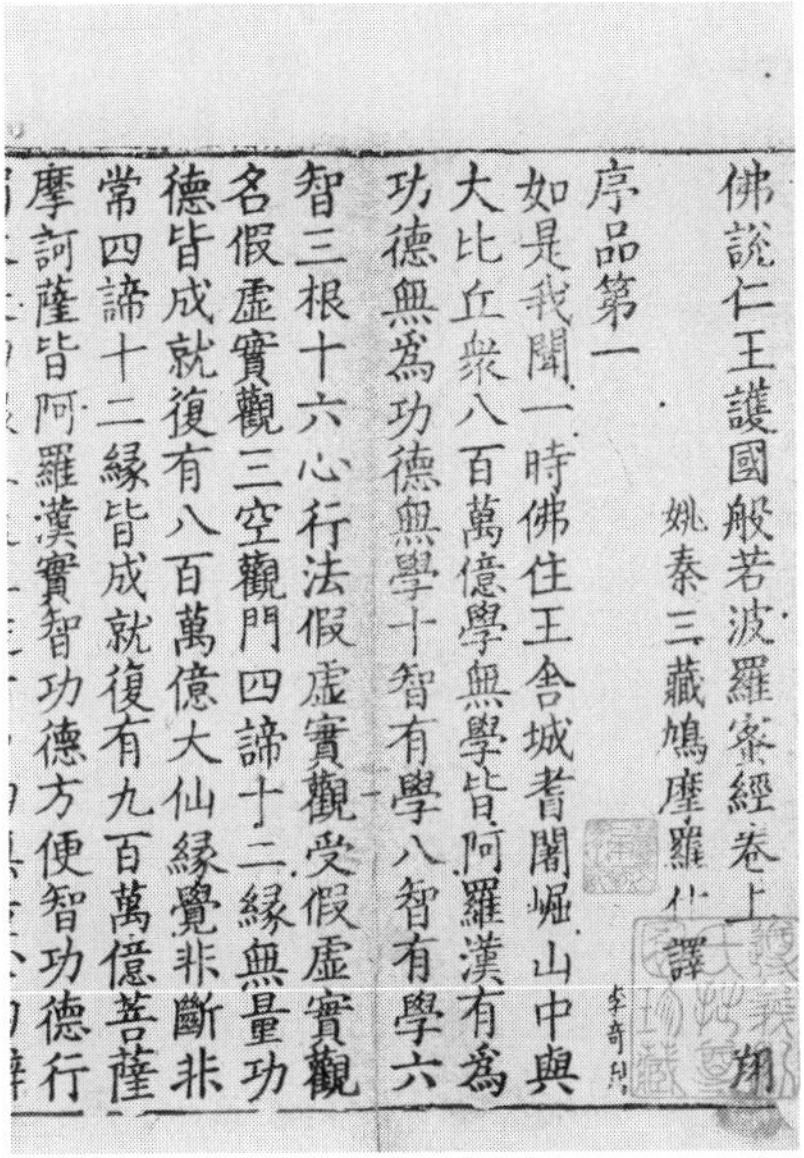
佛說仁王護國般若波羅密經卷上
姚秦三藏鳩摩羅什譯
序品第一
如是我聞一時佛住王舍城耆闍崛山中與
大比丘衆八百萬億學無學皆阿羅漢有為
功德無為功德無學十智有學八智有學六
智三根十六心行法假虚實觀受假虚實觀
名假虚實觀三空觀門四諦十二緣無量功
德皆成就復有八百萬億大仙緣覺非斷非
常四諦十二緣皆成就復有九百萬億菩薩
摩訶薩皆阿羅漢實智功德方便智功德行

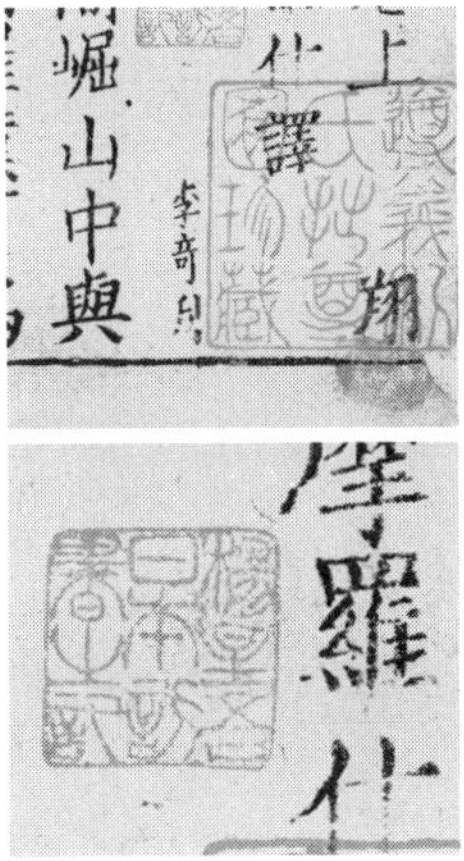

図121…「遵義黎氏拙尊園珍蔵」・「楊星吾日本訪書之記」印がある。刊本の一部。

遅れて訪日した李盛鐸《りせいたく》（一八五九～一九三四）も購書の勢いは楊氏に劣らない。訪日したのは、戊戌政変（光緒二四年・一八九八）頃であるから、楊氏より十数年も後のことである。既に森立之など幕末最後の書誌学者も亡くなり、幕末の善本目録『経籍訪古志』記載の典籍もほぼ全て原蔵者から離散した頃である。李氏蔵書は、現在、北京大学に一括所蔵され、北京大学図書館の主要な善本の一角を占めている。そのうち日本のものは、五山版や古活字版、江戸時代版本など膨大な量を備える。しかし、私の拙い鑑識眼からすると、やはり楊氏の質と量に勝るとはなかなか言い難いように思えるのである。

**李盛鐸の購書とその後**　李氏は光緒一五年（一八八九）の科挙一甲二名の進士で翰林院編修である。楊氏とは全く立場が違う。大臣級の人物であり、洋行もしているし、民国後も重職に就き日本との経済交流も推進した人である。引退後は清末大蔵書家の楊氏海源閣《かいげんかく》や湖南の袁芳瑛《えんほうえい》の蔵書を得て、家世の蔵書楼「木犀軒《もくさいけん》」の名は、傅増湘《ふぞうしょう》の蔵園とともに当時の双璧をなした。

李氏が天津で没した後は、徐々に蔵書が流出した。民国二五年（一九三六）頃、昭和の初期である。日本の文部省も高官を派遣して李氏後人から一括購入を企てたが、金額が折り合わなかった。結局、当時の北平図書館館長袁同礼《えんどうれい》らの努力が実って、教育部が購入、北京大に保管されたのである。

楊氏と李氏と直接書物の交換があったわけではないだろうが、楊氏の日本訪書の成果は光緒二三年（一八九七）刊の『日本訪書志』によって蔵書家の間では話題になっていたに違いない。とはいえ、書誌学の大家葉徳輝《しょうとつき》（一八六四〜一九二七）は楊氏に悪評を与えているが、日本の古写本などに異常な識見を顕わした楊氏の動向は当時の伝統的な文献学者にとって賛否両論だったのかも知れない。その風は今も遺り、日本の古刊・古写の善本の真の評価は中国ではまだまだ為されていないのが現状だ。

**楊氏から李氏へ渡った善本**

しかし、楊氏は、金銭の事由であろうが、次々と珠玉の善本を手放してゆく。それが李氏の手に渡っているものが少なくないようなのである。こうした事情は図書館の所蔵目録では知り難いことがしばしばで、書物との出会いが唯一の拠り所なのである。

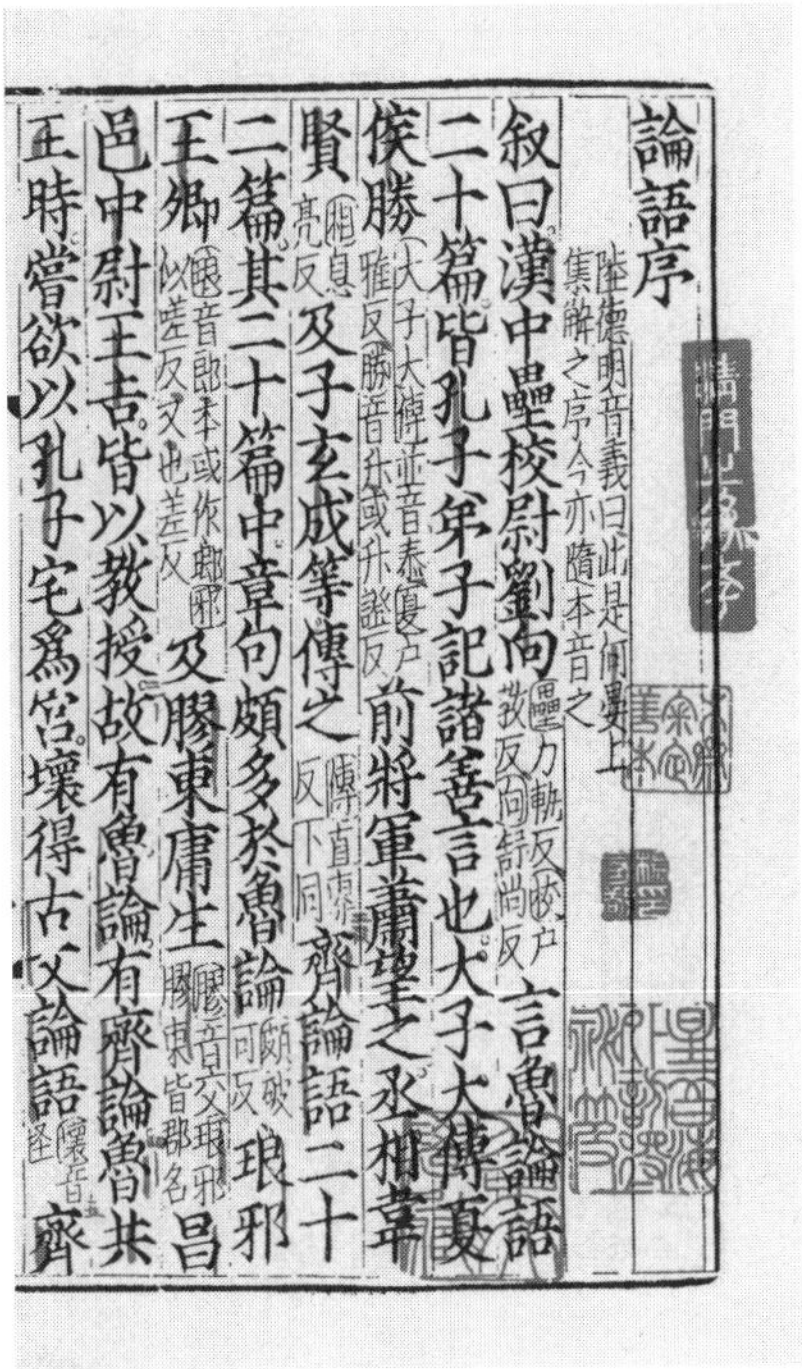
論語序
叙曰漢中壘校尉劉向言魯論語
二十篇皆孔子弟子記諸善言也大子大傅夏
侯勝前將軍蕭望之丞相韋
賢及子玄成等傳之齊論語二十
二篇其二十篇中章句頗多於魯論琅邪
王卿及膠東庸生昌
邑中尉王吉皆以教授故有魯論有齊論魯共
王時嘗欲以孔子宅為宮壞得古文論語齊

図122…李盛鐸旧蔵宋版『論語』、「星吾海外訪得秘笈」・「清門之後学」印記が見える。（第Ⅱ部一一九ページも参照）

この経緯を持つ李氏本で私が出会ったものは幾つかある。第Ⅱ部で述べた（一一七ページ参照）宋刊本『監本纂図重言重意互註論語』もその一つ〈図122〉。楊氏は東京の琳琅閣書店から重価をもって購入したという。圧巻は宋刊本『文選』二六冊と五山版（日本南北朝刊）『春秋経伝集解』一五冊である。『文選』は宋淳熙八年（一一八一）貴池（今の安徽省）の学校で刊刻した李《り》善《ぜん》注のテキストである。慶元一年（一一九五）までの一〇年ほどの間にかなりの部分に補刻を加えて江西省鄱陽の学校で印刷したもので、いかに需要があったかを物語る。淳熙八年に出版を司った人尤袤《ゆうぼう》の名をとって尤本ともいう。後に清の嘉慶年間胡《こ》克家《こつか》が本版を覆刻し、李善注最良のテキストとして今も使われる。完本が国家図書館に所蔵され、『中華再造善本』に収められた。他に残本は上海図書館など幾つかを数える。この北京大学李氏本は巻一から巻十二までを欠いているが、実は、もと揃いの完本であったもので、楊氏が買い求めた時かそれ以前、何らかの事情で首の六冊がはぐれ、それは転々徳富蘇《とくとみそ》峰《ほう》の手に入り、お茶の水図書館成簣《せいき》堂《どう》文庫に所蔵されているのである。徳富氏は収蔵家の大野《おおの》洒竹《しやちく》（一八七二〜一九一三、俳人・医者）旧蔵のものを入手したのである。

しかし、この三二冊はかつて東福寺にあったものだった。臨済宗聖一派の学僧で東福寺塔頭宝勝院第二世塔主、東福寺第二百世住持の芳郷 光隣《ほうきょうこうりん》（天文五年・一五三六寂）の手沢本である。宝勝院は『論語義疏』を始め稀本を世に伝えることで有名である。また本書は宋版であるにも関わらず料紙が日本のものに似ていること、室町時代に加えられた丹表紙《たんぴょうし》（あか色の表紙）がそのまま遺っていることなど、研究余地のある痕跡を留めている。このような善本を入手した楊氏の炯眼は、まさしく宝物が寺外に流出していた時代の流れと相俟って発揮されたものであった。本書の最後に附された楊氏の長文の跋がその幸運をよく伝えている。

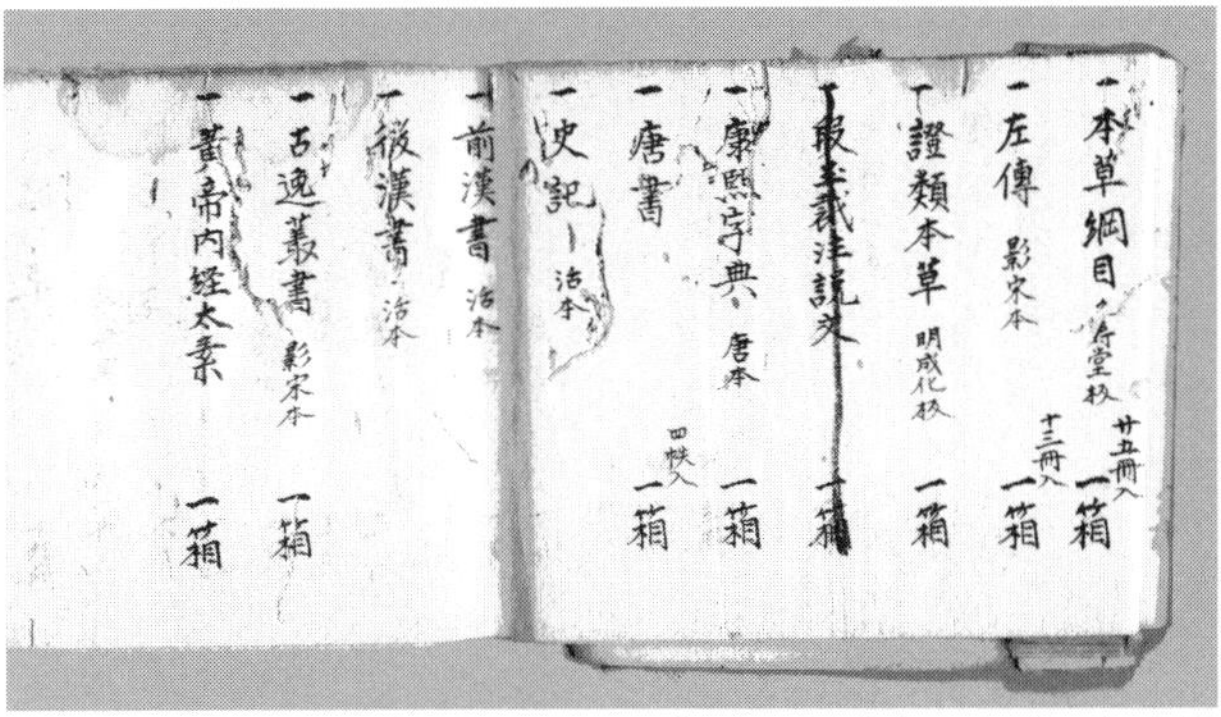

図 123…『森氏開万冊府蔵書目録』に「左伝　影宋本」（二行目）と記す。五山版であろうか。

## ◈楊氏から名家へ（二）――潘氏宝礼堂・曲直瀬家養安院蔵書

李氏蔵本の五山版『春秋』も然り。日本の南北朝時代に宋版を覆刻したもので、宋版と瓜二つの再造品である。もとになった宋版は大陸には既になく、日本にのみ完本を伝えた。楊氏はこれを森立之から手に入れその価値は充分に森より教わったが、自ら校勘してみてその本文の優れた系統に喜びを禁じ得ず、やはり末に長文の跋を記している。『古逸叢書』に収めたかったが聞き入れられなかったことを遺憾としている。五山版は京都・鎌倉の禅五山を中心に、大陸渡来の刻工らにより出版された宋元版の覆刻シリーズであったから、南北朝の人達にとっては思いもかけぬことであったろうが、数百年経って母国の学者に珍重されることとなった。

本書は室町時代の禅僧の読書を経ている。その後、江戸時代を通じて大切に保存され、後期になると、散じて江戸後期の書誌学の草分けである市野《いちの》迷庵《めいあん》（一七六五〜一八二六）の収蔵するところとなった。迷庵は足利学校第九代庠主《しょうしゅ》（校長）三要《さんよう》（閑室元佶《かんしつげんきつ》、号は三要、一五四八〜一六一二）手沢の同版本を経眼し、三要の跋を臨写している。迷庵没後、弟子の渋江抽斎《しぶえちゅうさい》（一八〇四〜五八）に渡り、抽斎没後、森の書斎開万冊府《かいまんさつぷ》にあったものである〈図123〉。まさに日本流伝本の特級品で、李氏所蔵日本漢籍の第一に挙げられるべきものである。

**潘氏宝礼堂蔵『纂図互註揚子法言』**　また、広州の中山大学図書館に所蔵される『纂図互註揚子法言』（漢・揚雄《ようゆう》撰／晋・李軌《りき》、唐・柳宗元《りゅうそうげん》等注）の元刊本は、偶然出会って知り得た楊守敬旧蔵の日本将来本であった。本館の目録では明初刊本とする。南宋末刊本の覆刻と見られるが、元末の精刻とすべき部分を印面に遺している。

本書は楊氏が購入して自ら宋本との校合を行い、帰国後手放して、転々潘氏宝礼堂《ほうれいどう》の有に帰して、今中山大の架蔵となったものである。宝礼堂は民国の初期、最も勢いある蔵書楼で、上乗の宋版を一〇〇部以上も所蔵した。その所蔵目録に『宝礼堂宋本書録』がある。主人の潘宗周《はんそうしゅう》（一八六七〜一九三九）は字明訓《めいくん》、広東の人、曲阜の孔府旧蔵宋版『礼記正義』を得たことに因んで「宝礼」の名をつけた。袁世凱の子で収蔵家袁克文《えんこくぶん》（一八九〇〜一九三一）の蔵書の六〜七割を購入、張元済《ちょうげんさい》・徐森玉《じょしんぎょく》らと交流があった。その殆どは子の潘世茲《はんせいじ》によって国家図書館に寄贈された。著名な宋刊本の『史記』（黄善夫《こうぜんぶ》本）、『孟浩然詩集』（眉山刊　十二行本）、『唐女郎魚玄機集』（唐・魚玄機《ぎょげんき》撰　臨安陳宅書籍鋪《ちんたくしょせきほ》刊）などは皆潘氏の寄贈に係るものである。

当時、陳澄中《ちんちょうちゅう》（清華《せいか》）と善本購入の双璧を為した。本書もまた、潘氏が触手を伸ばしたということで、逆にその価値が理解されるということである。楊氏から善本が転蔵されるには最も相応しい蔵書家であった。


**曲直瀬家旧蔵「養安院蔵書」**　楊氏は本書を東京の古書肆から求めたものだと思われるが、それは江戸期から既に散じていた名医家曲直瀬《まなせ》家の旧蔵物であった。「養安院《ようあんいん》蔵書」の印記がそれを物語る。この印はあまりにも著名であるために、後に捺された印もあるようだ。もともと桃山時代、豊臣秀吉《とよとみひでよし》・秀次《ひでつぐ》に仕えた医家、曲直瀬正琳《しょうりん》の蔵印と伝えられる。宇喜田秀家《うきたひでいえ》の妻の病気を治したことで朝鮮渡来の朝鮮古版本を多数賜ったことで知られ、とりわけ見事な朝鮮古活字の善本に、この印が捺されている。従って朝鮮古版と同時に押されたものであると見られるものは、必然的に一六世紀以前の古い典籍ということになるわけである。

本書は、刊記にもあるように福建の書肆が四種（『荀子』・『楊子法言』・『老子』・『南華真経』）について纂図互註本として出版したもので、明初に読みやすいものとして流行したものであった。一方、朝鮮でも明代の典籍の輸入翻刻は見るべきものがあり、或いは、収蔵の経緯からして、朝鮮を経由してもたらされたものであるかも知れない。いずれにしても、養安院は近世初期の日本に於ける指折りの収蔵名家であることには間違いがない。

すなわち、私が楊氏本と出会うのは、全くの偶然の為す業であるが、楊氏がこれらの善本に出くわすのは、単なる偶然ということでは済まされないのである。

### ◈得難き出会い

第Ⅲ部冒頭で述べたあの願いを満足させるには　こうした偶然の出会いを一つ一つ重ねていくより、他はないのである。

楊氏が帰国後、手放すことなく身辺に大切にした蔵書の一半を、その没後に保管した松坡図書館については、最近、李《り》致忠《ちちゆう》氏が『文献』（中国国家図書館・二〇〇九・第一期）に「梁任公与国立京師図書館」と題して一文を記し、そのなかで、楊氏が日本から持ち帰った宋版大蔵経『思渓版』（浙江省湖州の資福寺で淳熙二年＝一一七五年に刊刻されたもの）が一九四九年に松坡から京師図書館に移管されたという記事を紹介しているが、その後、現在の中国国家図書館に引き継がれた松坡図書館の全ての楊氏旧蔵本は、書庫の一角に他の蔵書と連番で配架されている。独立したコレクションにはなっていない。従って今は、これらを楊氏本として検索することは不可能で、ただ、書庫に入ることのできる、事情に詳しい古籍部の職員のみが全体像を把握できるのである。かつて北京図書館の研究館員であった丁瑜《ていゆ》先生に函架番号の何番から何番までが楊氏の日本将来本だと教わったが、書庫に入れない以上、現在この状況を知悉する李際寧《りさいねい》研究館員に尋ねる他はない。

**旧蔵書の復元調査**　このように、おしなべて、蔵書家の旧蔵書復元の調査は、図書館事業のあり方と密接に関わるものである。某人の旧蔵書は、個人文庫として単独に保管されるか、書庫に分類されて散在するかによって大きく運命が分かれるのである。書庫の空間や検索上から、後者を選ぶのが図書館としては効率が良い。しかし、その場合、全体像が見えないため、蒐集した人の意図がかき消されてしまうという欠点もある。書誌学の未来はこの問題の解決に明るい道を示唆するものなのであろうか。書物自体が散在していても、予めその総体を示す目録が作製されていれば、まだ希望はあるが、それも無いとなるとその「意図」は埋没するよりほかはない。

その是非はさておき、楊氏は帰国後湖北の黄岡や武昌にあったため、湖北省には今もその旧蔵書が多く存在する。湖北省博物館に日本の古写本が多く収蔵されているのは周知の事実であるが、湖北省図書館にも実は多くの楊氏日本将来本が所蔵される。しかし、それは書庫に散在してしまっているので、集約するのはほぼ不可能に近い。楊氏本を見たいといってもそれを引き出す術はない。

**湖北省図書館の楊氏遺書**　湖北省図書館は民国の有力な蔵書家であった徐恕《じょじょ》（行可）の蔵書一〇万冊がその善本の核をなしている。今年はその寄贈五〇周年にあたる。子の孝宓《こうふく》も書誌学者で館長を務めたが先年他界した。その後、書誌学者陽海清《ようかいせい》も館長を務め、古籍整理には伝統を誇っている図書館である。

昨年、館員の孫君が、ふと見て欲しいと出納してきたものに「飛青閣蔵書印」があるのに不思議な縁を感じた。湖北の地で初めて楊氏と出会うことができたのである。『大唐西域記』六冊の古活字版であった。無刊記本であるが日本の一六世紀末から一七世紀初にかけて木活字で印刷されたもので、東洋文庫の旧岩崎文庫にあるものと同じ版である。現存の伝本は少ない。だが、省図書館では善本には含まれていない。普通線装書の書庫に配架されている。こうしてみると、本書のような楊氏の遺書がどれだけ普通書庫に眠っているかを想像したくなってくる。

**日本古写本・古刊本の評価**　つまり、大陸では、日本からやってきたもののうち、宋版や日本の古写巻子本は善本として注目したが、近世初期古活字版の価値までは到達していなかったのである。中国ではこうしたものは一括して和刻本として扱われた。書誌学の定義では、和刻本は江戸期のもので、古活字版より以前のものは出版事情やテキストの性格が江戸期とは異なり、貴重書として珍重される。この問題は中国と日本の書誌学の、実は深い溝となっているのである。

勿論、古活字版・五山版は日本古写巻子本とともに楊氏蒐集のなかでも珠玉のコレクションを形成していたことは、台北の観海堂を一見すれば充分に理解することができる。しかし、当時、大陸では日本の古写本・古刊本に対する価値評価は、『古逸叢書』の影響はあったものの、さほど高くはなかったものと思われる。従って、楊氏没後、湖北では日本の古写本類が大量に売られたものと見られるが、競って買い求められたという様子でもない。そこで范之《はんし》傑《けつ》という蔵書家がたまたまその多くを買い求めていた。范氏は清の翰林院編修であったが、一九二一年武昌に在職した時に、楊氏の日本古写本類をまとめ買いした。そしてそれが転々、山東の蔵書家（張《ちょう》 景栻《けいしょく》氏）の手中に納められていた。この事は、山東大学の著名な書誌学者杜《と》澤遜《たくそん》先生が紹介している（『蔵書家』第四輯・斉魯書社・二〇〇一）。また、張氏自身も目録を作製して公表した。見れば京都高山寺の宝物が多いのに驚かされる。しかしこうして楊氏コレクションの一部が散佚せずに保管されていることは書物にとって幸運なことである。

私は北京でも楊氏将来の日本古写経を見たことがある。これらが再び一堂に会することはもうないであろう。

### ◈六合徐氏の購書（一）——徐承祖使東所得

楊氏が日本で古書を渉猟している頃、同時に日本で文化活動をしていた人に姚文棟《ようぶんとう》（子梁、一八五三〜一九二九）がいた。既に第Ⅱ部で言及したが（一一一ページ参照）、帰国後上海郊外の書庫には日本の古鈔本が山ほどあったというが、戦災に遭い今はその実体を窺うべくもない。訪日は光緒七・八年（一八八一・二）から一二年（一八八六）にかけてであるから、楊氏の光緒六年から一〇年と重なっている。姚氏は森鷗外《もりおうがい》の『渋江抽斎』にも登場するが、この人が『経籍訪古志』（幕末の善本目録で近代日本書誌学の原点）を徐承祖《じょしょうそ》に紹介して出版を促したわけである。『訪古志』は数次の稿を重ね、出版には至っていなかったので、最後の編者である森立之はこの機を得て校正し、森氏の亡くなる年に徐承祖の序を得て上梓された。

**徐承祖の蒐書活動**　その徐承祖は、光緒一〇年（一八八四）駐日公使黎庶昌が母堂逝去の為に帰国することとなり、その代理として公使館に駐在した。同一三年（一八八七）に帰国するまでの活動は如何なるものであったろうか。同一一年に『経籍訪古志』に序文を記し、同一二年には父、徐鼒の『周易旧注一二巻』を日本で出版している。徐鼒は第Ⅲ部冒頭に述べた根本氏の『詩広詁』の著者である（一七二ページ参照）。六合（今の南京）の徐氏である。

徐鼒は道光二五年（一八四五）の進士で、福建福寧《ふくねい》の知府であった時、咸豊八年（一八五八）太平天国の長髪族が故郷六合を襲い、兄徐鼐《じょだい》をはじめ、一家の殆どが命を喪った。それを記した「家人殉難記」は当時の凄惨な状況を伝える。家の蔵書も焼け尽くした。『未灰斎文集』（咸豊一一年序刊）はその弔いの文集である〈図124・125〉。

その数十年後、徐承祖が日本でどのような蒐書を行ったかは不明である。また、その蔵書が今どうなっているのかも定かではない。それ故に「六合徐氏孫麒珍蔵書画印」・「孫麒氏使東所得」という蔵印を見たときには驚きとともに徐承祖訪日当時の様子が目に見えるようであった。

**湖北省図書館蔵『四書章句集注』**　先の湖北省図書館で明内府刊本の調査をした時である。明正統一二年（一四四七）司礼監刊本『四書章句集注』を出納していただいた。これはすなわち、明代の役所が出版した内府本で、白綿紙という上質紙を用いた印刷で、しかも皇帝の御覧に呈することもあるため、大字で大型の立派な本にしたててあるものだ。

必ずや由緒ある所蔵を経ているであろうと予感する。さて表紙を捲ると、六合徐氏の「使東所得」など二種の印記が目に入る。徐孫麒《じょそんき》は徐承祖である。徐承祖が日本から購入帰国した旧蔵書なのであった。ならば、その源流も然るべきものであろうと尋ねてみると、本書には、「尾府内庫

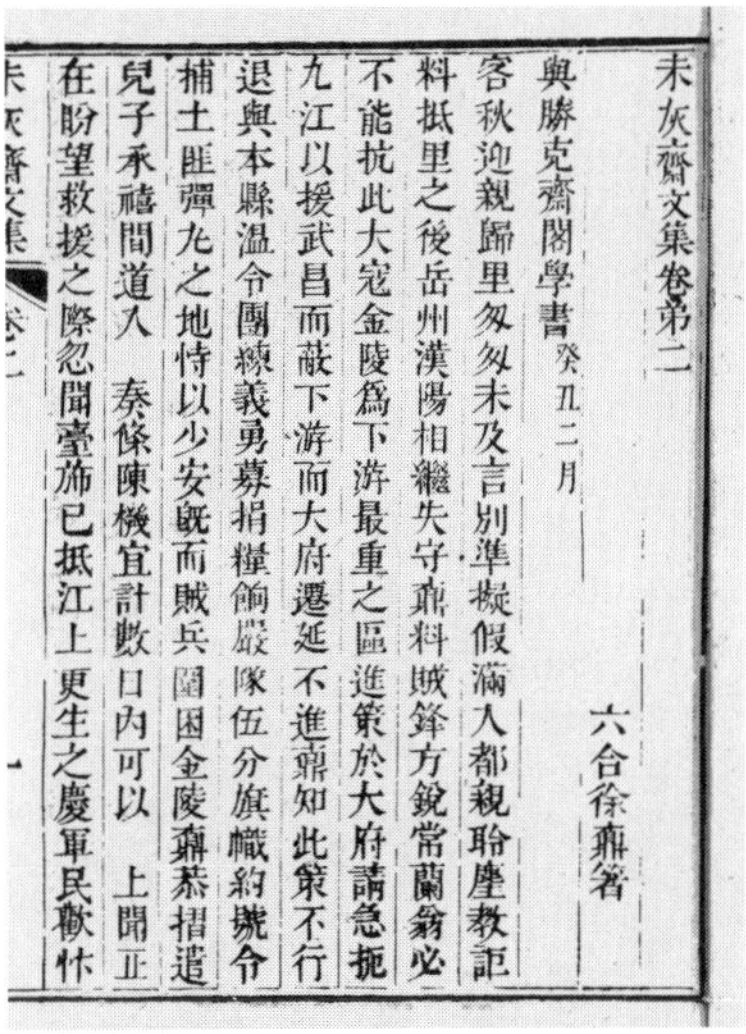

未灰齋文集卷弟二
六合徐鼒著
與勝克齋閣學書癸丑二月
客秋迎親歸里匆匆未及言別準擬假滿入都親聆塵教詎
料抵里之後岳州漢陽相繼失守鼒料賊鋒方銳常蘭翁必
不能抗此大寇金陵爲下游最重之區進策於大府請急扼
九江以援武昌而蔽下游而大府遷延不進鼒知此策不行
退與本縣溫令團練義勇募捐糧餉嚴隊伍分旗幟約號令
捕土匪彈丸之地恃以少安旣而賊兵圍困金陵鼒恭摺遣
兒子承禧間道入　奏條陳機宜計數日內可以　上聞正
在盼望救援之際忽聞臺旆已抵江上更生之慶軍民懽忭
未灰齋文集　卷二　一

図124…徐氏の『未灰斎文集』

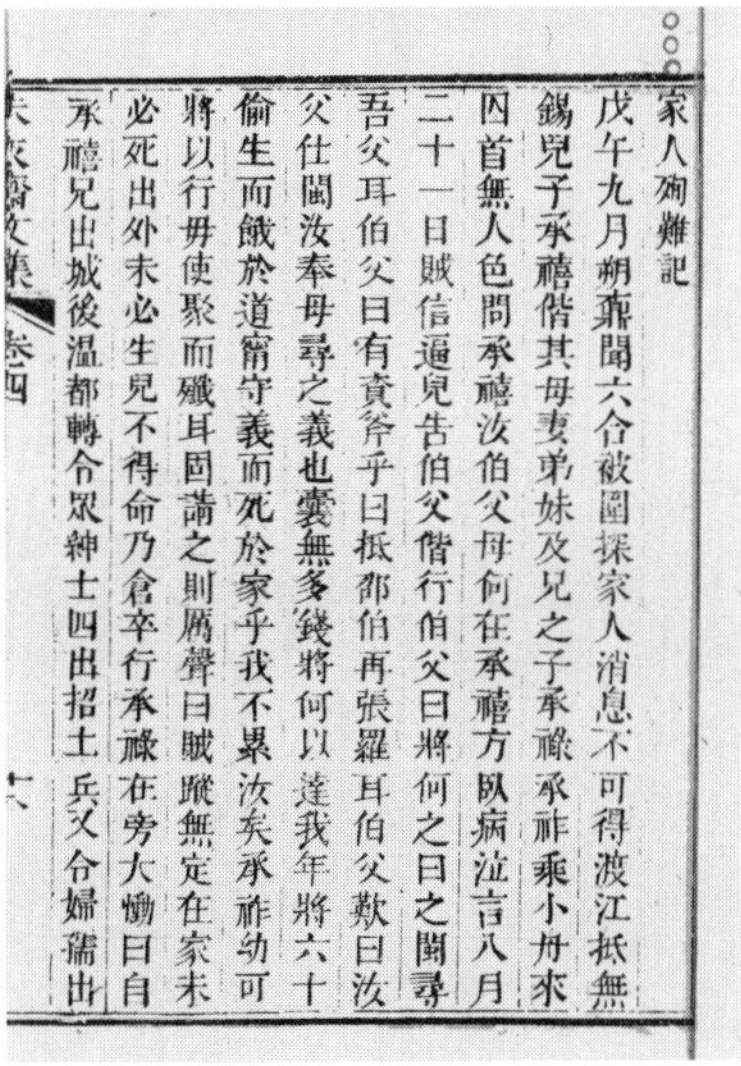

家人殉難記
戊午九月朔鼒聞六合被圍探家人消息不可得渡江抵無
錫兒子承禧偕其母妻弟妹及兒之子承祿承祚乘小舟來
囚首無人色問承禧汝伯父母何在承禧方臥病泣言八月
二十一日賊信逼兒告伯父偕行伯父曰將何之曰之閩尋
吾父耳伯父曰有資斧乎曰抵郡伯再張羅耳伯父歎曰汝
父仕閩汝奉母尋之義也囊無多錢將何以達我年將六十
偷生而餓於道甯守義而死於家乎我不累汝矣承祚幼可
將以行毋使聚而殲耳固請之則厲聲曰賊蹤無定在家未
必死出外未必生兒不得命乃倉卒行承祿在旁大慟曰自
承禧兒出城後溫都轉令衆紳士四出招土兵又令婦孺出
未灰齋文集　卷四　十六

図125…文集のなかに記される太平天国の乱の殉難記

図書」「張藩図書」の堂々たる印記が捺されていた。

日本では古来、中国を模倣することが格式高いとされ、漢学者の名前や書斎名などを中国式に略して記す場合が多い。この二印もその例で、中国人が見れば中国人所有のものと思うかも知れない。実は「尾府」「張藩」、ともに尾張藩（徳川家）の省略を意味している。これは秦藩・晋藩・徳藩など明代に於ける藩王府のように聞こえて格調高い響きを持つようだ。


**尾張藩の旧蔵書**　尾張徳川家の蔵書は現在名古屋市蓬左文庫に保管される。他にも様々な種類の蔵印を捺し、江戸時代最も書物を大切にした藩であった。なかには江戸時代に庫内より流出した珍しい例もあるが、本書は「払」印を捺してあり、何らかの理由で売り払われたものである。表紙に続く副葉子（遊紙）には中国製の紙箋を附し、そこに近代中国人の筆で記された、宣統一年（一九〇九）に英洋二〇〇元で購入した旨の識語がある。この頃に徐氏の蔵書が散じたのであろう。識語によれば、当時、元大徳刊本として売られたようである。

正統一二年は、文安四年、日本の室町時代の前期にあたり、日明貿易によって渡来した典籍であろう。そしておそらくは有力者によって尾張家に寄進されたものであろう。幕末か明治になって書肆の手に渡り、徐承祖の目に触れたのであった。明内府本は大名家の蔵書には相応しい。高額であったろうから、学僧などに愛用されることは少ない。従って市中に出回ることも少なかったであろう。中国の収蔵家にとっては、まさに宋元版に次ぐ収穫であったと想像される。

それにしても、武漢の地で尾張家の旧蔵書に出会うとは思ってもみない。また、楊守敬と同様に、殊更に日本で手に入れたことを強調する「使東所得」といった専用の蔵印を捺していることから、その日本に於ける購書の勢いも充分に察することができよう。

### ◈六合徐氏の購書（二）——印記が示す流転の実態

出会いは続く。

広州中山大学図書館に所蔵される元刊本『五朝名臣言行録』（宋・朱熹《しゅき》編）は藍色の絹表紙で、所謂金鑲玉装《きんじょうぎょくそう》、つまり白い大きな紙を毎頁の裏にあてがい原紙を保護する（金〈＝原紙〉が玉〈＝あてがいの白い紙〉を包む）ようになっていて、中国の伝統的装訂法を用いている。宣統一年（一九〇九）鮑毓東《ほういくとう》がこれを徐乃昌《じょだいしょう》（一八六八～一九三六）より見せられたとする跋が記されているから、積《せき》学斎《がくさい》徐乃昌の旧蔵であったようだ。また、徐乃昌の印記もあり、この表装は著名な蔵書出版家である徐乃昌の手になるものと考えられる。

本版の流伝は幾本かを数え、孤本ではないが、この一本の印刷面を精査すると、かなり宋版に近いものではなかろうかと思われるのである。

**幕末の蔵書家から徐氏へ**　また、調べていて気になったのは、巻末に捺す「子敬」などと読める鼎型の印記があることで、これは日本の中世禅僧が好んで用いるものである。更に見ていくと「玄誉」との印もある。日本伝来本に間違いがない。やはり、「向山黄邨家蔵書之印」が捺してあった。

向山黄村《むかいやまこうそん》（一八二六～九七）は幕末の奉行で蔵書家であった。国会図書館蔵の黄丕烈手跋『安南史略』を例に見るように、美しい唐本の蒐集に力があった。とすれば古くから日本に伝わった元版であるようだ。

丁寧に一頁一頁見ていくと、外集の巻四末に松崎慊堂《まつざきこうどう》（一七七一～一八四四）の手跋が認めてあるのにはびっくりした。慊堂は安井息軒や渋江抽斎、海保漁村《かいほうぎょそん》（一七九七～一八六六）の師で考証学の大家である。狩谷棭斎とも交際があり、幕末書誌学の大家でもある。

慊堂が天保一一年（一八四〇年）にこの跋を記した時には七〇歳で、筆跡も印記（松崎復・明復）も間違いがない。また、本書には宋・景定辛酉（一二六一）の序文があり、それを受けて慊堂は宋景定刊本としている。

更に慊堂は、本書はある寺院の僧が持参したものだが、自分は老病にして校勘できないのが残念だ、という。慊堂が結局本書を所蔵したのかどうかはわからない。しかし、その目に触れた善本が今広東の地にあるとは、慊堂も驚いているに違いない。

松崎慊堂の旧蔵書のほぼ全ては斯道文庫に収蔵されている〈図126〉。私は日頃から慊堂のものに接しているので、この出会いの不思議は喩えようもなかった。

そして、更に、武漢と同じ「六合徐氏孫麒珍蔵書画印」・「孫麒氏使東所得」の蔵印を発見して、日本から大陸回帰した本書の経路が明らかとなった。これも徐承祖が購入将来したものなのであった。当時慊堂のお墨付きを得た本書は、おそらく然るべき手を経て徐承祖に帰したものであろう。向山黄村の手から渡ったものと想像してみよう。

**明治初年の日本の書誌学界**　何せ、明治の初年は、慊堂をはじめ抽斎そして小嶋家や多紀家、伊澤家といった、幕末に一世を風靡して書誌学に深い造詣を示した医学者の後人が世を去っていく時代で、一人森立之のみが遺老としてこれら書誌学者の所蔵・看過した善本の行方を知っているに止まり、黄村などの書誌学というよりは収蔵家が活躍した時であった。

日本の漢籍善本は、次に活躍する島田《しまだ》篁邨《こうそん》（一八三八～九八）や竹添《たけぞえ》井井《せいせい》（一八四三～一九一七）といった学者を待っている時である。この状況を鑑みるとき、徐承祖の来日訪書活動も、楊氏とと

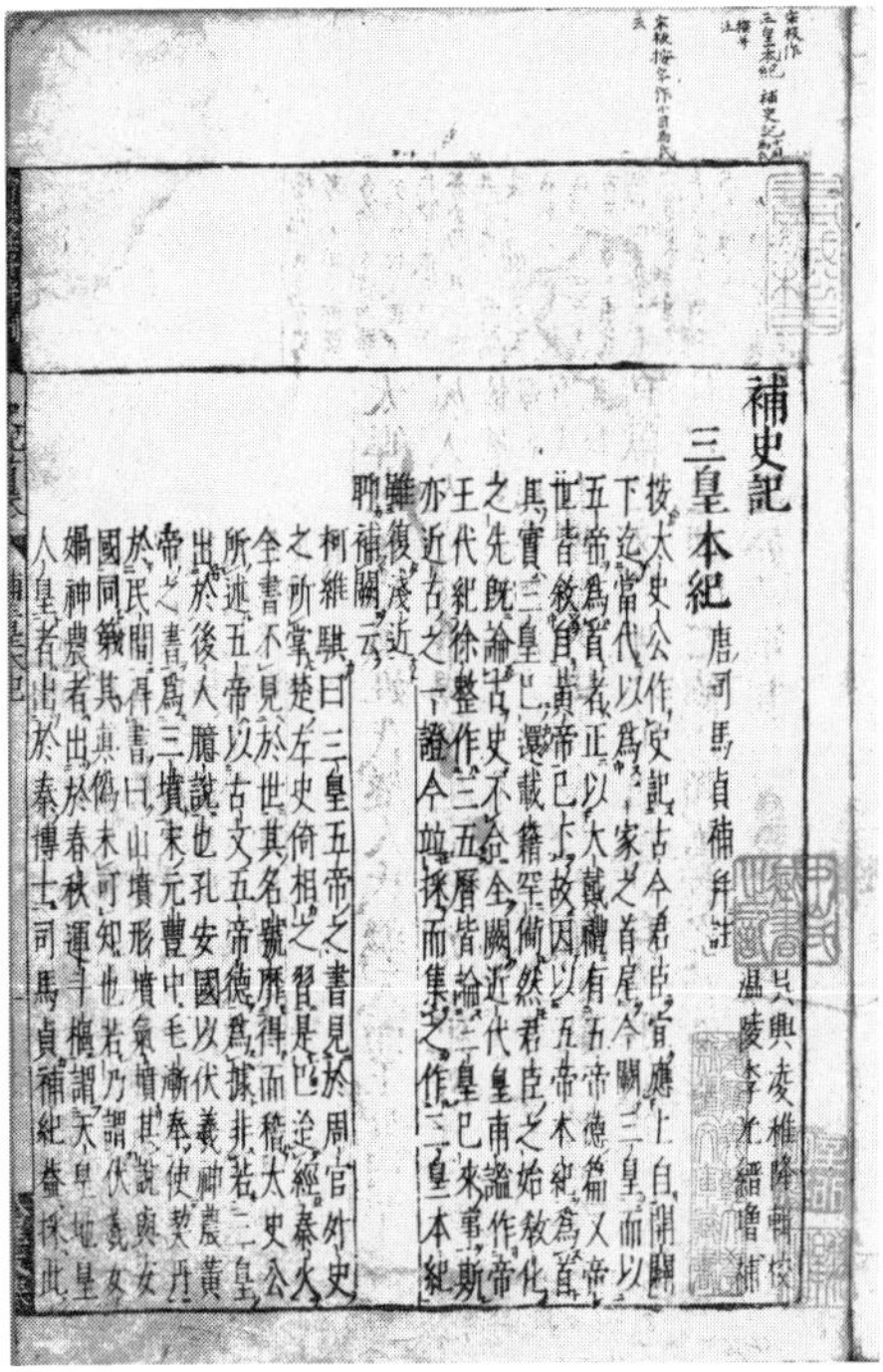

図126…慊堂旧蔵の『史記評林』。「益城松氏」「辛卯明復」などの慊堂印記が見え、欄外の校勘は慊堂の自筆。

もにまことに典籍にとって、また彼らにとって意義深いものがあったといわねばならない。

かくして、日本から帰った唐本の全体像を把握する道程は、単に日中交流史というテーマばかりではなく、典籍聚散の歴史がどんどん書き替えられるという幅の広さを持っているように思えてならないのである。それにつけても、書庫の中を歩けば、もっともっとこのような流伝の実態に出くわすであろうと想像すると、大きな期待とそれはかなわぬ失望とが交錯して如何ともしがたい思いにかられてしまう。

これからの書誌学がどのようにこの問題に取り組むか。繰り返していうが、私はここに書誌学の未来があると考えているのである。

### ◈荊州田氏の購書——伏侯在東精力所聚

更にこんなこともある。

江蘇省の蘇州図書館は江南の書物地帯の中心地らしく写本や地方文献など土地に根ざした蔵書に富んでいる。善本の極みといえば、廃品から見つけ出したという明末汲古閣の影宋鈔本(毛鈔)『孝経・論語・孟子音義』と一九七八年六〇〇〇元で購入したという宋・嘉定五年(一二一二)刊本『容斎随筆』を本館の宝蔵の双璧に挙げることができるであろう。

ところで、今般、前述復旦大学陳正宏《ちんせいこう》教授(一五四ページ参照)の案内で、この『容斎随筆』を翻閲する機会を得た。本書は、既に『四部叢刊』に影印されているので、早くにその存在価値は知られていたが、あらためて原本の紙質の良さと字様墨痕の迫力に圧倒されたのであった。まさに江西刊本の上品である。

また、本書は『鞠山文庫』なる日本人の印記を捺し、またしても日本伝来本であることがわかる。影印本にもこの印記は写っているのであるが、写真では日本のものかどうかの判断がつかないが、原本を見ると明らかに日本の印記であった。一目瞭然とはこのことである。こうした極上の宋版が日本に渡るのは室町時代以前のことであり、これ以上の由来を明らかにしないが、いずれ、日本の寺院に長く居を寄せていたものと想像される。

そして、本書は、楊氏でもなく徐氏でもなく、徐氏より遅れること十年余、日本に遊学した田《でん》呉炤《ごしょう》によって持ち帰られたものであった。

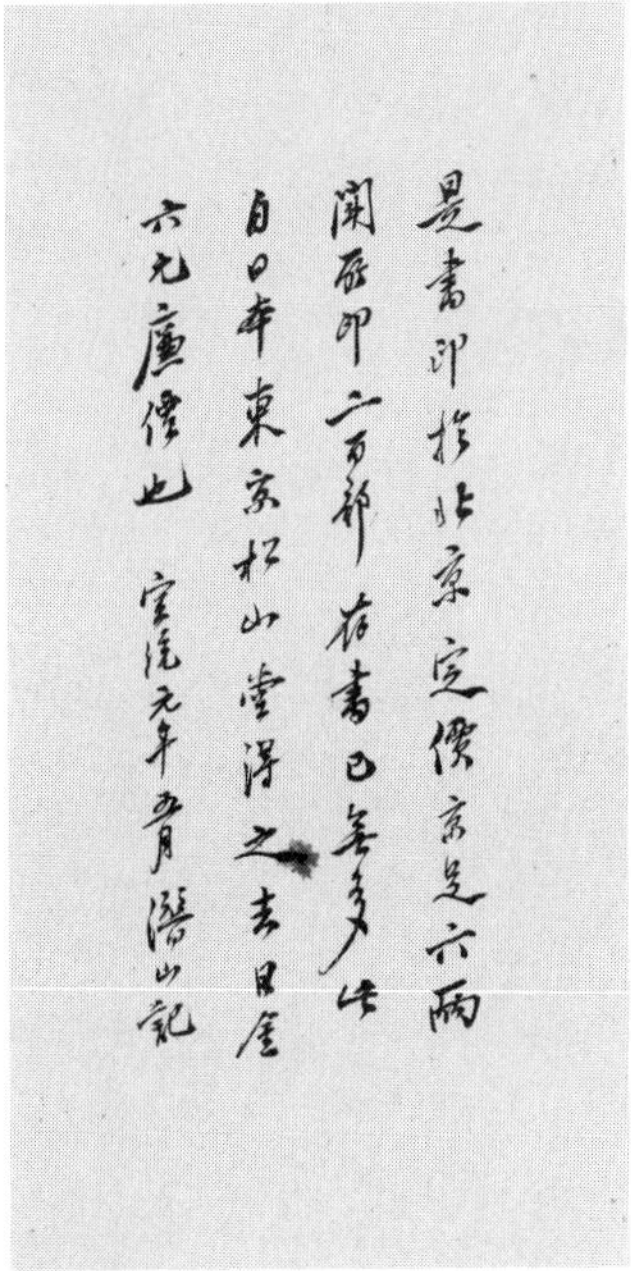
是書印於北京 定價京足六兩
聞僅印二百部 存書已無多矣 余
自日本東京松山堂得之 去日金
六元 廉價也 宣統元年五月 潛山記

図127…宣統一年（一九〇九）、『郘亭《りょてい》知見伝本書目』に記された田呉炤の識語（本書を東京松山堂で入手した旨を識す）

**田呉炤の蒐書活動**　田呉炤は字伏侯《ふくこう》、訪日や訪欧の後、留日学生監督となった。本書に捺す印記、「田偉《でんい》後裔」（田偉は宋の荊州〈今の湖北省〉田氏で宋代著名な蔵書家、博古堂《はつこどう》）、「潜山読本」・「後博古堂所蔵善本」・「伏侯在東精力所聚」などがこの事実を物語る。

田氏の日本に於ける蒐書には美談がある。昭和三五年（一九六〇）刊の『図書寮典籍解題』に載せる話。唐の孔穎達《くようだつ》の著わした『五経正義』はもともと単行本が伝わったが、宋代に、唐以前の注釈を共に刻した所謂合刻本が流行した。それを注疏本というが、単行本の刊本（単疏本）は、早くに大陸では失われ、日本に孤本として伝わっていた。が、『五経』のうち『春秋』のみは伝わらず、江戸時代の文化年間に近藤守重《こんどうもりしげ》（重蔵、守重は諱、号は正斎、文化五年書物奉行、一七七一～一八二九、著書に『正斎書籍考』あり）が常陸国正宗寺に伝わる単疏本を書写していた。そして、後にこの書写本は宮内省に架蔵されることとなるが、惜しいことに第八・第九の二冊が散佚していた。

そこで、明治四三年（宣統二、一九一〇）、田氏は、たまたま書肆で手に入れたこの二冊を宮内省に寄贈し、本書はあらためて完璧となったのであった。ただし、正宗寺の原本は焼失してこの写本のみが遺り、今に、正宗寺本『春秋正義』として尊ばれる。

**『容斎随筆』の日本人の書き入れ**　『容斎随筆』に話を戻そう。原本を見ていて困ったことが判明した。原本にはかつて日本人が施した書き入れがあった。訓点や上層のメモであるが、一般にこうした書き入れは、伝来の重要な足跡を示すことが多い。本書の場合、それほど古い書き入れとも思えないが、江戸時代には、宋版に書き入れるのはそう簡単なことではない。結局その書き入れを審らかにすることはできなかったが、何せ、影印本の『四部叢刊』にはこの書き入れが綺麗に削去されているのであるから、限られた時間での調査も功を奏しない。

『四部叢刊』を主宰した張元済は『涵芬楼《かんぷんろう》尽余書録』の宋刊本『南華真経』(国家図書館現蔵)のなかで次のように述べる。本書は日本から帰ったものであるが、行間には日本人による片仮名の書き入れがある。これはまことに本に疵をつけるようなものではないか、と。中国人にとってはそうなのかもしれない。しかし、長い歴史を持つ典籍ほど、その受容と流伝の実体を示す痕跡が喪われてしまうのは、けして喜ぶべき事ではないとも思われるのである。

もっとも、現代ではこうした作為は行われず、例えば、『古逸叢書三編』(一九八六・中華書局)に影印された、楊守敬日本将来の宋版『尚書注疏』(楊星吾東瀛所得秘笈の印記あり)は、日本人の訓点書き入れをもとのままに残して撮影している。

**書き入れの年代推定**　とはいえ、書き入れの年代推定や内容の審定には周到な原本の閲覧調査が必要で、それが許されない限り、その受容の本当の意味での価値を説明することはできないし、前人が典籍に吹き込んだ呼吸ともいうべきものを、永久に凍結してしまうこととなりかねない。

しかし、これは未来に渡っても越えられぬ書誌学の限界であるのかも知れない。

## 四――古籍の流通史研究と古籍普査

### ◈古籍の流通史――蔵書印の功用

「書物の生涯」の項でも述べたように、書物は旅をして異国に止まったり、或いは回遊して祖国に戻ったり、現在に至る経路は様々である。その足取りを、もし流通という言葉で表現するのであれば、個々の書物には流通の歴史があり、典籍全体の流通の概略を整理し、把握することが、書誌学達成の重要な一部分を占めるものである。

古籍の流通という名を用いた研究は過去にも為されているが、それは中国と外国の文献交流、もしくは社会現象としての書物の受容を物的流通の観念から解き明かすもので、少々私の関心とは異なるものである。

また、蔵書という観点からは、蔵書史の研究、蔵書印から見る蔵書者の意識、また、蔵書印そのものの研究、などその研究は至れり尽くせりともいえるほどである。しかし、たとえば散在している楊氏将来本のように、旧蔵書の復元ということになると、そう簡単にはいかない。それには、どの古籍にどのような印記が捺してあるかを詳細に調べなければならない。そこには、古籍の版本審定も当然絡んでくるし、現在に至るまでの古籍を取り巻く政治の流れも理解しなければならない。前段で述べた、本文への書き入れがある場合、蔵書印との関わりを追究するならば、事情はもっと複雑となる。

かつて台湾の中央図書館が『国立中央図書館善本題跋真跡』(一九八二)を影印出版したが、この書の目的は著名学者の題跋を写真で見ることにあった。画期的な企画であった。幸いにして名人題跋のある書物の巻頭(巻一首)の書影も掲げてあるため、巻頭の蔵書印がよく見えて、その本の流伝の歴史がわかるという副産物もあったのである。

**重要な印記の情報**　すなわち、蔵書印は、誰がどんな目的や状況で集めた書物であるかを示す重要な証であるから、印そのものの価値と同時に、どの本に捺されているかという情報が、その印記の価値を一層高からしめるといえるのである。善本中の善本で、全頁の様子が見て取れる影印やデジタル画像が存在するものはともかくも、膨大な量の普通書に至っては、その印記の情報を収集することは容易なことではない。

二〇〇四年、中国国家図書館が、普通線装書一七〇万冊の中から、一八四三種を選んで二六七一頁の書影を附して、『国家図書館古籍蔵書印選編』(線装書局)を出版した。これはまさに、どの本にどんな蔵印がどのように捺されているかを見せてくれる貴重な書影であるといえよう。

例えばこんなことがある。先の徐承祖将来中山大学の『五朝名臣言行録』であるが(二一九ページ参照)、ここには「延古堂李氏珍蔵」という印記も捺してある。これだけでは何も分からない。しかし、『国家図書館古籍蔵書印選編』を捲っていると、明刊本『毛詩鄭箋』にこれと同じ印が捺してあるのを見つける〈図128〉。延古堂李氏（天津の名家・今も李氏蔵経閣が遺る）がどんな蔵書を誇ったか、この一斑から充分に想像することができるのである。まことに有り難い参考書である。

**口伝による流伝の証**　しかし、蔵書印が有力な流伝の証になるとは限らない場合もある。それは、本に蔵印を捺さないこともあるからである。そうなると実際に本の伝来をこの目でみて知っている人の口伝に頼ることにもなる。中国国家図書館の超級善本の一部をなす曾ての商務印書館の蔵書である涵芬楼蔵書は、その相当部分を浙江の財閥であった蔣汝藻《しようじよそう》（一八七七〜一九五四）密韻楼《みついんろう》から受け継いでいる。が、この事実も最早周知とすることもできない。

密韻楼は伝書堂《でんしよどう》ともいい、宋・元版は二〇〇部に垂んとする質を誇ったという。蔣氏と同郷である王国維《おうこくい》（一八七七〜一九二七）がその蔵書目録『伝書堂蔵善本書志』（一四五ページ参照）を編纂している。この書は出版されることなく鈔本のみで伝わり、一九七四年台湾藝文印書館が影印している。

そして、涵芬楼蔵本の、どの本がこの密韻楼から来たものかについては、その経緯を実見していた胡文楷《こぶんかい》（一九〇一〜八八）という学者が記録していたのであった。後にそれを顧廷龍《こていりゆう》先生が写し取っていた。つまり顧先生のメモの写し、これによって涵芬楼蔵本の伝来がはっきりと分かるのである。

**陸氏皕宋楼蔵書の源流**　清末の四大蔵書家の一つ、陸心源《りくしんげん》（一八三四〜九四）の皕宋楼《ひよくそうろう》・守先閣《しゆせんかく》の蔵書は現在、日本の静嘉堂文庫に収蔵されることで有名であるが、この蔵書善本の源流は、上海の資産家郁松年《いくしょうねん》の旧蔵書に求められる。その蔵書数十万巻は宜稼堂《ぎかどう》と称する蔵書楼に収められた。没後、蔵書が散じた時、海源閣・鉄琴銅剣楼など同様の四大蔵書家が競って買い集めた。

しかし、陸氏が買いに走ったことは意外と知られない。実は郁氏本が散じる話を聞いて、飛んでいったのは陸氏であった。郁氏の家にその蔵書目録「宜稼堂書目」鈔本があり、陸氏はこれを見て購入したらしい。その鈔本は島田翰が手に入れ、後に東京で傅増湘が入手した。これによって皕宋楼の蔵書の流伝源流がかなり明らかになるのである。

こうした例は特殊なものであるが、このように、典籍流通の歴史は幾つかの手段によって、復元再構築することが可能なのである。しかしながら、やはり、蔵書印との出会いが最も確実な、

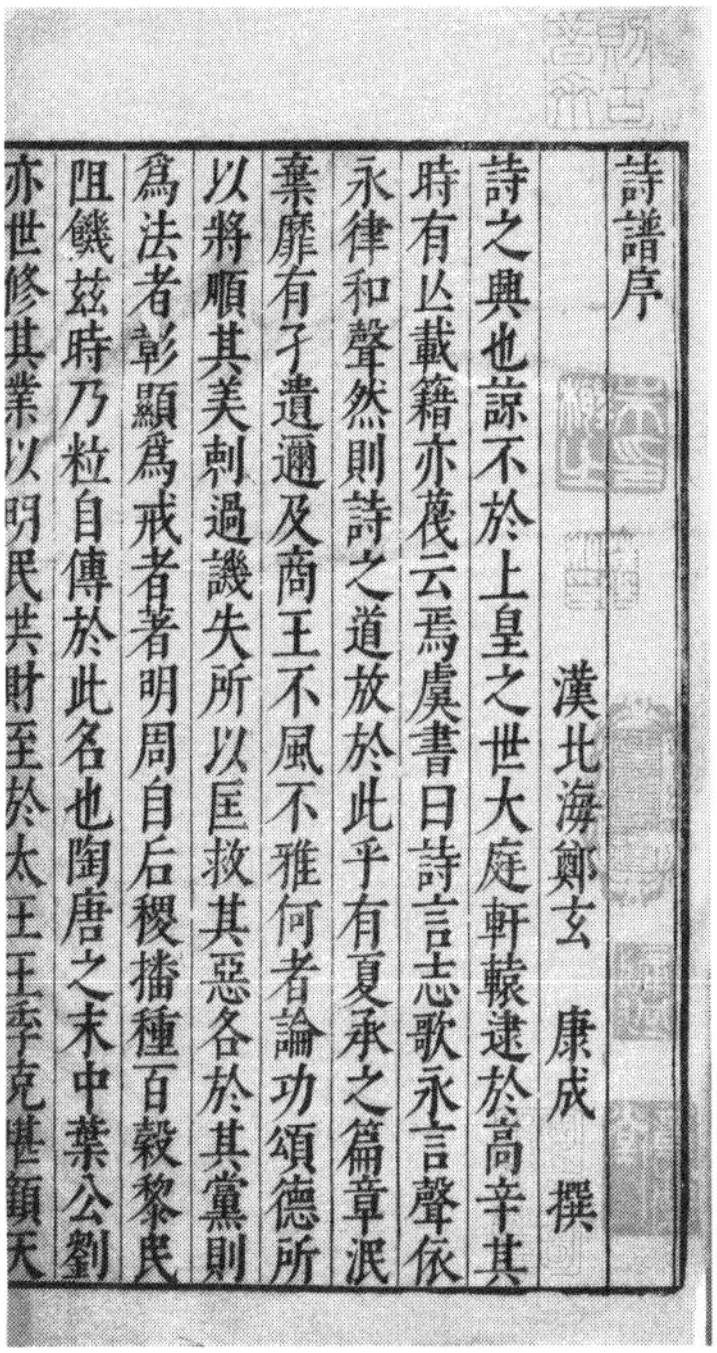
詩譜序
漢北海鄭玄　康成　撰
詩之興也諒不於上皇之世大庭軒轅逮於高辛其
時有亾載籍亦蔑云焉虞書曰詩言志歌永言聲依
永律和聲然則詩之道放於此乎有夏承之篇章泯
棄靡有孑遺邇及商王不風不雅何者論功頌德所
以將順其美刺過譏失所以匡救其惡各於其黨則
爲法者彰顯爲戒者著明周自后稷播種百穀黎民
阻饑茲時乃粒自傳於此名也陶唐之末中葉公劉
亦世修其業以明民共財至於太王王季克堪顧天

図128…中央に『五朝名臣言行録』と同じ「延古堂李氏珍蔵」の印記が見える

身近な所にある切り口であることには間違いがない。

## ◈古籍普査（一）――広大な視野

二〇〇七年八月、中国の文化部は、各省、自治区、直轄市文化庁などに対して重要な通知を発した。それは「全国古籍保護工作専家委員会」を立ち上げるというものだった。そこで国家古籍保護センターという機構を新たに設け、古籍保護規格を制定し、更に、普査工作方案を制定、また珍貴古籍の定級、つまり善本の格付けランクを定め、保存・破損の等級も定め、全国古籍重点保護単位を評価監督する、というものである。その委員は全国の文献に詳しい大家数十人であるが、それはまた、「古籍保護事業を熱愛し、原則堅持、実事求是、科学厳謹、団結協作、良好な職業道徳を有する」人々である。

**「古籍定級標準」とは**　そしてこの年から試行的に全国古籍普査工作がスタートした。それには先ず、「古籍普査規範」・「古籍定級標準」・「古籍修復技術規範与質量要求」・「古籍特蔵破損定級標準」・「図書館古籍特蔵書庫基本要求」を作製する必要があった。二〇〇六年から二〇〇八年にかけてこれらが順次整い次第公布された。こうした基準作製のかたわら、古籍定級に応じた『国家珍貴古籍名録』・『全国古籍重点保護単位名録』を各省ごとに分けて公表し始めた。

「古籍定級標準」は古典籍の基本術語の解説と、価値判断基準の一級から四級までの等級の内容を説明する。充分書誌学辞典に相当するものである。例えば、古籍の定義は「一九一二年以前

図129…古籍普査の全国研修会に使用されるテキストの一部

古籍普查培训讲义（试用本）

# 第二章　古籍基本知识

古籍，是中国古代书籍的简称，主要指书写或印刷于1912年以前具有中国古典装帧形式的书籍。

## 第一节　古籍结构

### 一、古籍版式

古籍版式指古籍版刻的样式。包括版面、大小题名、版框（亦称边栏）、界行、天头、地脚、版心、行款、字数、鱼尾、象鼻、书耳、书牌、条记、句读、插图等等。版式的概念出现在雕版印刷行世之后，但明显保留了雕版印刷之前的简策、手写帛书等装帧形式的特点。

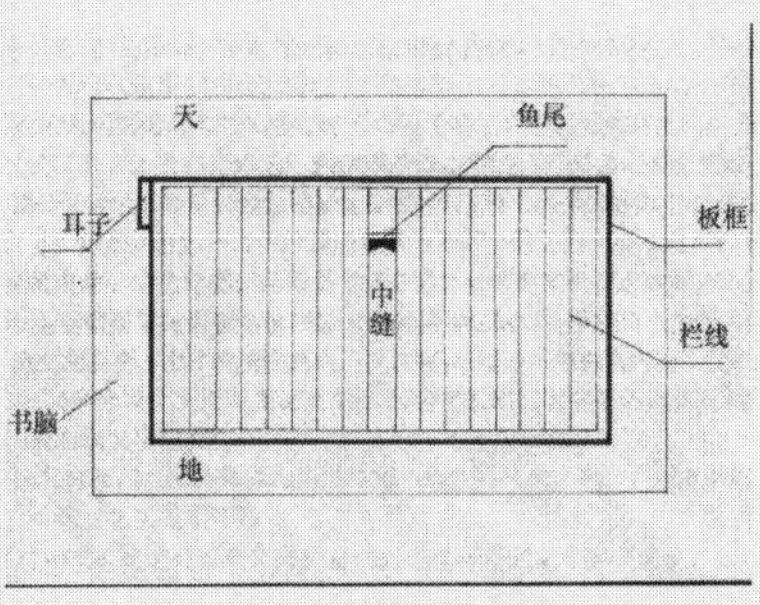


古籍版式图

1. 版框：也称为边栏，指每版内围框文字的四周边线，上方叫“上栏”，下方叫“下栏”，两旁叫“左右栏”。单线的叫“单边”或“单栏”，双线的叫“双边”或“双栏”。一般比较粗黑，给人稳定感。四周只印一道粗黑的边线，称为四周单边。四周粗黑线内侧再刻一细黑线，称四周双边。如果仅左右粗黑线内侧有细黑线，称为左右双边。不仅有规范、整齐版面的作用，而且保留了简策、帛书的遗风。

2. 界行：也称界格。指在版面内分割行字的直线。两道隔线间的条格叫界格，是竹木简书籍的流风余韵。在鉴定和著录时，人们习惯以半叶计算，叫做“半叶×行×字”，有的径称“×行×字”，若每一行中有两排字（通常为大字的注解），叫做“小字双行每行×字”。若双行字数与单行正文相同，就不再注出。这种著录和说明方式，称为行格，又称行款。

3. 天头：版框外空白纸的上方叫天头。

4. 地脚：版框外空白纸的下方叫地脚。

5. 版心：也称“叶心”，或简称“心”，指古籍书叶两半叶之间、没有正文的一行。为折装整齐，版心多刻有鱼尾、口线等，为便检索，也常记有书名、卷数、页码、每卷小题、

8

の書写或いは印刷された中国古代の書籍を指し、中国古典の装訂形式を備えたもの」とする。版本は「書写あるいは印刷された伝本、また書写印刷の形式、内容の修改、存欠、印記、批校、題識なども指す」、善本は「歴史・学術・芸術的に価値あるもの、特に時代が古く稀少なもの、また校勘、鈔写、刻印が精緻なもの」などということである。

一級古籍とはどういうものか。それには甲乙丙の三等級に細分され、甲は北宋及び北宋以前（中国では以前という場合それ自体は含まれない）・遼・西夏の刻本・鈔本、乙は元代及びそれ以前・南宋・金・蒙古期の刻本と鈔本、丙は明清時期の名家の稿本、批稿題跋本、大型の朝廷編纂物の原本、明代及びそれ以前の銅活字印本・木活字印本・套印《とういん》本・餖版《とうはん》・拱花《きょうか》印、また特殊な技法の印刷・鈔本、特殊な装訂のもの、清代の磁版・泥活字印本、という分類になる。

破損の定級も、一級破損は酸化がpH4以下であるとか、虫損の面積が全体の八割以上であるとか、五級まで様々な項目を設けて分類する。さらに特蔵書庫の基本要求は、特蔵を特殊な形式と内容を備えた文献と定義し、建築の設計、温湿度、照明、空気、耐火、耐震、防虫の基準を細かに定める。修復には材料・技法の規定を示して、実際に修復が加えられたものについて優秀から不合格まで四段階で評価を下すものである。

**『中華古籍総目』への蓄積**　こうした判断基準を詳細に定め、各省に基準を理解する人員を教育し、鑑定能力の向上に努め、それぞれの図書館の中に調査員を配置する。そして、定められた様式に従って調査書を作成し、各省に設置された古籍保護センターに提出する。そこで基準に沿っているかどうかを判断・点検し、よければそのデータを国家保護センターに送り、最終的なチェックを受ける。完成されたデータは、蓄積されて『中華古籍総目』の項目に加えられてゆくのである。

すでに、こうした作業は国家図書館を始めとする五七の館で試作され、それらの情報をもとに『中華古籍総目編目規則』が二〇〇九年一〇月に内部で検討されている。

**拡大する普査事業**　この、全国規模で行われる、あらゆる古籍の調査作業を、今「古籍普査」と呼んで、文化部が最も力を注いでいる事業として内外の注目を浴びている。前述した『中国古籍善本書目』(五ページ参照)の事業を更に拡大して普通書(この規格では普本と簡称する)にまで及び、情報量の圧倒的増加、データ入力による世界的なネットワーク形成を視野に入れていることが加わり、空前の大事業に発展したわけである。『中華再造善本』と並ぶ偉業へと向かっている。今、大陸のどの図書館を訪ねても、この作業に勤しむ館員の姿を目にする。その光景を見るたびに、中国古籍文化の歴史と重みをあらためて見せ付けられるような気がする。一体、中国以外の、どこの国にこんな大事業を進行させる力があるというのであろうか。この大胆な企画と行動力にはただただ驚くばかりである。

同時に書誌学の未来は明るいものと確信することができるのである。

## ◈古籍普査(二)――詳細な身元調査

古籍普査の目的は、総体の把握とともに保存状態の把握を通して古籍保護事業の根幹を明確にすることと、そして古籍鑑定人材の育成である。永久に書物文化の遺産を継承してゆくには不可欠の要素であるといえる。その人材育成の研修〈図129〉も数十回を数え、参加人員は二〇〇〇人を超える勢いであるという。『中華古籍総目分省巻』の逐次刊行は時間の問題であろう。中でも、『国家珍貴古籍名録』の選定は迅速に進められていて、各省ではここにどれだけ自分らの省の善本が入選したか、を競い合う風潮も出ているくらいである。

また、文物局は全国の歴史的遺跡などについて重点保護単位に指定、省級や市級のランクを上回る国の保存機関を設定しているが、この度、これと同じ制度を古籍にも適用し、全国古籍重点保護単位（善本を多く所蔵している機関）を定めることとなった。

**普査工作の実際**　さてその普査工作はどのように進められるのであろうか。調査員は、先ず古籍の結構（外形）、古籍版本、古籍装訂、古籍分類を会得していなければならない。そのために必要な参考書のリストは手冊として配られる。この参考書は中国のどの図書館の古籍部にも常備されているものであり、どの館のものも手垢にまみれて、参照される頻度のすさまじさを語っている。

版本の鑑定は、豊富な経験を必要とするものであるが、印刷・書写の年代推定や出版地、また稿本や伝鈔本の識別など、マニュアルに定められた方法によって浅い経験の持ち主でも、ある程度判断しなければならない。こうした訓練がやがて実を結ぶものであることは、第一部で述べたところだ。困難とばかりはいっていられないのである。

この鑑定の時、影印や図録、書影の類がどれだけ役に立つものであるか、その効用は、計り知れないものであることも述べた。影印事業をコピーの投売りであるかのように非難する向きもある。一理はあるが、書誌学にとって、それは旱魃時に地を潤す恵みの雨にも等しいものであることも事実なのである。

いよいよ版本登記という作業に入る。要するに古籍の情報を定められた書式の画面に入力してゆく作業である。第一表の基本状況は、分類・書名著者・版本・版式・装丁・采訪・名録、第二表は其の他の書名、第三表は子目表、第四表は篇目表、第五表は附件表、第六表は刻工表、第七表は批校題跋表、第八表は鈐印表、という順序で進められてゆく。各項目の詳細については述べきれないが、第八の項目について見てみよう。これは蔵書印の調査である。

**蔵書印の調査**　要素を細分して、六つの項目に分け、印の釈文、所有者の朝代、所有者の姓名、印文の類型（陰刻・陽刻）、印の形状（縦長や横長といった形）、印章の位置をそれぞれ確認する。釈文はもっとも困難な項目である。篆書が基本であるが、変化が余りにも多いからである。蔵印は殆どが明代か清代のものである。著名な蔵書家はすぐに判断できるが、そうでない人のものは、判断が難しい。印文が同じでも大小様々であるし、陰刻陽刻がある。これは前にも述べたが、蔵印を捺すには捺す場所に順番がある。こうした情報を総合するとその印が確かに信用できるか、偽印であるか、どのような順序で収蔵されたのか、など重要な事実を知ることができるのである。

前段で述べた善本の等級を定める要素には、蔵印の項目は挙げられず、蔵印と題跋や批校が重なったとき始めて蔵印が浮上してくるのである。逆にいえば、普通本のなかに名家の蔵印が捺されているものが多く存在する可能性があるということである。確かに、蔵書家は、どこまでが著名であるか、といわれるとその基準は曖昧なものになってしまう。

**普査と古籍の履歴**　しかし、普査のおかげで、あらゆる古籍に捺された印章の情報ができあがれば、古籍全体の流伝の歴史が明らかになるであろう。楊氏本の総合的な実態の把握も夢ではなくなるのだ。それぞれの古籍の、これだけ詳細な身元が明らかになるということは、人と同じように書物の戸籍が整理されることであって、鈴印表は、さしずめ履歴書ということになるであろうか。勿論、この作業には、今後様々な難関が到来することであろうが、以前のような戦火や狼藉の災いがない限り、中国の古籍保護事業は、恐るべき成果をあらわしていくことであろう。まさに、劉向以来の文献学が綿々と続いていることの証といえよう。日本古来の漢字文化は、中国から学んだものであってみれば、書誌学もまた、謙虚に中国文献学を学び、頼りとするべきなのであろう。そしてこの融和こそが、書誌学の未来にとっての大きな力になるものなのである。

## 五——書誌学の実現　総体と詳細と

### ◈書誌学の実現——総体と詳細と

若く血気盛んな時には、あらゆる典籍を流覧して版本に精通しようという大志を抱いたが、経験を重ねるうちに、そんなことは不可能なことだと気が付いてくる。かつて、清代人の詩文集の版本目録を作ろうと志したが、無理だと思った。しかし、柯愈春《かゆしゅん》という人の『清人詩文集総目提要』（北京古籍出版社・二〇〇二）なども出るし、張元済に学んだ山東大学の王紹曾《おうしょうそう》は『清史稿藝文志拾遺』（中華書局・二〇〇〇）を出版、王氏の高弟杜澤遜先生が今『全国清人文集総目』を編纂している。

また、『四庫全書』には、本文が無く目録の著録だけに終わっているものがたくさんある。それを「存目」という。従ってこれらのテキストをもう一度探し直す必要がある。以前からそのことは念頭にあり、この問題は顧廷龍先生も強調していた。とても無理だと思った。しかし、顧先生が主編となり、膨大な『四庫全書存目叢書』（斉魯書社・一九九五～九七）が完成した。杜澤遜先生は『四庫全書』の存目の解説に版本注釈を加え、『四庫存目標注』（上海古籍出版社・二〇〇七）を出版した。驚くばかりに、どんどん夢は実現していくのだ。

**書誌学を推進する目録**　汗水流して精力蒐集した書物もだんだん飽きがきて、情熱も色あせてくる。これは即ち書物の重さに潰されそうになっていることに他ならない。そんな時にエネルギーを供給してくれるのが「目録」である。前段で述べたような詳密な作業が、一～二行の著録に集約されて、それが全体のなかで意味を持ってくるからである。それは歴史上著名な目録（「藝文志」や内府目録）や蔵書家の目録（『鉄琴銅剣楼蔵書目録』など）だけではなく、古書肆やオークションの目録でもいえることである。

例えば琉璃廠の『来薫閣書目』などはどれだけの情報を喚起してくれるか、計り知れない。民国一八年（一九二九）の第一期を見てみよう。「玻璃版《はりばん》」（コロタイプ）・「粤刻《えつこく》」（広東刊）・「閩刻《びんこく》」（福建刊）・「通行本《つうこうぼん》」（流布本）・「竹紙《ちくし》」・「白紙《はくし》」・「綿紙《めんし》」・「原刊《げんかん》」・「重刊《じゆうかん》」・「局刊《きよつかん》」（書局刊）など、学んだ書誌学の用語が目に飛び込んでくる。すると、実際に目録を読みながら実物を想像することができるのである。「五経　怡府巾箱《きんそう》本　開化榜紙　二八本」とあれば、乾隆帝の従兄弟に当たる蔵書家怡親王弘暁《こうぎよう》のもので、「安楽堂」の印が捺してあるだろう。そして装訂も美しく、小型本（巾箱）で、白い上質の紙（開化榜紙）に印刷されている。この用紙は清の中期頃のものに見られるから、弘暁と同時代の版本ではないか、などと想像するのである。ここに書誌学の醍醐味があるのである。

**日本の目録に現れる貴重本**　日本に目を向けてみよう。昭和四〇年（一九六五）の、ある目録に「永楽大典　巻一四四六二・一四六二三・一四六二七精鈔」と見える。前述した北京図書館出版社の現存本の影印には含まれない巻である（一八五ページ参照）。こんなものがあるとは。何処に行っ

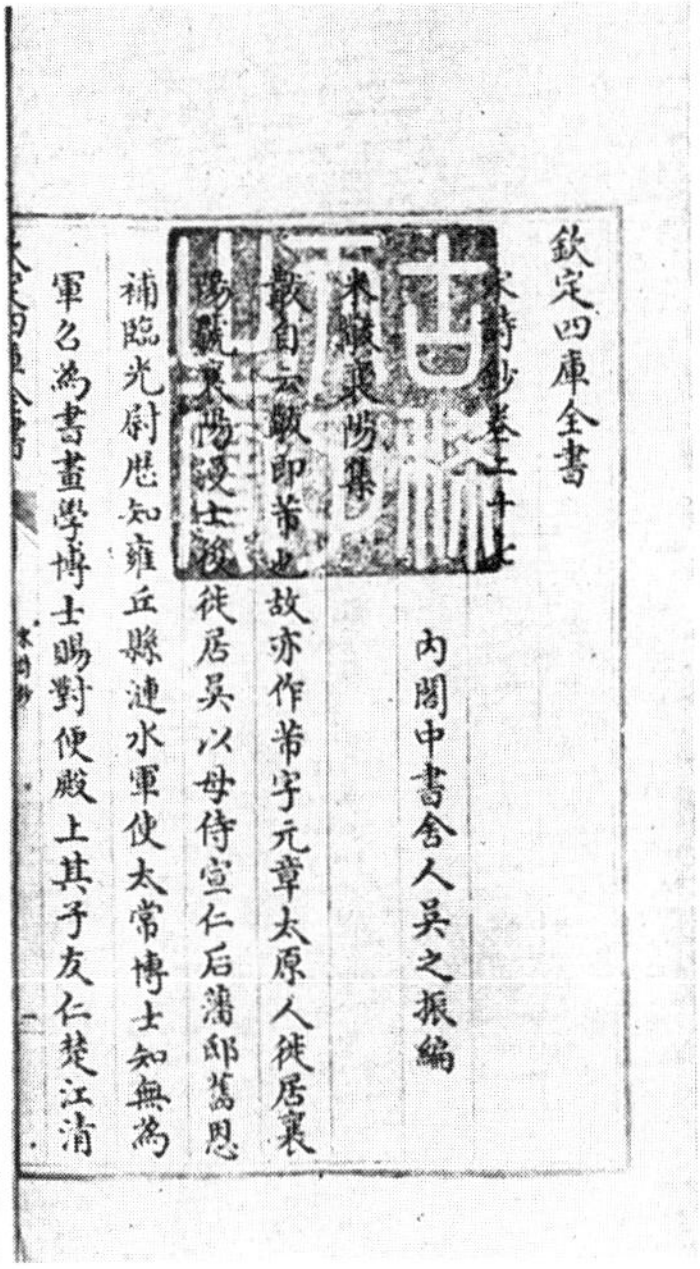
欽定四庫全書
宋詩鈔卷三十七
米襄陽集
內閣中書舍人吳之振編
故亦作芾字元章太原人徙居襄
徙居吳以母侍宣仁后藩邸舊恩
補臨光尉歷知雍丘縣漣水軍使太常博士知無為
軍召為書畫學博士賜對便殿上其子友仁楚江清

図130…『四庫全書』宋詩鈔　「古稀天子之宝」印

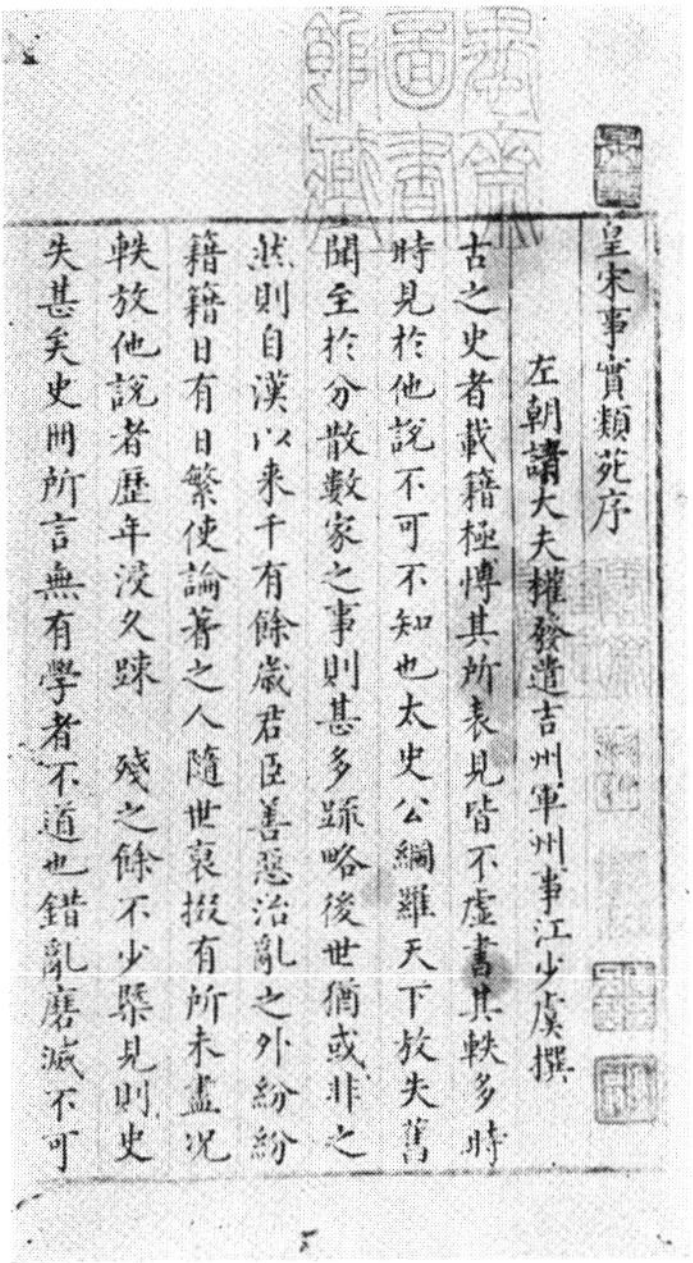
皇宋事實類苑序
左朝請大夫權發遣吉州軍州事江少虞撰
古之史者載籍極博其所表見皆不虛書其軼多時
時見於他說不可不知也太史公網羅天下放失舊
聞至於分散數家之事則甚多疏略後世猶或非之
然則自漢以來千有餘歲君臣善惡治亂之外紛紛
籍籍日有日繁使論著之人隨世裒掇有所未盡況
軼放他說者歷年浸久　殘之餘不少槩見則史
失甚矣史冊所言無有學者不道也錯亂磨滅不可

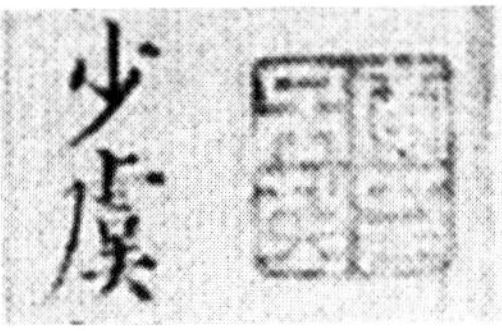


図131…『皇宋事実類苑』上部に「愚斎図書館蔵」下部に「黄丕烈印」の印が見える

たのであろうか。昭和三三年（一九五八）の、ある目録には「四庫全書・宋詩鈔巻二七・二八」とある。「古稀天子之宝」印があるから、文瀾閣本であろうか〈図130〉。昭和四七年（一九七二）の、ある目録には、「広韻　宋版　初印美本　五冊」とある。図版では宋末元初のようにも見える。何とこれは有名な日光山輪王寺慈眼堂《じげんどう》経蔵の所蔵本と同版で、長澤規矩也《ながさわきくや》が「金刊本」と審定したものである。今も何処かに所蔵されていることであろう。やや疲れた情熱もこうした情報に接すると、俄然、盛り上がってくるようだ。

昭和三七年（一九六二）の目録を見ると、「皇宋事実類苑六三巻　明鈔本　黄氏士礼居・汪士鐘《おうししょう》旧蔵本　二四冊」とある〈図131〉。これは宋・江少虞《こうしようぐ》の編纂した雑記で、宋版があったが亡んでしまった。それに基づいて元和七年（一六二一）後水尾天皇《ごみずのおてんのう》が銅活字を用いて出版した所謂、勅版が遺ることで有名だが、中国では鈔本のみが伝わる。『皇朝類苑』ともいい、これと同じ書名のものは廈門大学図書館に残本があるのみである。しかも黄不烈とその蔵書を受け継いだ汪士鐘の旧蔵であるからその価値は一層高い。何処にあるのかを想像してみる。また、これは著名な実業家で蔵書家の盛宣懐《せいせんかい》（一八四四〜一九一六）の印「愚斎図書館蔵」がある。愚斎の蔵書全貌も今後の研究課題である。日本に比較的多く伝わるのも故あってのことである。

黄不烈の蔵書はそれだけで貴重となることは述べたが（四九ページ参照）、昭和三三年（一九五八）の目録に「盧文弨《ろぶんしょう》・黄不烈手校　周礼注疏　蕘《じょう》翁・復斎の識語あり」とあって、未だに目にしないものである。著名な漢学者藤塚隣《ふじつかりん》博士の旧蔵という。博士は愛書家で、精刊・精写本を備えていたといわれる。黄丕烈の『蕘圃蔵書題識』に跋文が収められるものの自筆の原本である可能性は充分にある。驚くべきものである。

昭和四七年（一九七二）の目録をもう一度見てみることにしよう。「文中子　明古活字版　養安院・楊守敬旧蔵」とある〈図132〉。何処かにあるに違いない。前述した、養安院のものを楊氏が蒐集したのである（二二一ページ参照）。どうした経緯か日本に遺ったのであろう。どうも朝鮮の活字

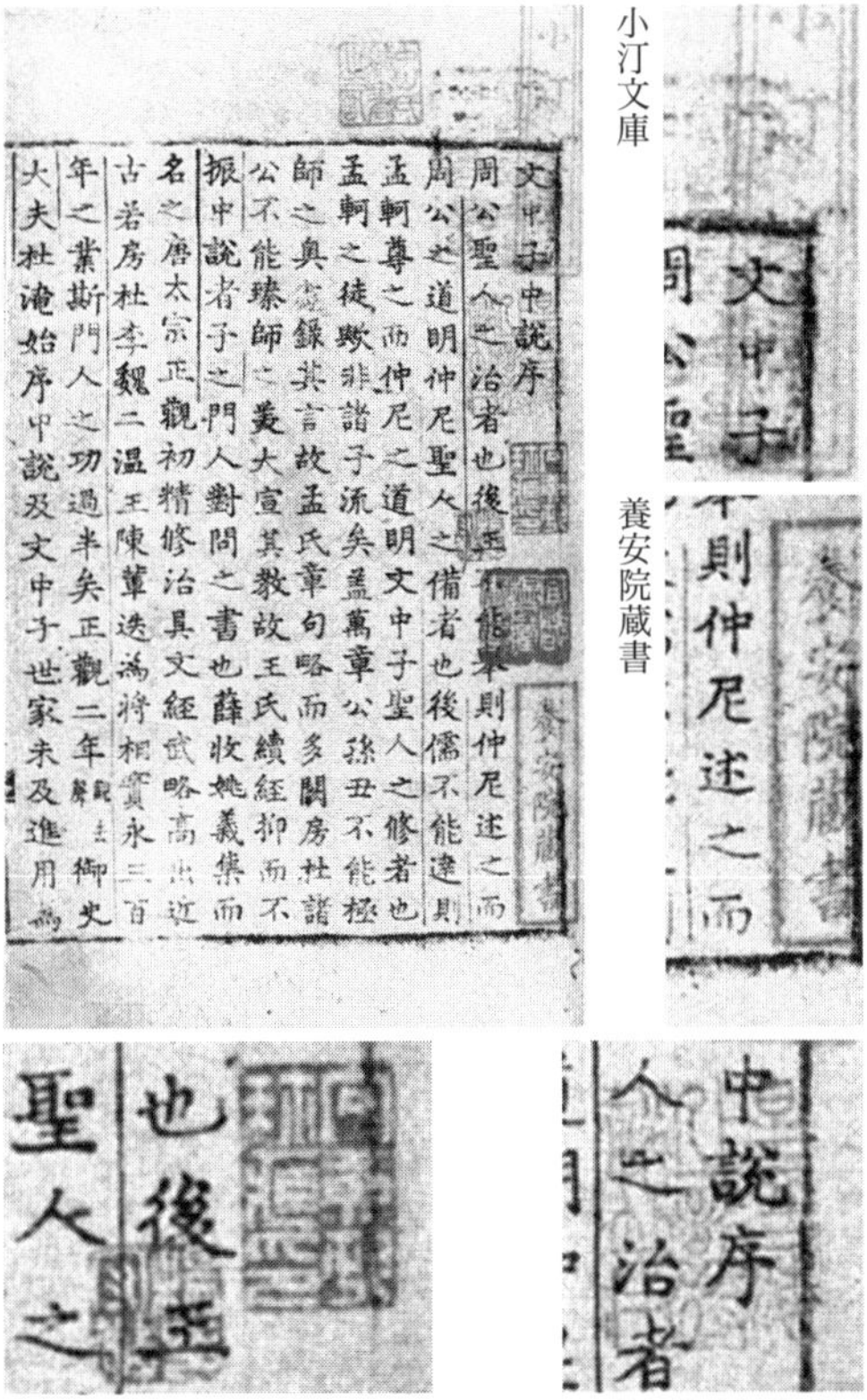
文中子中說序
周公聖人之治者也後王不能舉則仲尼述之而
周公之道明仲尼聖人之備者也後儒不能達則
孟軻尊之而仲尼之道明文中子聖人之修者也
孟軻之徒歟非諸子流矣蓋萬章公孫丑不能極
師之奥盡録其言故孟氏章句略而多闕房杜諸
公不能臻師之美大宣其教故王氏續經抑而不
振中說者子之門人對問之書也薛收姚義集而
名之唐太宗正觀初精修治具文經武略高出近
古若房杜李魏二温王陳輩迭爲將相實永三百
年之業斯門人之功過半矣正觀二年御史
大夫杜淹始序中說及文中子世家未及進用爲

小汀文庫

養安院蔵書

（左）楊守敬印
（右）向黄村珍蔵印

星吾海外訪得秘笈

図132…『文中子』「楊守敬印」「星吾海外訪得秘笈」「養安院蔵書」「向黄村珍蔵印」「小汀文庫」などの印記が見える

本に見える。のちに東洋史学者中山久四郎《なかやまきゅうしろう》（一八七四～一九六一）の手を経て、経済評論家で蔵書家・小汀利得《おばまとしえ》の所有だったものである。

こうして、上下左右縦横無尽に現れてくる典籍に思いを致していくほどに、目録学は、版本や図書流通の研究と関わって、総合的な事業と突発的な発見と詳細な調査の上に有意義に発揚されていくものなのであることを如実に感じることができる。そして、このような関心の寄せ集まりが、総合的な事業に繋がっていくのであろう。

### ◈書誌学の未来――読書と校勘

昔、まだ古典の定本が定まらない時、一人が「本」を持ち、一人が「書」を読み（一二一ページ参照）、怨みあっているように対座して、テキストを比較し、定本を作ったといわれる。校讎《こうしゅう》という言葉の始まりである〈図133〉。漢の劉向がそう名付けた。「書」を読んで、もう一本と比較して、誤字を正していく。これがそもそも文献学の始まりであって、伝統であるといっても過言ではない。何故ならば、時代が降るほど、文字の誤りが大きな事柄に発展してしまう事例は枚挙に暇がないからである。

**文字が引き起こす誤解**　『韓非子』（外儲説左上）にある話。昔郢《えい》（楚の都）の人が燕の宰相に手紙を書いた時、夜だったため、暗いので「挙燭」（蝋燭を上げなさい）と侍者に言ったところが、右筆がそれを手紙文と間違えて書き加えてしまった。送られてきた手紙を見た燕の宰相は、「挙燭」の二字を見て、ひとしきり研究し、これは賢人を採用しろという意味だと解釈して、その結果、大いに国が治まったと。文字に本来とは異なる意義を生じさせてしまった例である。

『経典釈文』(唐・陸徳明《りくとくめい》撰)の『荘子音義』(天下篇)に、古代、鄭の人は玉でまだ磨いていないものを「璞」といった。周の人は、鼠のまだ干していないものを、同じく「璞」といった、とある。これを承けて、周の人が「璞はいらんか」と売りに来たので、鄭の商人はしめたと思い、「くれ」といったら、鼠が出てきて仰天した、という笑い話がある。これら二例は清・阮元の『経義述聞』(清・王引之《おういんし》撰)序に引かれる例で、古書を誤解するのはこれと同じようなものだ、という。

不思議なもので、ちょっと附言すると、阮元の序文(『揅経室集《けんけいしつしゅう》』所収)は「鼠のまだ干していないもの＝鼠未臘」となっていて、宋版『荘子音義』は「鼠の干したもの＝鼠臘」と「未」がない。更に、『後漢書』(宋・范曄《はんよう》撰)の「応劭《おうしょう》伝」(巻四十八)には、「昔、鄭の人は干した鼠を璞といった」と、「周」が「鄭」になっている。そう知ると気になる。唐・李賢《りけん》等の『後漢書注』もこれを考証している。

図133…校讎（西晋俑）

それによると、『尹文子』の例を引き(これは阮元が用いている説と同じ)、『戦国策』も同じである。これらは相反する意味に使われている、と。小さなことかも知れないが、かくも校勘とは必要なものなのだ。

百衲本《ひゃくのうぼん》二十四史を編纂した張元済の『校史随筆』には、様々な校勘の話が載っている。南朝の歴史を記した『南史』(唐・李《り》延寿《えんじゅ》撰)「江泌《こうひつ》伝」にある話。江泌が車に乗って染烏頭という所に来た時、一人の老人がいたので、代わりに車に載せて自分は歩いて染烏頭を去った。この話を聞いた武帝は、江泌を南康王子《なんこうおうし》琳《りん》の侍読に採用したと。ここで、通行本が、「躬自歩去、梁武帝以為南康王子琳侍読」として、武帝を梁武帝(在位五〇二〜四九)としているが、実は「自歩去染、武帝以為……」が正しく、「染」は「染烏頭」の省略であったのを、「染」と「梁」の二字が似ているので「梁」としてしまい、ついに南康王子琳の父は梁の武帝になってしまったのである。正しくは斉の武帝(在位四八二〜九三)なのである。実際、明・清の版本は「梁」に誤っている。宋刻眉山七史本は誤らないという。

こうした例は、校勘の必要性を切に物語るもので、また、読書人の楽しみでもあったといえる。ただ、文字の訂正は、そう簡単なことではなく、半可通でこれを行うと「後世の賢しら」の譏りを受けてしまうので、充分な注意が必要である。

**校勘の効用**　目録の伝統とともにこの校勘の方法も研究されて来た。目録の歴史・理論の研究と目録を作製する実践と、校勘の歴史と方法を分析する研究と校勘の実践と、これらが一体となって一つの大きな学問を形成している。
葉徳輝の『蔵書十約』には校勘の功用を八つ挙げ、「習静養心・除煩断欲」「長夏破睡・厳冬禦寒・廃寝忘餐・難境易過」など殆どこれによって心身を鍛えることができるといわんばかりである。葉氏は前にも述べたように並々ならぬ人物であるから(四二ページ参照)、この説も頷けよう。また、校勘の方法には、「活校《かつこう》」と「死校《しこう》」があり、それぞれの方法を実践した学者に分かれることを指摘している。黄丕烈や顧千里《こせんり》は、校異に用いた原書の誤りまでも忠実に遺すことに拘った。黄丕烈が出版した有名な『士礼居叢書』はその実践の成果で、黄氏の校本批校は既に失われたテキストの異同を示していることもある。これを「死校」という。また、他本との校異を経て誤りを正し、善を選んで校訂を加える。これを「活校」といい、清・盧文弨や孫星衍《そんせいえん》の方法がこれであると。孫氏の『平津館叢書』に見られるような成果である。後にこの二派が争いを引き起こすこともあるが、源は遠く漢代に求められると葉氏はいう。

**書物に込められた志**　このように、書誌学は読書の為の学問でなければならない。読書によって生じる様々な問題を決する学問でなければならない。それには、「習静養心」だけではなく、書物をいろいろな角度から整理しなければならない。人と書物は一体であり、亡んだ書物も、善本も普通本も、人とともに同じ土俵の上で語られるものである。書誌学は単に知識を身につけて本に詳しくなる学問ではなく、書物に込められた幾重もの志を明らかにする未来を担っているのである。

# あとがき

本書は、中国文献学の迫力を何とか日本の書誌学と融合させ、ややもすると無味乾燥に思われがちな図書の学問に活気を吹き込みたいと思い、特に若い人や一般の方たちに向け、拙い経験をふくらませてなるべくわかりやすく、幾つかの柱となる文献学の精神を述べてみたものです。繰り返し述べるところもありますが、より必要な事柄と考えていただければ幸いです。

本書に示した基本事項や基本図書にあたれば、およそ文献学の実践に関わる素養を持つことができると確信します。書物の世界は進めば進むほどに、知識だけでは解決できない世界ではないかと考えます。とにかく、中国の書物の学問の、気の遠くなるような深さと広さを、本書をお読みになる方と共有できれば幸いであります。

また、本書は、雑誌『東方』に、二〇〇三年一月から二〇〇四年一二月までと(第Ⅰ部)、二〇〇六年六月から二〇〇八年一月まで(第Ⅱ部)の二回に亘って連載したものに、新たに書き加えたもの（第Ⅲ部）を整理して一書にしたものです。東方書店の川崎道雄氏が企画され、題名も命名されました。しかし内容は雑文のようになってそのご期待には充分に添え得ませんでした。それでも川崎氏は一書に纏めるように励ましてくださり、また山本和義先生のお勧めもあって、纏めておくことに決心したものです。全体の構成、最終的な章立てや小見出し、校正は編集部の舩山明音さんが全てあたられました。お支えくださいました皆様にはここに感謝申し上げる次第です。

二〇一〇年九月　高橋智

# 関係年表

## 唐以前

| | | |
|---|---|---|
| 始皇帝（在位前二二一～前二一〇） | 前二一三 | 丞相李斯焚書の建言 |
| 漢高祖（在位前二〇六～前一九五） | 前二〇六 | 咸陽に入る。蕭何、既に秦の文書図書を接収 |
| 漢武帝（在位前一四一～前八七） | 前一二四 | 蔵書の策を建つ |
| 漢成帝（在位前三三～前七） | | 劉向（前七～前六）・劉歆（?～二三）典籍の整理 |
| | 前二六 | 陳農に天下の書籍を集めしむ |
| 王莽（在位九～二三） | 政権末 | 赤眉の乱 |
| | 二三 | 長安の未央宮焼かれる |
| 後漢初 | | 石室・蘭台・東観・仁寿閣蔵書富む。班固『漢書藝文志』 |
| 後漢献帝（在位一八九～二二〇） | 一九〇 | 董卓（?～一九二）の乱、洛陽蔵書閣焼く |
| 西晋武帝（在位二六五～二九〇） | | 荀勗『中経新簿』編纂 |
| 西晋恵帝（在位二九〇～三〇六） | | 八王の乱 |
| 西晋懐帝（在位三〇六～三一三） | | 永嘉の乱 |
| 東晋初 | | 李充『四部目』編纂 |
| 南宋後廃帝（在位四七二～四七七） | | 王倹『七志』編纂 |

| | | |
|---|---|---|
| 梁武帝（在位五〇二～五四九） | | 劉孝標『文徳殿正御四部目録』編纂<br>阮孝緒『七録』 |
| 簡文帝（在位五四九～五五一）・元帝（在位五五二～五五五） | | 侯景の乱 |
| 北魏孝荘帝（五二八～五三〇） | | 爾朱栄の乱 |
| 北斉文宣帝（在位五五〇～五五九） | | 鄴に遷都。温公の天統（五六五～五六九）・武平（五七〇～五七六）年間まで書写続く |
| 隋文帝（五八一～六〇四） | 五八三 | 牛弘上書。訪書、毎書一巻に絹一匹褒賞 |
| 隋煬帝（在位六〇四～六一八） | | 洛陽宮省官府の蔵書、往古に冠たり |
| | 六一八 | 蒐書三七万巻、焼失 |
| 唐高宗（在位六四九～六八三） | | 『隋書経籍志』 |
| 唐玄宗（在位七一二～七五六） | | 弘文館・崇文館に校書郎。集賢院蔵書八万九千巻 |
| | 七五五～七六一 | 安史の乱、図書殆ど亡ぶ |
| 唐文宗（在位八二七～八四〇） | | 集賢院の復元進む |
| 唐僖宗（在位八七三～八八八） | 八八〇 | 黄巣の乱、宮廟寺署の遺籍、尽く亡散 |
| 後唐明宗（在位九二六～九三三） | 九三二 | 『九経』印に附す |
| 後周太祖（在位九五一～九五四） | 九五三 | 『九経』・『五経文字』・『九経字様』印に附す |

# 宋元時代

| | | |
|---|---|---|
| 宋初 | | 内府蔵書三万巻 |
| 宋太祖（在位九六〇～九七六） | | 蜀版大蔵経開板 |
| 宋太宗（在位九七六～九九七） | | 崇文院図書八万巻 |
| 宋仁宗（在位一〇二二～一〇六三） | **一〇四一** | 『崇文総目』編纂 |
| | **一〇六〇** | 『唐書藝文志』編纂 |
| 宋欽宗（在位一一二五～一一二七） | | 靖康一年（一一二六）金の襲来で館閣書七万三〇〇〇巻散亡、士大夫の蔵書も烏有に帰す |
| 宋高宗（在位一一二七～一一六二） | **一一五一** | 晁公武『郡斎読書志』 |
| 宋孝宗（在位一一六二～一一八九） | **一一七八** | 『中興館閣書目』 |
| 宋理宗（在位一二二四～一二六四） | | 淳祐年間（一二四一～一二五二）　陳振孫『直斎書録解題』 |
| 元太宗（在位一二二九～一二四一） | **一二三六** | 耶律楚材、燕京に編集所、平陽（後大都へ）に経籍所を設置 |
| 元世祖（在位一二六〇～一二九四） | **一二六四** | 翰林国史院設置 |
| | **一二七六** | 元軍、臨安を占領、禁中図書を接収 |
| | **一二八一** | 道蔵（除道徳経）印版禁焚 |
| | **一二九〇** | 興文署設置（経籍版刻、至治二年＝一三二二まで） |
| 元仁宗（在位一三一一～一三二〇） | **一三一九** | 馬端臨『文献通考』 |
| 元順帝（在位一三三三～一三六八） | **一三四五** | 『宋史藝文志』 |
| | **一三五一～一三六六** | 紅巾の乱 |

## 明清時代

明太祖（在位一三六八〜一三九八）…… **一三六六** 古今の典籍を蒐集

**一三八〇** 翰林院、内府書籍管理

明成祖（在位一四〇二〜一四二四）…… **一四〇四** 国子監経籍版の修補、南京に文淵閣（一四四九火災）

**一四〇八** 百科事典、『永楽大典』と命名

**一四二一** 南京文淵閣図書、北京へ

明英宗（在位一四三五〜一四四九）…… **一四四一** 北京に文淵閣『文淵閣書目』

明世宗（在位一五二一〜一五六六）…… **一五五二〜一五五六** 倭寇による侵略

**一五六二** 『永楽大典』複本、一五六七、正本を文淵閣、複本を皇史宬に

明神宗（在位一五七二〜一六二〇）…… **一五八九** 焦竑『国史経籍志』

明思宗（在位一六二七〜一六四四）…… **一六四四** 甲申の乱

清世祖（在位一六四三〜一六六一）…… **一六五〇** 絳雲楼火災

**一六五九** 汲古閣毛晋卒。蔵書八万四千冊

清聖祖（在位一六六一〜一七二二）…… **一六六九** 銭曾『述古堂蔵書目』またこの頃、銭曾『読書敏求記』

清世宗（在位一七二二〜一七三五）…… **一七二八** 『古今図書集成』刷印

清高宗（在位一七三五〜一七九六）…… **一七四四** 昭仁殿に善本を集める（天禄琳琅）

**一七七二** 『四庫全書』編纂上書

一七七三　四庫全書館開館

一七七五　『天禄琳琅書目』（前編）編纂

一七七九　『四庫全書薈要』作製

一七八二　『四庫全書』第一部完成、一七八七全七部完成

清仁宗（在位一七九六～一八二〇）……一七九七　乾清宮火災。『天禄琳琅書目後編』編纂

清宣宗（在位一八二〇～一八五〇）……一八二二　阮元『四庫未収書目提要』

一八五〇　太平天国の乱、咸豊二・三年（一八五二・五三）頃
　江蘇に押し寄せる

清文宗（在位一八五〇～一八六一）……一八六〇　英仏軍、円明園焼き討ち

一八六一　太平天国軍、杭州を攻略

清徳宗（在位一八七五～一九〇八）……一八七五　張之洞『書目答問』

**一八八〇～**一八八四　楊守敬来日

**一八八一～一八八四、一八八七～**一八九〇　黎庶昌来日

**一八八一・二～**一八八二　姚文棟来日

一八八四　徐承祖来日

一八八五　『経籍訪古志』出版

一八九八　李盛鐸来日

一九〇〇　義和団事変　八国聯軍北京侵攻

一九〇一　楊守敬『留真譜』初編

一九〇四　上海・涵芬楼開設

一九〇七　陸氏皕宋楼蔵書静嘉堂文庫へ

清宣統帝（在位一九〇八～一九一一）……一九〇九　学部京師図書館成立

一九一〇　内閣蔵書、京師図書館へ。江南図書館（江蘇省立

国学図書館前身）設立

## 辛亥革命以降

一九一二　京師図書館開館
一九二二　『北平図書館善本書目』・『鉄琴銅剣楼宋金元本書影』
一九二四　溥儀故宮を出宮、清室善後委員会、故宮物品点検開始。雷峰塔倒壊陀羅尼経発見
一九二六　『図書館学季刊』創刊
一九二八　『北平図書館館刊』創刊。『盋山書影』。南京に国立中央図書館設立を決定、一九三七開館
一九二九　『故宮善本書影』・『嘉業堂善本書影』・『旧京書影』・『寒痩山房鬻存善本書目』
一九三三　『重整内閣大庫残本書影』・『故宮善本書目』。北平より文物南遷
一九三五　『続古逸叢書』
一九三七　『渉園所見宋本書影』・『章氏四当斎蔵書目』。蘆溝橋事件
一九三九　上海合衆図書館設立
一九四一　『明代版本図録初編』

一九四八〜一九四九　北平・南京の善本台湾に移動
一九四九　南遷文物台中へ
一九五〇　台中北溝に文物管理所設立
一九五五　国立故宮中央博物院聯合管理処と改称
一九六四　台北外双渓に新館建設
一九六六〜一九七六　文化大革命
一九七〇　台北故宮、宋元版などの影印開始
一九七五　周恩来『中国古籍善本目録』の編纂指令
一九八二　『国立中央図書館善本題跋真跡』
一九八三　文淵閣『四庫全書』、台湾商務印書館影印
一九八六　『古逸叢書三編』
一九九五　台北故宮、図書文献館完成
二〇〇二　『中華再造善本』工作決定
二〇〇四　『国家図書館古籍蔵書印選編』
二〇〇七　全国古籍保護工作専家委員会設立

# 関連皇帝年代表

姓名（諱）と廟号と年号（即位時の年号は前朝を引き継ぎ、翌年から改号、宋の端宗・帝昺、明の光宗、清の仁宗・穆宗は即位時に改号）

## 宋代

趙匡胤（太祖）——建隆・建徳・開宝（九六〇～九七六）
趙光義（太宗）——太平興国・雍熙・端拱・淳化・至道（九七六～九九七）
趙恒（真宗）——咸平・景徳・大中祥符・天禧・乾興（九九八～一〇二二）
趙禎（仁宗）——天聖・明道・景祐・宝元・康定・慶暦・皇祐・至和・嘉祐（一〇二三～一〇六三）
趙曙（英宗）——治平（一〇六四～一〇六七）
趙頊（神宗）——熙寧・元豊（一〇六八～一〇八五）
趙煦（哲宗）——元祐・紹聖・元符（一〇八六～一一〇〇）
趙佶（徽宗）——建中靖国・崇寧・大観・政和・重和・宣和（一一〇一～一一二五）
趙桓（欽宗）——靖康（一一二六～一一二七）　一一二七靖康の変、北宋亡
趙構（高宗）——建炎・紹興（一一二七～一一六二）南京（河南）遷都、一一三八臨安（杭州）に定都
趙昚（孝宗）——隆興・乾道・淳熙（一一六三～一一八九）
趙惇（光宗）——紹熙（一一九〇～一一九四）
趙拡（寧宗）——慶元・嘉泰・開禧・嘉定（一一九五～一二二四）
趙昀（理宗）——宝慶・紹定・端平・嘉熙・淳祐・宝祐・開慶・景定（一二二五～一二六四）

趙禥（度宗）――咸淳（一二六五～一二七四）
趙㬎（恭帝）――徳祐（一二七五～一二七六）
趙昰（端宗）――景炎（一二七六～一二七八）
趙昺（帝昺）――祥興（一二七八～一二七九）元により宋亡

## 明代

朱元璋（太祖）――洪武（一三六八～一三九八）
朱允炆（恭閔帝・恵帝）―建文（一三九九～一四〇二）
朱棣（成祖）――洪武三五（一四〇二）永楽（一四〇三～一四二四）
一四二〇紫禁城完成・一四二一北京定都
朱高熾（仁宗）――洪熙（一四二五）
朱瞻基（宣宗）――宣徳（一四二六～一四三五）
朱祁鎮（英宗）――正統（一四三六～一四四九）・土木の変後復辟、天順（一四五七～一四六四）
朱祁鈺（代宗）――景泰（一四五〇～一四五六）
朱見深（憲宗）――成化（一四六五～一四八七）
朱祐樘（孝宗）――弘治（一四八八～一五〇五）
朱厚照（武宗）――正徳（一五〇六～一五二一）
朱厚熜（世宗）――嘉靖（一五二二～一五六六）
朱載坖（穆宗）――隆慶（一五六七～一五七二）
朱翊鈞（神宗）――万暦（一五七三～一六二〇）

朱常洛（光宗）――泰昌（一六二〇）
朱由校（熹宗）――天啓（一六二一～一六二七）
朱由検（思宗）――崇禎（一六二八～一六四四）李自成軍により明亡

## 清代

努爾哈赤（太祖）――天命（一六一六～一六二六）一六一六国号金、一六二五瀋陽遷都（盛京）
皇太極（太宗）――天聡（一六二七～一六三六）・崇徳（一六三六～一六四三）一六三六国号大清
福臨（世祖）――順治（一六四四～一六六一）一六四四北京遷都
玄燁（聖祖）――康熙（一六六二～一七二二）一六六七親政
胤禛（世宗）――雍正（一七二三～一七三五）
弘暦（高宗）――乾隆（一七三六～一七九六）一七九六元旦顒琰に禅位、太上皇と自称、一七九九崩御
顒琰（仁宗）――嘉慶（一七九六～一八二〇）避暑山荘で崩御
旻寧（宣宗）――道光（一八二一～一八五〇）円明園で崩御
奕詝（文宗）――咸豊（一八五一～一八六一）避暑山荘で崩御
載淳（穆宗）――同治（一八六二～一八七四）一八六一改号祺祥。慈禧太后・恭親王奕訢（宣宗六子）の政変。垂簾聴政
載湉（徳宗）――光緒（一八七五～一九〇八）醇親王奕譞（宣宗七子）の子
一八八七親政、九八宣布変法。崩御の次日、慈禧太后薨
溥儀――宣統（一九〇九～一九一二）醇親王載灃の子。一九一一辛亥革命、退位、清亡
一九二四出宮

# 参考図書

現在、入手が比較的容易で、本書と合わせて、中国文献学の参考になるものを挙げる。


**◈文献学全般**

杜澤遜『文献学概要　修訂版』（中国語）（中華書局・二〇〇八）

**◈中国印刷史**

米山寅太郎『図説中国印刷史』（日本語）（汲古書院・平成一七）

張秀民／韓琦増訂『中国印刷史　挿図珍蔵増訂版』（中国語）（浙江古籍出版社・二〇〇六）

**◈版本学**

毛春翔『古書版本常談　挿図増訂本』（中国語）（上海古籍出版社・二〇〇二）

陳先行『古籍善本』（中国語）（台北・猫頭鷹出版社・二〇〇四）

陳正宏・梁潁編『古籍印本鑑定概説』（中国語）（上海辞書出版社・二〇〇五）

厳佐之『古籍版本学概論』（中国語）（華東師範大学出版社・二〇〇八）

冀淑英／李文潔挿図『冀淑英古籍善本十五講』（中国語）（国家図書館出版社・二〇〇九）

**◈校勘学**

倪其心／橋本秀美・鈴木かおり日本語訳『校勘学講義』（すずさわ書店・二〇〇三）

## ◈目録学

張之洞／范奇曽補正『書目答問補正』（挿図本・中国語）（広陵書社・二〇〇七）
井波陵一『知の座標——中国目録学』（日本語）（白帝社・二〇〇三）
京都大学人文科学研究所附属漢字情報研究センター編『漢籍目録——カードのとりかた』（日本語）（朋友書店・二〇〇五）

## ◈蔵書史

肖東発主編『蔵書・中国』（「中国官府蔵書」・「中国書院蔵書」・「中国宗教蔵書」・「中国私家蔵書」）（中国語）（貴州人民出版社・二〇〇九）

## ◈図録・書影

国家図書館古籍館編『中華典籍聚珍——国家珍貴古籍特展図録』（浙江古籍出版社・二〇〇九）
中国国家古籍保護中心編『第一批国家珍貴古籍名録図録』（国家図書館出版社・二〇〇八）
同右編『第二批国家珍貴古籍名録図録』（同右・二〇一〇）

# 主な漢籍所蔵機関・データベース

## ◈日本

宮内庁書陵部　http://www.kunaicho.go.jp/kunaicho

〒一〇〇―八一一一　東京都千代田区千代田一―一

国立公文書館内閣文庫　http://www.archives.go.jp/

〒一〇二―〇〇九一　東京都千代田区北の丸公園三―二

国立国会図書館　http://www.ndl.go.jp/

東京本館　〒一〇〇―八九二四　千代田区永田町一―一〇―一

関西館　〒六一九―〇二八七　京都府相楽郡精華町精華台八―一―三

東京大学東洋文化研究所　http://www.ioc.u-tokyo.ac.jp/

〒一一三―〇〇三三　東京都文京区本郷七―三―一（東京大学　本郷キャンパス内）

京都大学人文科学研究所附属漢字情報研究センター　http://www.kanji.zinbun.kyoto-u.ac.jp/

〒六〇六―八二六五　京都市左京区北白川東小倉町四七

慶應義塾大学附属研究所斯道文庫　http://www.sido.keio.ac.jp/index.php

〒一〇八―八三四五　東京都港区三田二―一五―四五（慶應義塾大学三田キャンパス内）

東洋文庫　http://www.toyo-bunko.or.jp/
　〒一一三―〇〇二一　東京都文京区本駒込二―二八―二一

静嘉堂文庫　〒一五七―〇〇七六　東京都世田谷区岡本二―二三―一

全国漢籍データベース　http://kanji.zinbun.kyoto-u.ac.jp/kanseki/
　＊日本の主要な大学図書館・公共図書館が所蔵する「漢籍」の書誌情報が検索可能。

◈中国・台湾

中国国家図書館(北京)　http://www.nlc.gov.cn/

上海図書館　http://www.library.sh.cn/

北京大学図書館　http://www.lib.pku.edu.cn/portal/index.jsp

復旦大学図書館(上海)　http://www.library.fudan.edu.cn/

国家図書館(台湾)　http://www2.ncl.edu.tw/mp.asp?mp=2

台北故宮博物院文献館　http://www.npm.gov.tw/

中文古籍書目資料庫　http://rarebook.ncl.edu.tw/rbook.cgi/frameset4.htm
　＊中国国家図書館(北京)、国家図書館(台湾)、アメリカ議会図書館など中国、香港、マカオ、台湾、アメリカの図書館が所蔵する漢籍が検索可能。

# 中国の刊本の名称

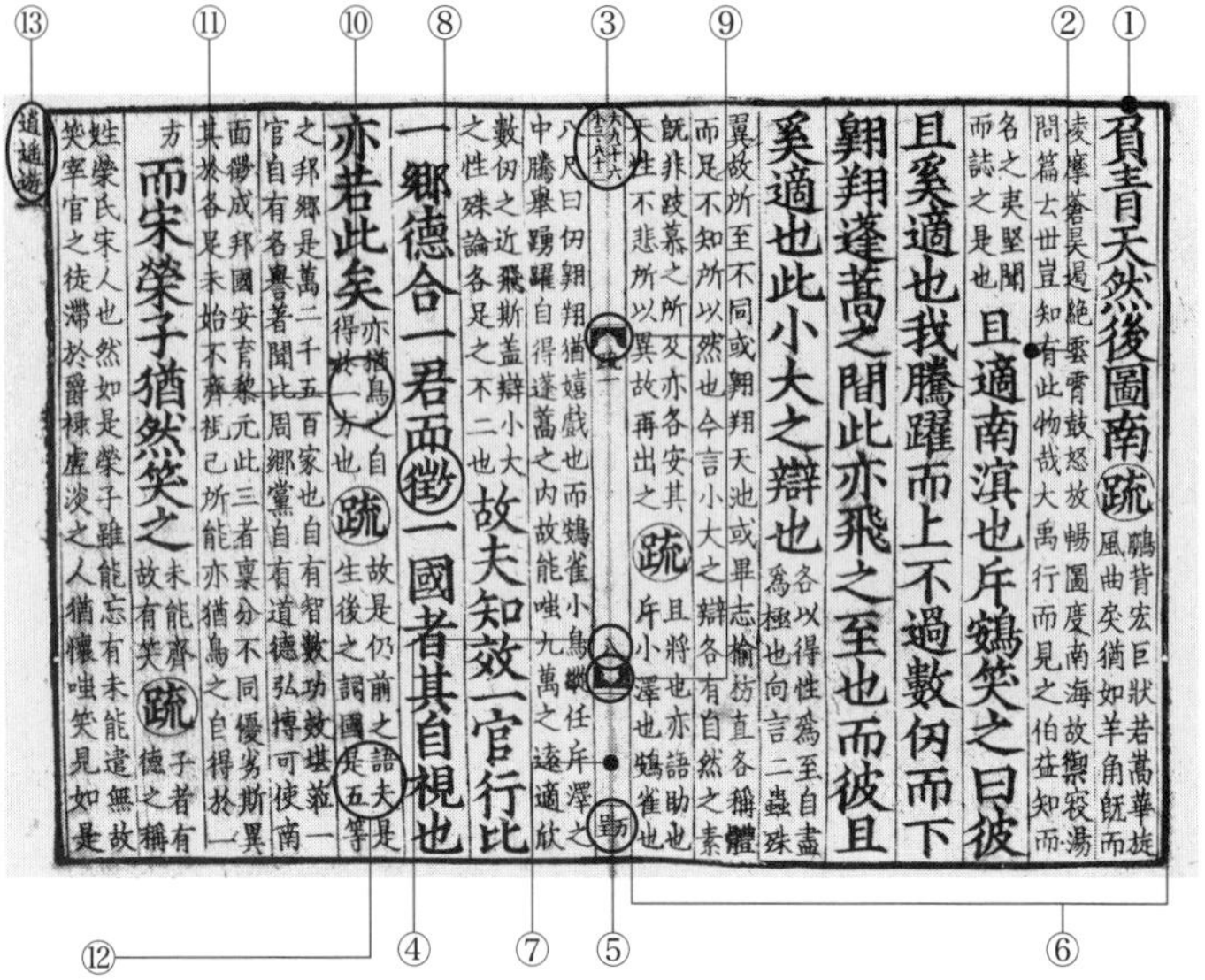


『南華真経』巻第一（静嘉堂文庫蔵）

①辺《へん》（匡郭《きょうかく》・板框《はんきょう》）②界《かい》（欄線《らんせん》）③大小字数　大○○字　小○○字（刻工は、版心に刻した字数と自分の名を記して工賃を得たが、実際より多めに書かれていることが多い）④丁付《ちょうづけ》（ページ数）⑤刻工名《こっこうめい》（この場合、呈万と書いてある）⑥外郭《がいかく》（匡郭の寸法は見開き半葉を用いるが、外側の太い線を外郭《がいかく》、内側の細い線を内郭《ないかく》という）⑦版心《はんしん》（中縫《ちゅうほう》）⑧欠筆《けつぴつ》（本来は徵。宋代は、皇帝の本名の使用は厳禁で、それに因む文字は、最後画を欠いた）⑨魚尾《ぎょび》⑩本文⑪注⑫疏《そ》（注を補う注釈）⑬耳格《じかく》（耳子《じし》）（見出し）

# 紫禁城平面図

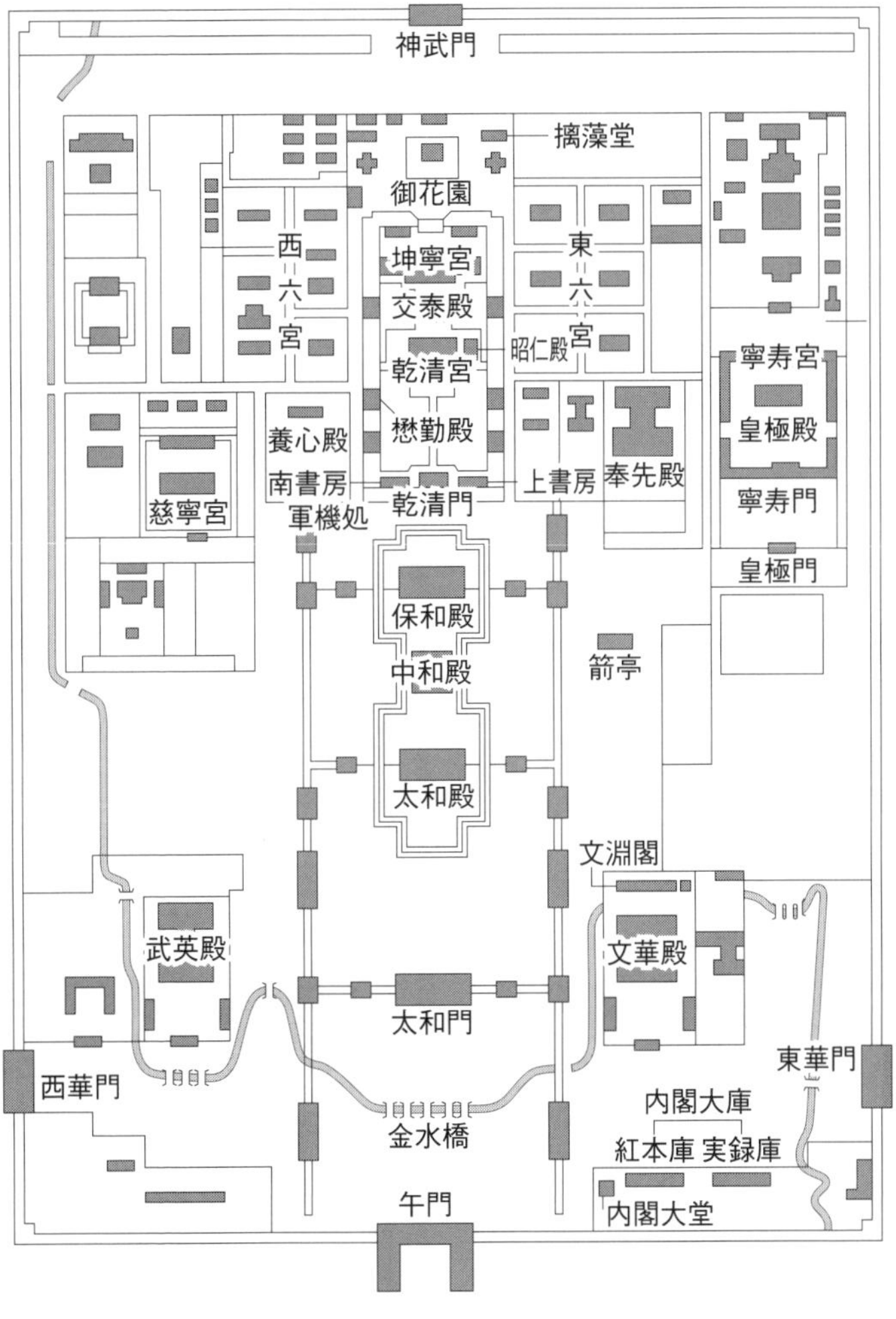

神武門
摛藻堂
御花園
西六宮
坤寧宮
東六宮
交泰殿
昭仁殿
乾清宮
寧寿宮
養心殿
懋勤殿
皇極殿
南書房
上書房
奉先殿
慈寧宮
乾清門
寧寿門
軍機処
皇極門
保和殿
箭亭
中和殿
太和殿
文淵閣
武英殿
文華殿
太和門
東華門
西華門
内閣大庫
金水橋
紅本庫
実録庫
午門
内閣大堂

# 清末北京城

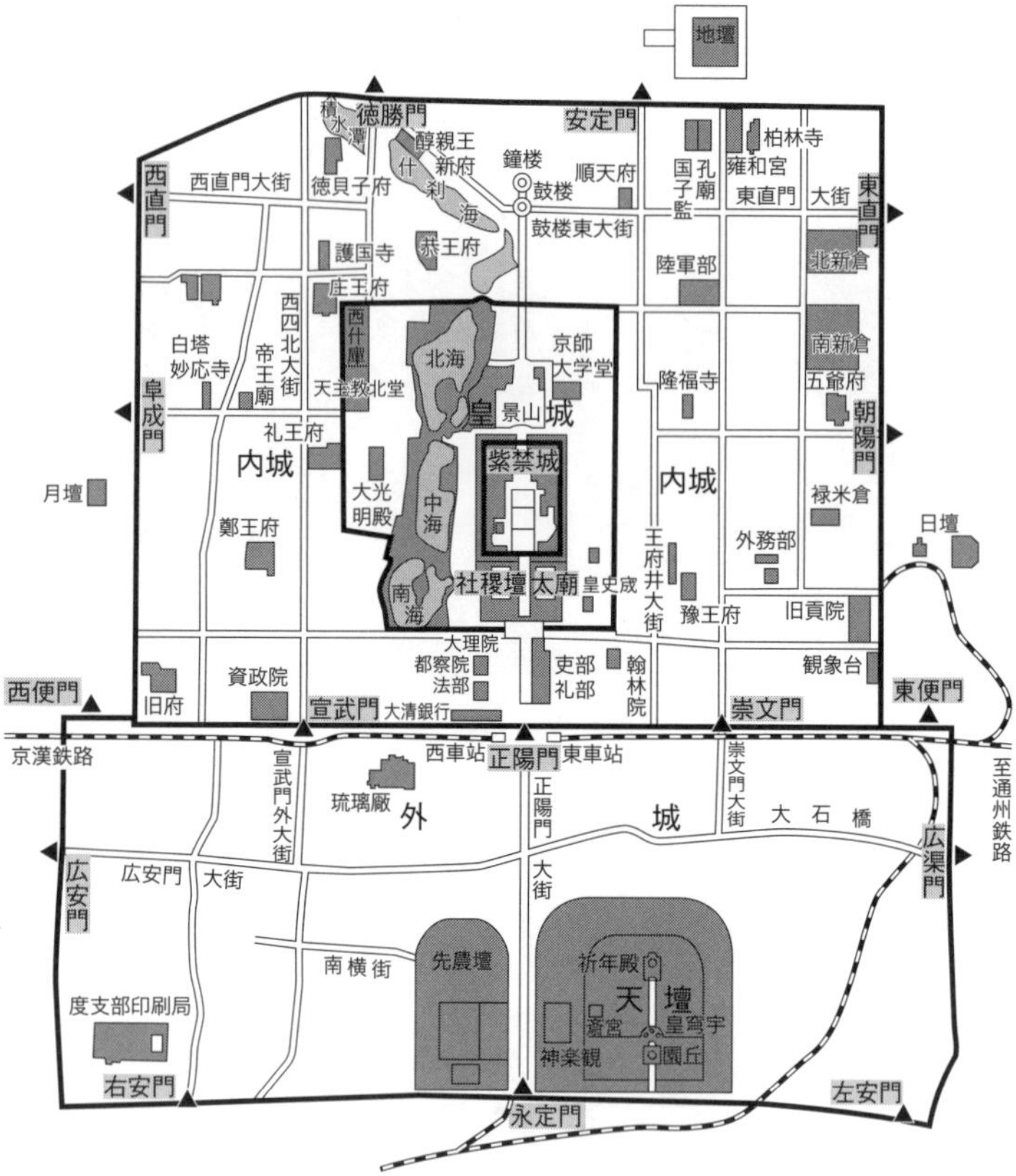
地壇
積水潭
徳勝門
安定門
醇親王新府
什刹海
鐘楼
鼓楼
順天府
国子監
孔廟
雍和宮
柏林寺
西直門
西直門大街
徳貝子府
鼓楼東大街
東直門大街
東直門
護国寺
恭王府
陸軍部
北新倉
庄王府
西四北大街
西什庫
北海
京師大学堂
南新倉
白塔妙応寺
帝王廟
天主教北堂
皇城
景山
隆福寺
五爺府
阜成門
礼王府
朝陽門
内城
紫禁城
内城
月壇
大光明殿
中海
禄米倉
鄭王府
王府井大街
外務部
日壇
社稷壇
太廟
皇史宬
南海
豫王府
旧貢院
大理院
都察院
法部
吏部
礼部
翰林院
観象台
資政院
西便門
旧府
宣武門
大清銀行
崇文門
東便門
京漢鉄路
西車站
正陽門
東車站
宣武門外大街
琉璃廠
外
城
正陽門大街
崇文門大街
大石橋
至通州鉄路
広渠門
広安門
広安門大街
南横街
先農壇
祈年殿
天壇
皇穹宇
斎宮
神楽観
圜丘
度支部印刷局
右安門
永定門
左安門

## ハ行



## マ行



## ラ行



## ワ行

## サ行



## タ行



## ナ行

## マ行



## ヤ行



## ラ行



# 書誌学関連用語

## ア行



## カ行

## サ行



## タ行



## ハ行

### ラ行



### ワ行



## 蔵書楼・書斎・宮室書庫等

### ア行



### カ行

## ハ行



## マ行



## ヤ行

## タ行



## ナ行

## サ行

# 人名

## ア行



## カ行

東方選書 ㊵

書誌学《しょしがく》のすすめ――中国《ちゅうごく》の愛書文化《あいしょぶんか》に学ぶ

二〇一〇年九月三〇日　初版第一刷発行
二〇一一年一一月五日　初版第二刷発行

著　者……高橋智

発行者……山田真史
発行所……株式会社東方書店
東京都千代田区神田神保町一-三　〒一〇一-〇〇五一
電話（〇三）三二九四-一〇〇一
営業電話（〇三）三九三七-〇三〇〇
振替〇〇一四〇-四-一〇〇一

ブックデザイン……鈴木一誌・杉山さゆり
印刷・製本……シナノパブリッシングプレス

定価はカバーに表示してあります

ISBN 978-4-497-21014-2 C0300

東方選書